語文政策 資料集 14

國漢文 혼용과 國力 신장

李 炳 銑 著

語文政策正常化推進會

〈머리말〉

'한글 전용' 이대로 좋은가?
- 한글 전용의 文字(문자) 정책 바꾸어야 한다 -

글자는 뜻을 전달하는 기호 또는 도구의 기능을 하는 동시에, 문화를 담는 그릇〔公器〕과도 같은 것이다. 우리는 조국 광복 이후, 글자의 기능에 대한 지식도 없이, 漢字(한자)는 어렵고 남의 글자라는 이유에서, 이를 배척하고 한글을 전용한 결과 많은 부작용을 가져왔다. 즉 한자 교육을 소홀히 하여 한자의 文盲者(문맹자)가 늘어나고, 교육의 質(질)이 떨어졌으며, 대학을 졸업하고도 나라 안팎의 소식을 알려주는 귀와 눈이라 할 수 있는 신문을 잘 읽지 못한다〔後述(후술) 1.3.2. 등, p.44, 96, 151〕. 그리고 漢字語(한자어)의 이해력의 부족으로 문서의 識別力(식별력) 등 우리의 실질적 文盲率(문맹률)은 OECD회원국에서 최하위권에 속한다고 한다〔후술 3.1. p.50〕. 장차 국가와 민족의 운명을 떠메고 나가야 할 젊은 세대의 한자 무식이 걱정스럽다.

한글은 배우기 쉽고 쓰기 쉬우나, 글자의 꼴이 비슷하고 또 글자에 뜻이 없어 읽기가 답답하다. 이에 비하여 漢字(한자)는 音(음)과 뜻을 함께 가지는 말〔語〕을 표기한 문자로서, 글자를 딱 보는 순간 그 뜻을 알 수 있다. 즉 '추모에 與野가 따로 있나'(조선일보), '中 어선의 대응방식은'(KBS 자막)의 예에서, '與野(여야)'는 與黨(여당)과 野黨(야당)의 뜻이고, '中'은 가운데의 뜻이나 여기서는 中國(중국)의 뜻인데, '여야'보다 '與野(여야)'로 표기하고 '중'보다 '中'으로 표기한 것이 글자를 보는 순간 그 뜻을 알 수가 있다. 이는 한자가 뜻을 가지고 있기 때문이다. 그리고 또 이는 한자만이 가지는 장점이다[후술 2.1. p.84]. 그러므로 우리는 문장 속에 한자를 섞어서 한자의 이러한 장점을 살려 써야 한다. 한글은 音(음)을 표기하는 表音文字(표음문자)로서 한자의 이러한 장점을 따를 수가 없다. 즉 표음문자로서의 한계가 있다.

또 한글 전용의 글은 視覺性(시각성)이 없고 表意性(표의성)이 없어 읽기가 답답할 뿐만 아니라, 한자어를 한글로 표기한 것은 그 뜻을 잘 알 수 없다. 위 '추모에 與野(여야)가 따로 있나'의 예에서, '추모'를 한글로 표기하여서는 그 뜻을 알기 어렵다. 이는 '追慕'의 표기로, '죽은 사람을 사모함'을 뜻한다. 그리고 한글 전용의 글은 어디서 끊어 읽어야 할지 헷갈리니, '서낙동강'의 예에서 '서낙 동강'으로 읽어서는 말이 안된다. 이를 '西洛東江(서낙동강)'으로 표기함으로써, '서쪽의 낙동강'임을 쉽게 알 수 있다.

한자어를 한글로 표기한 한글 전용의 글은, 이해가 안 되는 것이 많다. 그리하여 讀書(독서)에 대한 흥미와 의욕을 잃게 하고, 독서의 양을 줄이고, 思考力(사고력)을 떨어뜨린다[후술 2.1. p.94]. 그러므로 글을 쓰는 사람은 '내가 쓰기 쉬운 한글 전용'으로 쓰지 말고, 읽는 사람이 '읽기 쉽고 이해가 잘 되도록' 한자를 섞어 써야 한다. 국제 여론 조사기관인 'NOP 월드'의 조사에 의하면, OECD 의 30개국 중에서 우리의 독서의 양이 꼴찌라 하니[후술 1.3. p.68], 그 이유를 한글 전용에서 찾아야 한다. 그리고 일본인의 1년간, 1인당 평균 독서의 양이 3,000쪽임에 비하여, 우리는 1년간, 1인당 평균 독서의 양이 60쪽이라 한다. 일본인들이 이와 같이 많은 책을 읽을 수 있는 것은, 그들은 초등학교 1학년부터 한자를 가르쳐서 한자가 눈에 익은 관계이니, 그들은 漢字(한자) 1자를 읽는데 걸리는 시간이 1,000분의 1초 이하라고 한다[후술 1.1. p.95].

그리고 한자는 한·중·일 등 한자 文化圈(문화권)의 나라들과 소통하고 교류하는 架橋(가교, 다리)로서 생각하지 않을 수 없다. 다음은 權彛赫(권이혁) 전 문교부 장관으로부터 들은 말이다. 즉 일본 도쿄[東京]에서 한·중·일의 대학생들의 친선을 위한 모임이 있었는데, 일본과 중국의 대학생들은 주소와 성명 등 筆談(필담)으로 의사를 소통하고 있었으나, 우리의 대학생들은 우두커니 앉아 있더라는 것이다. 이를 보아서 한글을 전용하는 것만이 애국하는 것이라는 생각을 버려야 할 것이다. 참으로 나라를 사랑하면 한자를 배워야 할 것이니, 아래 외국인 碩學(석학)들의 애정 어린 충고에 귀를 기울여야 할 것이다. 즉 독일인 라이너 도멜스 박사는 "한글 전용은 漢字(한자)라는 뿌리를 잘라 버린 꽃다발"이라 하고, 미국인으로 한국의 국적을 취득한 印曜翰(인요한) 교수는 "한국을 조금 사랑하면 한자를 버려도 되나, 한국을 많이 사랑하는 사람이면, 한자를 배워야 한다."고 하였다[후술 3.2. p.174, 177].

14억 인구와 방대한 국토를 가진 중국과, 1억 2천의 인구를 가진 세계 强大國(강대국)인 일본과의 사이에서 살고 있는 우리는 한자를 몰라서는 안 된다. 이는 국가 생존의 문제이다. 북한에서도 국한문 혼용의 책으로 한자를 가르치고 있는데[후술 3.1. p.166], 우리만의 한자 폐지란 생각할 수 없다. 미국 국무부 출신으로 地政學(지정학) 전문인 피터 자이한은 그의 저서에서, "앞으로 미국이 아시아에서 발을 빼면, 아시아의 盟主(맹주)는 일본이 될 것이다."라고 하였다(조선일보 2021.2.6.). 우리는 일본을 경계하는 한편, 국력을 길러서 일본을 넘어서야 할 것이다. 印曜翰(인요한) 교수는 "어떠한 나라를 정복할 때는 그 나라의 언어부터 정복해야 하니, 한자를 쓰고 있는 중국·일본을 뛰어넘어 세계를 휘잡으려면, 漢字는 필수적이다."라고 하였다[후술 3.5. p.178].

한자 교육 문제를 두고 우리와 일본을 비교하면, 일본인들은 국가 관념이 강하면서도 나라를 사랑하는 마음으로 한자를 수용하여, 이로써 나라의 발전에 기여하였다. 이에 비하여 우리는 나라를 사랑하는 마음으로 한글을 사랑하고, 한자를 배척하여 국력을 약화시키고 있다. 한글이든 한자든, 문자란 뜻을 전달하는 기호 또는 도구로서 수단이지 목적이 될 수 없다. 우리는 수단과 목적을 바꾸어 보았다.

일본인은 2차대전 이후에 노벨상 受賞者(수상자)를 28명이나 배출하였는데, 우리는 연구 부문에서 아직 한 사람의 수상자도 내지 못하였다. 일본에서 첫번째로 수상한 교토[京都]대학의 유가와[湯川秀樹] 교수는 물리학상을 수상했는데도, 그의 수상의 배경이 한자와 漢籍(한적)의 素養(소양)에 있었다고 하였다[후술 3.6. p.220].

이를 보아서 한자는 남의 글자이고 배우기 어려우니, 쓰기 쉬운 한글만을 써야 한다는 게으름을 버려야 한다. 쉬운 것에 만족하고 배우기를 게을리 하여서는 破滅(파멸)이라는 결과를 가져온다. 고대 이집트의 화려한 文化(문화)도 表意文字(표의문자)를 버리고 쉬운 表音文字(표음문자)를 채택한 결과 滅(멸)하게 되었다고 한다. 쉽다는 것은 사람을 게으르게 만든다.

한자는 배워만 놓으면 편리한 글자이니, 일본은 초등학교부터 한자를 배워서, 한자와 가나 글자의 혼용에 익숙하게 하였다. 즉 '先苦後樂(선고후락)'한 것이다[후술 3.7. p.232]. 이 말은 한자를 배우기 위하여 처음[先]은 고생[苦]이 되어도, 배운 뒤[後]에는 글을 빨리 읽을 수 있고, 문장의 이해도 잘 되어 즐겁다[樂]는 것이다. 우리는 우선 쉽고 편안한 것을 좋아하는데, 일본인들은 다음에 올 즐거움[樂]을 생각하고, 먼저 고생할 줄 안다.

8 · 15 해방 이후, 우리는 한글을 전용하고 한자를 폐지하였다. 한글은 세종대왕이 지은 우수한 우리 글자이니, 한자를 폐지하여도 우리의 문자 생활에 어려움이 없다고 생각했는지 모른다. 그러한 예로 愛國歌(애국가) 齊唱(제창)의 '齊唱'을 '제창'으로, '民主主義'를 '민주주의'로 표기하여도 그 뜻을 알 수 있는 것과 같이, '博愛 · 慈悲心 · 知己' 등의 觀念語(관념어)도 '박애 · 자비심 · 지기' 등으로 표기하고, '檢體 · 內房歌辭 · 通時論的 硏究' 등의 학술어도 '검체 · 내방가사 · 통시론적 연구' 등으로 표기하여도 그 뜻을 알 수 있다고 생각하였는지 모른다. 그러나 이는 큰 착각이었다.

초등학교부터 한자 교육을 바라는 90%에 달하는 국민의 輿望(여망)〔후술 1.1. p.25〕에도 불구하고, 역대 정부는 한글을 전용하고 한자 교육을 소홀히하여 온 결과 많은 문제를 초래하였다. 즉 오늘날 신문 · 잡지는 물론 학술 서적마저 한글 전용으로 출판되고 있어, 읽어도 그 뜻을 이해하기 어렵다. 뿐만 아니라, 젊은 세대와 기성세대 간에 많은 격차를 가져오게 되었다. 즉 젊은 세대는 기성세대가 쓴 國漢文(국한문) 혼용의 글을 보면 부담감을 느끼고, 이를 잘 읽지 못한다. 그리하여 각 대학의 도서관에는 국한문 혼용의 많은 책들이 死藏(사장) 되고 있다. 1980년대 초기만 하여도 도서관 이용자의 84%가 국한문 혼용의 글이 읽기가 편안하다 하고, 한글만 써야 한다는 사람은 16%에 지나지 않았다(조선일보 1982.12.21.). 그러나 오늘날 젊은 세대는, 한글 전용의 글과 국한문 혼용의 글의 어느 쪽이 읽기에 편리하느냐 하는 비교의 능력 뿐만 아니라, 국한문 혼용의 글을 읽을 능력마저 잃어가고 있다. 그리고 기성세대는 젊은 세대가 쓴 한글 전용의 글을 답답하여 읽지 못하니, 兩者(양자)의 사이는 깊고 넓은 계곡으로 파여 있는 것과 같이 斷絶(단절)되어 가고 있다.

이는 歷史的(역사적) 불행이요, 국가적 손실이다. 역대 정부는 本意(본의)든 본의가 아니든 간에, 젊은 세대를 한자 무식으로 만들어서 한글 전용의 길로 가지 않을 수 없도록 하였다. 그러나 한글 전용은 중대한 錯誤(착오)이니, 이는 해방 직후 軍政(군정) 당시에 '한글 전용법'의 母胎(모태)인 '한자 폐지 결의안'을 주도하여 만든 崔鉉培(최현배) 교수가 뒷날에 한자 교육의 필요성을 말한데서도 볼 수 있다〔후술 1.4. p.77〕.

한글 전용은 해방의 感激(감격)에 의한 感性的(감성적) 판단에서 온 것이다. 당시에는 한글을 우리 만족의 얼〔魂〕이라고 하였으니, 日帝(일제)가 우리 문화를 말살하려 할 때, 우리는 世宗大王(세종대왕)이 지은 훌륭한 한글이 있음을 내세워 민족의 자존심을 지켜왔기 때문이다. 그러나 이는 불행한 시대적 배경에서 나온 것이다.

한글은 우리 민족의 自尊心(자존심)을 상징하지마는, 역사의 흐름에 따라서 이에 대한 시대적 요구도 달라지며, 글자에 대한 지식이 늘어남에 따라서 표기에 대한 생각도 바뀌는 것이다. 오늘날 우리는 문자 생활의 效率性(효율성)과, 학문의 質的(질적) 향상과 전통문화의 계승・발전과, 人性(인성) 교육을 쌓기 위하여 한자 교육이 필요하며, 한자 文化圈(문화권)의 나라들과 교류를 위하여서도 한자교육이 필요하다. 한자가 들어온 지 2천 년이나 되었으며, 우리는 이로써 높은 문화를 쌓았으며, 현재 국어의 70%가 한자어이고, 그 中核(중핵)을 이루는 말도 한자어이니, 이를 굳이 남의 글자라 하여 배척할 수 없다. 해방 이후 憲法(헌법)도 9번이나 바뀌었는데, 한글 전용의 文字(문자) 정책도 바꾸어야 한다.

筆者(필자)는 어느새 九旬(구순)의 나이를 넘겨(금년 95세) 정신이 昏迷(혼미)하고 건강이 따르지 않으나, 한글 전용 정책 즉 한자 폐지 정책으로 이 땅에서 한자가 모두 사라진다면, 그 뒤에 어떤 불행한 일이 일어날 것인가

함이 걱정되어, 힘을 다하여 이 글을 쓴다. 만일에 한자가 모두 사라진다면, 우리의 言語能力(언어능력)과 思考能力(사고능력)은 물론, 한자에 기반을 두고 있는 우리 문화는 한자 수입 이전의 低級(저급)한 상태로 還元(환원)하게 될 것이며, 조상으로부터 한자·한문을 통하여 물려받은 文化遺産(문화유산)은 白紙(백지)로 돌아갈 것이며, 한자 문화권으로부터 孤立(고립)되어 일본과 중국의 강대국 사이에서 지탱하기조차 힘들 것이다. 일전에 KBS 보도(2021.4.3.)에서 "사람 수 줄고 일자리 줄고, 地方(지방)은 소멸 위기"라 하였다. 저출산을 피할 수 없다면 머리 수보다 두뇌의 質(질)을 높여야 하니, 이를 위해서라도 漢字 교육을 강화해야 한다. 즉 초등학교부터 정규교과 시간에 한자를 가르쳐야 한다. 정부의 고위 人士(인사)와 어문정책의 실무를 담당한 분은, 국력을 伸張(신장)하기 위하여 지금부터서라도 국한문혼용의 길로 가기 바라며, 국회에서는 이를 뒷받침할 법적 근거를 마련하기 바란다. 태어날 때부터 나라가 있었던 시대에 산 사람은, 나라를 잃었던 시대에 산 사람의 쓴 말[苦言]을 귀담아 들어주기를 바란다.

이 책에서 웬만한 한자어는 한글로 표기하고, 한자로 표기한 것에는 讀音(독음)을 달았다. 한자를 제대로 배우지 못한 젊은 세대를 위한 것이다. 앞으로는 이러한 구차스러운 일을 하지 않아도 될 날이 하루빨리 오기를 바란다.

2021년 2월 15일

저자 씀

목차

1. 한글 전용론 주장의 시대적 배경과 그 이유 및 문제점

1) 한글 전용론 주장의 시대적 배경과 역대 정부의 문자 정책의 虛(허)와 實(실)

한글 전용에 대한 發想(발상)은 開化期(개화기)로 소급된다. 이때는 서구에서 새 風潮(풍조)가 들어온 격동기였다. 이때까지의 문자 생활은 한문이 주가 되었으며 부녀자들에게는 內簡(내간), 즉 안 편지와 內房歌辭(내방가사)가 고작이었다. 그리하여 당시의 書寫體(서사체)는 두 가지로 병행되어 오다가 甲午更張(갑오경장)을 겪으면서 語文一致(어문일치)의 체계로 바뀌게 되었다. 그러나 지식층은 한자어는 한자로 표기하고 助詞(조사)나 접미사는 한글로 표기하였으며, 부녀자들은 전통적으로 한글을 전용하였다. 그런데 이 두 가지를 한글 전용으로 통일하자는 주장이 나왔으니, 그 대표적인 인물이 徐載弼(서재필)과 周時經(주시경)이다. 즉 서재필은 투철한 한글 전용론자로서, 그의 독립신문을 통하여 한글 전용의 사상을 불러 일으켰고, 주시경은 저술과 교육을 통하여 한글 전용을 강조하였다. 그러나 주시경은 한글 전용의 필요성을 주장하면서도 자신의 문자생활은 國漢文(국한문) 혼용이 주가 되었으며 한문으로도 글을 지었다. 그런데 위 두 분은 美國(미국)의 文物(문물)을 먼저 받아들인 점에서 공통점을 볼 수 있으니, 서재필은 미국에서 교육을 받았고, 주시경은 培材學堂(배재학당)에서 미국의 선교사로부터 신학문과 미국의 문화에 접할 기회를 가졌다. 그리고 주시경은 서재필과 獨立協會(독립협회)에서 함께 일을 하면서 그 영향을 많이 받았으니, 이 두 분이 한글 전용론을 앞서 이끌었다.

開化期(개화기)라고 불리는 19세기 말과 20세기 초에 있어서는 전반적으로 국한문 혼용체가 우세하였다. 이는 일제 强占期(강점기)도 한 가지였으니, 이 시기에 간행된 '朝鮮日報(조선일보)', '東亞日報(동아일보)'와 『開闢(개벽)』·『廢墟(폐허)』·『白潮(백조)』·『文章(문장)』·『三千里(삼천리)』·『朝鮮論評(조선논평)』·『時思誌(시사지)』 등은 국한문 혼용체였다.

1880년 이후 전통적인 국한문 혼용의 문자 생활에서 한글 전용의 방향으로 바뀌어 가는데는, 위 두 분의 계몽과 함께 美國系(미국계)의 선교사와 교회의 역할이 컸다. 즉 선교사들은, 한국인의 문자 생활에 대하여 자국의 문자, 즉 한글이 있는데도 中華思想(중화사상)에 젖어 한자를 쓰고 있다 하고, 이는 자주성을 잃은 것이라고 비판하였다. 그리고 한글은 聖經(성경)을 번역하고 이를 보급하는데 큰 역할을 하였다. 1909년에 한국 전체의 洗禮(세례)를 받은 敎人(교인)은 5만 여 명이고, 예비 교인은 11만 여 명이라고 한다. 그리고 1910년 이후의 改新教(개신교) 信者(신자) 수는 폭발적으로 증가하였는데, 이들이 聖書(성서)를 통하여 한글 전용의 글을 널리 보급하였다.

1910년 8월 29일, 일제에 나라를 빼앗기자, 한글 운동은 國權(국권)을 회복하는 운동으로 이어졌다. 즉 한글에 대한 애착심은 國學(국학) 운동과 문화 운동으로 바뀌었다. 그리고 주시경의 영향을 받은 분들이 주축이 되어 조선어학회(뒤에 한글학회로 개칭)를 결성하였는데, 이는 국어 연구와 國學(국학) 운동을 활성화하였다. 한글날을 제정하여 국어 사랑과 민족 의식을 고취하였고. 『한글』을 간행하여 국어 연구에 대한 폭을 넓혔고, '맞춤법 통일안' 제정, 표준어 사정, 국어사전 편찬 등의 사업을 하였다.[1] 이와 함께 한글 전용에 대한 사회적 인식이 높아졌다. 그리고 한글로써 일제의 한국 문화 말살에 저항하였다. 즉 일제는 우리에게 創氏改名(창씨개명)을 요구하였다. 즉 姓(성)을 일본인과 같이 두 자씩으로 바꾸게 하였고, 1938년에는 학교에서 朝鮮語科(조선어과)를 폐지하고 조선어 사용을 금지하였다. 일본어를 국어라 하고, 國語常用(국어상용) 즉 국어〔일본어〕를 항상〔常〕 쓰게〔用〕 하였다. 학교나 공직에서 뿐만 아니라, 가정에 가서도 일본어를 쓰라고 하였다. 이에 대해 우리는 세종대왕이 지으신 훌륭한 한글이 있음을 내세워 그들에게 저항하였다. 당시에 한글은 민족의 자존심과 일제에 대한 저항심과 國權(국권) 회복의 정신을 불러 일으켰다.

1945년 8월 15일, 우리는 일제의 사슬에서 해방되었다. 이에 대한 민족적 감격은 다 말할 수 없으며, 이와 함께 한글에 대한 인식이 더욱 높아졌다. 한글 전용론자는 이제 해방이 되었으니 事大主義(사대주의) 문자인 한자를 버리고, 우리 말과 우리 글〔한글〕 만으로 써야 한다고 하였다. 그리고 다수 국민도 한글 전용을 지지하였다. 또 한글 전용을 말해야 애국자로 보이기도 하였다.

이때에 美軍政廳(미군정청)의 학무국은 崔鉉培(최현배) 교수와 같은 한글 전용론자를 상당수 起用(기용)하여 그들에게 語文政策(어문정책)을 맡겼다. 따라서 모든 교과서는 한글 전용으로 발간되었다. 군정 때에

---

1) 이상은 沈在箕, 『한국인의 文字생활』(2013) pp.83~97 참조.

한글 전용을 하게 됨은 朝鮮教育審議會(조선교육심의회)의 결의에 근거한 것이다. 이와 비슷한 무렵에 미군의 점령하에 있었던 일본에서도 한자 폐지를 추진하였다. 즉 오사카〔大阪〕 제국대학의 마지마〔眞島〕교수는 일본이 太平洋(태평양)전쟁에서 진 원인이 어려운 한자를 배우다가 과학에 뒤진 까닭이라 하여, 가나자(假名字) 전용을 시도하였다. 그리하던 차에, 교토〔京都〕대학의 유가와〔湯川秀樹〕교수의 노벨물리학상의 수상은 敗戰(패전)의 失意(실의)에 빠진 일본 국민에게 큰 힘이 되었으며, 그의 수상의 배경이 한자와 漢籍(한적)의 素養(소양)에 기반을 두었음을 알게 되자, 다시 한자 교육을 하게 되었다. 그러나 우리의 한글 전용론자들은 위 마지마〔眞島〕교수의 말을 크게 불러일으켜 한자 폐지에 힘을 실었다. 한국에 귀화한 러시아인 朴露子(박노자) 교수는, 오늘날 우리의 한글 전용정책에 대하여 일제 强占期(강점기)의 피해의식에 사로잡힌 文化(문화) 鎖國主義(쇄국주의)라 하였다.

당시에 다수 국민이 한글 전용을 지지한 또 하나의 이유는, 우선 쉬운 한글로 文盲者(문맹자)를 퇴치하자는 것이었다. 해방 전에 각 面(면)에 2년제의 簡易(간이)학교와 4년제 또는 6년제의 국민학교가 있었으나, 경제적 어려움으로 학교에 보내지 못하였다. 또 각지에 書堂(서당)이 있었으나, 그곳에도 경제적 형편이 넉넉해야 보낼 수 있었다. 1945년 해방 당시의 우리 국민의 78%가 文盲者(문맹자)였다고 한다. 그러므로 우선 배우기 쉬운 한글로 눈 뜬 소경을 면하자는 것이었다. 이에 비하여 1인당 GNP가 3만불을 넘는 오늘날, 고등학교까지 12년간 공부하여도, 한자의 文盲(문맹) 혹은 반문맹을 면하지 못하니, 지금까지의 語文政策(어문정책)이 개탄스럽기만 하다. 이상에서 開化期(개화기)로부터 국권을 회복한 이후, 美軍政(미군정)시대에 이르기까지의 한글 전용의 시대적 배경을 槪觀(개관)하였다.

다음에는 역대 정부의 어문정책을 보기로 한다.

1948년 8월 15일에 정부가 수립되고, 초대 대통령으로 취임한 李承晩(이승만) 대통령(재임기간 1948~1960)은 한글 전용 정책을 썼다. 미국에 오래 머물면서 알파벳 문자를 사용하였고, 또 조국의 광복 이후 사회적 분위기를 감안한 것이다. 그리하여 미군정 당시 朝鮮教育審議會(조선교육심의회)의 결의에 따라서 '한글 전용법'을 공포하였다. 즉 1945년 10월 9일에 법률 제 6호로 발표한 '한글 전용법'의 母胎(모태)는, 미군정 때의 조선교육심의회의 교과서 분과위원(최현배 · 장지연 · 피천득 · 조윤제)의 결의에 의한 '한자 폐지 결의안'인데, 이 결의안의 내용은 다음과 같다. 즉 '한자 사용을 폐지하고 초등 · 중등학교의 교과서는 전부 한글로 하되, 다만 필요에 따라 돌림(괄호) 안에 적어 넣을 수 있음'으로 되어 있다. 이 결의안은 軍政(군정) 당국에 제출되고, 또 이것이 교육시책으로 받아 들여져 '한글 전용법'의 이름으로 나타난 것이다.2)

이와 같은 '한글 전용법'의 母胎(모태)인 조선교육심의회 교과서 분과위원의 결의안은 崔鉉培(최현배) 교수의 주도하에 이루어진 것으로 보고자 한다. 이와 같이 보는 이유는, 최현배 교수는 일본 교토〔京都〕제국대학을 졸업하고, 文教部(문교부) 편수국장, 한글학회 이사장, 연세대학 부총장 등을 역임하고, 『우리말본(1937)』 · 『한글갈(1942)』 · 『글자의 혁명(1947)』 등의 저서로 국어 연구와 한글의 보급에 힘써 온

2) 沈在箕, 위에 든 책 p.98 참조.

한글 전용론 주장의 대표적인 학자이기 때문이다. 그리고 그의 학술어 『우리말본』, 『한글갈』 닿소리〔子音〕, 홀소리〔母音〕 등에서 보는 바와 같이 철저히 한자어를 배제하고 고유어를 쓴 데서도 볼 수 있다. 필자는 1954년 서울대학교 사범대학 국어과에서 한 학기 동안 崔鉉培(최현배) 교수로부터 '國文法(국문법)〔우리말본〕'을 수강하였는데, 그때 최현배 교수는 학생들에게 한자를 공부하도록 권장하였다〔후술 1.4. p.77〕. 위에서 말한 바와 같이, 軍政(군정) 당시에 '한자 폐지 결의안'을 主導(주도)하여 만든 崔鉉培(최현배) 교수가 한자 교육의 필요성을 인정하였음은 중대한 사실이다.

다음에는 朴正熙(박정희) 대통령(재임기간 1963~1979) 때의 文字政策(문자정책)을 보기로 한다. 그의 재임 중인 1970년에 한글 전용을 시행한 것이 사실이다. 그러나 이는 박대통령 때에 문교부 장관이었던 閔寬植(민관식) 장관의 말, 즉 "이는 박대통령이 어려운 한자어를 우리말로 代置(대치)할 수 있는 것과 없는 것을 가리고, 될 수 있으면 우리말을 보전하고 발전시켜 우리말의 비중을 높이라는 것이지, 결코 한자를 폐지하라는 것이 아니었다."고 한 말에서 보는 바와 같이, 박대통령은 한글 전용론자가 아니었다. 민장관은 "박대통령의 본의를 잘못 알고, 아래 사람들이 과잉 충성으로 교과서에서 한자를 모두 제거한 것이다."라고 하였다. 민관식 장관은 '한자 교육에 대한 나의 고백'에서 아래와 같이 말하였다. 즉 1971년 6월에 민관식 장관이 문교부 장관의 관직을 맡고 제 一聲(일성)으로 한자 교육의 강화를 내세우고, 관계 실무자들에게 각급 학교에 대한 한자 교육의 立案(입안) 작업을 지시하였더니, 난리들이었다는 것이다. 박대통령이 한글 중시의 교육

방침을 밝힌 것이 있었기 때문이다. 즉 민장관은 박대통령에게 한자 교육의 중요성에 대하여 進言(진언)하였더니, 박대통령은 "한글을 중시하라는 것이었지, 한자를 버리고 한글만 쓰라는 것이 아니었어."라고 하였다는 것이다.[3] 이를 보아서 한글학회의 반대가 없었다면 박대통령은 일본에서 하는 것과 같이 한자를 혼용한 교과서로 가르쳤을 것이다. 이는 아래 한글학회의 이대로씨의 말에서도 볼 수 있다.

박대통령 때에 광화문의 현판에 대해 한글로 쓸 것이냐, 한자로 쓸 것이냐 하는 문제가 있었다. 이에 대해 한글학회의 이대로씨는 다음과 같이 말하였다. 즉 "박대통령이 처음부터 한글을 빛낼 정책을 편 것은 아니었다. 박정희 정부는 1963년에 일본처럼 교과서에 한자를 넣어 가르치겠다고 발표하자, 젊은 대학생들이 1967년에 국어운동대학생회를 만들어 그 정책을 반대하고, 한글단체가 들고 일어났다. 난세에 민중이 일어났으며, 정부가 그 민중의 소리를 들은 표시가 광화문과 여주 영릉, 현충사 한글 현판으로 나타난 것이다. 李殷相(이은상) · 韓甲洙(한갑수) 선생이 박대통령에게 일러서 한글 사랑 정책으로 바꾸게 하였다."고 하였다.[4]

이는 당시의 상황을 보였을 뿐으로, 박대통령의 어문정책이 바뀐 것은 아니다. 이는 위에서 본 바의 민관식 장관의 말에서도 알 수 있거니와, 다음에서도 볼 수 있다. 즉 1960년대 후반에 발표한 '國民教育憲章(국민교육헌장)'은 우리의 주체성을 고취한 교육헌장인데, 이에는

---

3) 閔寬植, 「漢字教育에 대한 나의 告白」 『한글과 漢字는 國語의 두 날개』(韓國語文會, 2009) p.350 참조.

4) 陳泰夏, 「朴正熙 대통령은 결코 한글 專用者가 아니었다」 『한글+漢字문화』 159호 (2021. 10.) 참조.

국한문 혼용으로 되어 있다. 그리고 1972년 7월 23일에 '한자교육에 대한 나의 견해'라는 제목으로, 당시의 洪性澈(홍성철) 정무수석을 통하여 민관식 장관에게 전달된 文件(문건)에서도 볼 수 있다. 즉 이 문건에는 '과거 수천 년 동안 한자 문화권 속에서 우리 문화가 발전되어 왔고, 우리의 고전은 물론, 우리 일상생활에도 한자에서 온 말이 너무나 많으므로, 학생들이 사회에 나가서 사회활동에 필요한 한자와 한자로 된 熟語(숙어)만을 교육하자는 것이지, 한자로 된 漢文章(한문장)을 가르치자는 것이 아니라는 것을 확실히 인식해야 한 것임'이라 하였다.[5)]위 박대통령의 한자에 대한 견해에서 '학생들이 사회에 나가서 사회활동에 필요한 한자와 한자로 된 숙어를 교육'하자는 것이라 하였는데, 그렇지 못한 결과 한자 숙어의 의미 전달이 불확실하고, 그러한 숙어의 어휘량이 줄게 되었다. 그리고 이 文件(문건) 뿐만 아니라, 박대통령의 다른 문건들도 모두 국한문 혼용으로 되어 있다.

박대통령의 한자 교육에 대한 확고한 신념은 위에서 말한 바, 이대로씨의 증언 즉 '1963년에 일본처럼 교과서에 한자를 넣어 그르치겠다고 발표'한 것에서 볼 수 있고, 또 1964년 11월 15일에 한글학회가 '교과서에서 한자를 섞어 쓰려는 문교부의 방침에 반대한 성명서〔후술 1.2. p.32〕에서도 볼 수 있다. 또 1966년 3월에는 초등학교 교과서에 600자의 한자가 노출되도록 하였고, 중학교 교과서에 1,000(600+400), 고등학교 교과서에서 1,300(1,000+300)자가 노출되도록 하여, 한자 사용의 명백이 유지되도록 한데서도 볼 수 있다.〔註1의 책

5) 陳泰夏, 위에 든 책 참조.

p.100] 이를 보아서, 한글 전용을 위한 학생들의 데모와 한글학회의 반대가 없었다면, 박대통령은 그의 집권 초기부터 국한문혼용의 방향으로 나아갔을 것이다.

그후 盧泰愚(노태우) 대통령(재임기간 1988~1993) 때인 1992년에 중·고등학교 한문과목이 필수과목에서 선택과목으로 바뀌었으며, 1993년에는 한문이 대학 수능시험에서 제외되었다.

金泳三(김영삼) 대통령(재임기간 1993~1998)은 대통령 선거 공약에서 초등학교 한자교육의 실시를 약속하였다. 그러나 이렇다고 할 만한 일을 하지 못하였으니, 이는 초등학교에서 한자를 가르치지 않고, 중학교에서 漢文(한문)를 가르치는 1970년 이래의 정책 기조를 유지하겠다는 관료들을 설득하지 못한 것으로 보인다. 그는 대통령직에서 퇴임한 이후에 이를 후회하였다. 즉 2006년 4월에 전국한자교육추진총연합회 주최로 서울시 수운회관에서 개최한 '초등학교 한자교육 촉진을 위한 초청강연회'(참가자 약 3,000명 추산)에서, 김영삼 대통령은 "재임 중에 초등학교 한자 교육문제를 해결하지 못한 것을 후회한다."고 하였다.

다음은 金大中(김대중) 대통령(재임기간 1998~2003)의 한자 교육에 대한 생각과, 재임 중에 있었던 일을 보기로 한다. 김대중 정부 때에 와서 도로의 표지판에 한글과 함께 한자를 倂記(병기)하도록 하였다. 즉 1999년 2월 9일, 국무회의에서 申樂均(신낙균) 문화관광부장관은 "정부 공문서와 도로 표지판에 한자를 병기할 방안을 추진하겠다."고 보고하자, 崔在旭(최재욱) 환경부장관은 "한자 병기만 할 것이 아니라, 한자 혼용도 재검토해야 한다."고 하였다. 또 최장관은 "대학입시에 한자가 출제되지 않으니, 한자 교육이 제대로 안되고 있다."고 하여,

한자 입시 반영을 거론하였다. 이에 金杞載(김기재) 행정자치부장관도 “한자 교육에 공백이 있었다.”고 하여, 한자 교육 문제에 대한 인식을 같이 하였다. 이에 대해 김대중 대통령도 “우리의 고전과 전통문화를 제대로 이해하기 위해서는 한자 지식이 필요하다.”하고, “우선 한자 병기부터 하기로 하고, 혼용 문제는 전문가들의 연구와 토론을 거쳐서 검토되어야 한다.”고 하여 이 문제를 결론지었다(조선일보 1999.2.10.).

도로의 표지판에 한글과 함께 한자도 표기해야 한다 함은 전에도 國務會議(국무회의)에 제기된 바 있다. 즉 1988년, 서울 올림픽대회를 앞두고, 權彝赫(권이혁) 당시 문교부장관은 이 문제를 국무회의에 제기하였으나, 모두 반대하였다고 한다. 그리고 김대중 정부 때에 도로 표지판에 한자를 병기하기 10여 년 전인 1987년에, 부산 지하철역 이름은 한글과 한자를 병기하였다〔후술 2.3. p.149〕.

1999년 2월에 문화관광부에서는 정부의 사무관리규정(1991년 6월 19일 대통령령 제1300호) 제 10조를 수정하겠다고 발표하였다. 이 규정 10조에는 ‘문서는 간명하게 한글로만 작성하되, 특별한 사유가 있는 경우를 제외하고는, 한글 맞춤법에 따라 가로로 쓴다.’로 하였다. 즉 이 규정의 골자는 정부 안에서 통용되는 문서는 한글을 전용하도록 한 것이다. 그 당시만 하여도 정부안에서 통용되는 공문서에 한자 혼용의 모습을 보이는 것이 있어, 인명이나 지명 또는 특수한 전문 용어에서는 혼란과 오해의 요인이 있어, 이를 없애기 위해 괄호를 하고 한자를 병기하자는 것이다. 즉 사무관리규정과 실제 통용되는 공문의 모습과 차이가 있었는데, 위에서 말한 바 관리규정 10조를 수정한다는 것은, 이것을 명실상부한 상태로 돌린다는 것이다.

그리고 2002년 4월 9일에 전국한자교육추진총연합회는, 역대 문교부장관을 지낸 13명으로부터 초등학교 한자 교육을 촉구하는 건의서에 署名(서명)을 받아서 이를 김대중 대통령에게 전달하였다. 이 건의문에는 '오늘날의 심각한 문화 위기를 극복하기 위해서는 초등학교 정규교과에서부터 한자를 가르쳐야 한다.'고 하였으며, '우리말의 70% 이상이 한자 어휘로 되어 있는데, 한글만 표기하면 읽어도 그의 의미를 제대로 알 수 없어, 대부분의 젊은이들이 불확실한 語義(어의)로 국어생활을 하고 있다.'고 하였다(중앙일보 2002.4.10.). 김대중 대통령은 대통령 출마 公約(공약)에서 초등학교 한자 교육을 약속한 바 있었으나, 이에 대한 별다른 反響(반향)이 없었다. 한자 교육이 필요함을 실감하면서도, 이를 실행하지 못함이 매우 아쉽다.

盧武鉉(노무현) 대통령(재임기간 2003~2008) 때의 일이다. 2005년에 '국어기본법'이 만들어졌다.

다음은 李明博(이명박) 대통령(재임기간 2008~2013) 때의 일이다. 2008년에 전국한자교육추진총연합회가 역대 국무총리를 지낸 21명(2009년에 2명을 추가하여 23명 모두)으로부터 초등학교 한자 교육을 촉구하는 건의서에 署名(서명)을 받아서 청와대에 올렸다. 이에 앞서 필자는 이명박 대통령이 대통령으로 당선된 직후에 한자 교육의 필요성에 대한 건의서를 올렸다. 이에 대하여 아래와 같은 答信(답신)이 왔다.

李炳銑 教授님께

안녕하십니까? 高見(고견)을 담은 著書(저서)와 기고문과 함께 정성어린 편지를 보내주신 교수님께 깊은 감사의 말씀을 올립니다. 일평생 國語를 가르치신 교수님께서 학생들의 漢字實力 저하로 교육의 質(질)이 떨어져 가고 있는 현실에 대한 걱정과 대책을 소상하게 말씀해 주신 데 대하여 감사드립니다. 제가 비록 야간상업고등학교를 다녔어도 한자 교육을 철저히 받은 덕분에 전 세계 여러 나라를 다니면서 기업활동을 할 때 中國語와 日本語를 몰라도 대략의 뜻을 유추할 수 있어. 큰 도움이 되었던 기억이 있습니다. 교수님께서 건의하신 내용을 留念(유념)하고 여러 사람들과 함께 논의하여 검토해 나가도록 하겠습니다.(이하 생략) (※ 괄호 안의 한자 音은 필자가 단 것. 이하 같음.)

2008.2.8.

第17代 大統領 當選人 李明博 拜上

한자 교육에 대한 건의서는 당시의 문화체육부의 柳仁村(류인촌) 장관에게도 올렸다. 문화체육부 장관에게도 이 건의서를 올린 이유는 한자 교육의 정책 문제는 문화체육부의 소관이고, 한자 교육 문제는 교육부의 소관이라고 들었기 때문이다. 류장관으로부터 온 答信(답신)도 함께 싣는다.

李炳銑 敎授님께

敎授님이 보내주신 書翰(서한)과 著書(저서)는 잘 받아 보았습니다. 우리나라의 민족 문화의 形成(형성)에서 漢字가 미친 影響力(영향력)을 생각하면, 우리 傳統文化(전통문화)의 繼承(계승)과 國益(국익)을 위해 어릴 때부터 한자를 가르쳐야 하고, 국한문 혼용이 필요하다는 교수님의 말에 共感(공감)합니다. 이미 初・中等學校에서 漢字 교육의 필요성에 대한 논의가 있는 만큼, 교수님의 高見(고견)을 들어 漢字敎育을 위해 교육과학기술부 등 관련 부처와 적극적으로 협의하도록 하겠습니다. 우리 文化와 敎育의 앞날을 위해 걱정하시는 교수님에게 다시 한번 깊이 感謝드립니다. 내내 健康하시기를 바랍니다.

2008년 4월 3일

文化體育觀光部長官 柳仁村 올림

이명박 정부 때에는 한자 교육 문제에 있어서 아래와 같은 진전이 있었다. 즉 2009년에 교육부의 교육과정 평가원에서 약 1년간에 걸쳐서 학부모와 교사 5,222명을 상대로 초등학교 한자 교육 문제에 대한 여론 조사를 하였다. 그 결과 학부모의 89.1%와 교사의 77.3%가 '초등학교 교육과정에 한자 교육을 넣어야 한다.'고 하였다.[6] 그리고 2009년에는 '2009 개정교육과정'에서 초등학교 汎(범) 교과학습주제에 한자를 넣었으며, 학교장의 재량에 따라서 '창의적 체험활동'시간에 한자를 가르칠 수 있도록 하였다. 당시의 金敬子(김경자) 국가교육과정 개정연구위원장의 말에 의하면, 교육부 초·중등학교 교과도서 편찬 상의 유의점 및 검정기준(2011.9)에서 한자 倂記(병기) 지침을 제시하였다고 하였는데, 이에 의하여 초등학교 3학년 이상 도덕, 사회, 수학 교과서에서 그의 일부는 한자 병기가 이루어지고 있다고 하였다.[7]

다음은 朴槿惠(박근혜) 대통령(재임기간 2013~2017) 때의 일이다. 필자는 박근혜 대통령에게도 대통령 당선 직후에 拙著(졸저)와 함께 초등학교 한자 교육 강화에 대한 건의서를 올렸으나, 이에 대한 答信(답신)은 없었다. 그러나 대통령직에 취임(2013. 2)한 그해 7월 10일에 서울의 10여 개 큰 신문사의 논설실장, 해설위원실장 등을 청와대에 초청하여, 오찬을 겸한 간담회에서 한자 교육의 필요성을 강조하였다. 즉 한자 교육에 관련하여 "한자라는 것이 딱 보면, 직감이 오는 것이 있다."하고 "이런 것을 놓친다는 것은 상당히 아쉽다."고 하였다. 또

6) 한국교육과정평가원, 『초등학교 바람직한 한자교육방안 연구』 2009. 11. 참조.
7) 『한글+漢字문화』(전국한자교육추진총연합회) 194호(2015. 9.) p.17 참조.

지난 날의 우리의 기록이 한자와 한문으로 되어 있음을 말하여, 한자 교육의 중요성을 말하였다.[8] 박근혜 대통령은 문자의 機能面(기능면)에서 한자의 우수성을 인정한 것이다.

그리고 2014년 9월에, 교육부에서는 "2018년부터 초등학교 3학년 이상 교과서에서 한글과 한자의 倂記(병기)를 추진하겠다."고 발표하였다. 그리고 2014년 12월 21일에는 "현재 학생들에 대한 한자 교육이 부족하여 의미 소통 등에 문제가 있다는 점을 감안했다."고 하며, "2018학년도에는 초등학교 3.4학년 교과서에, 2019학년도에는 초등학교 5.6학년 교과서에, 한자 400~500자를 한글과 병기 하도록 권장하는 교과서 집필 기준을 마련할 예정이다."라고 밝혔다. 이는 2018~19년부터 초등학교 교과서에 한자가 다시 살아나게 된다는 것이니, 이는 1970년 한글 전용 정책으로 초등학교 교과서에 한자가 빠진 지 48년 만의 일이다. 조선일보에서는 1914년 1월 1일부터 연중기획으로 '漢字 文盲(문맹) 벗어나자'를 실었는데(24회 연재), 교육부의 위 발표가 있자 '우리나라 教育史(교육사)에 청신호가 켜졌다.'하고 大書特筆(대서특필)하였다(조선일보 2014.12.22.).

그리고 2015년 8월 24일에는 교육부 주최로 초등학교 한자 교육 활성화를 위한 公聽會(공청회)를 청주시의 한국교원대학교에서 개최하게 되었다. 이날의 공청회에는 한자 교육을 지지하는 측에서 500여 명이 참석하였고, 한글 전용을 주장하는 측에서는 全教組(전교조)를 중심으로 한 70여 명이 참석하였다. 이날의 공청회에서 있었던 일들을 조금 설

---

8) 『한글+漢字문화』 169호(2013. 8.) p.19 등 참조.

명하기로 한다. 이 공청회가 열리기 전에 한글 전용론자 측에서 단상을 점거하고 피켓 시위를 벌려 공청회를 못하게 훼방하여, 한자 교육 지지자 측과 서로 고함과 욕설이 오고 갔다. 그러다가 한글 전용론자 측에서, "교육부에서 만든 '초등학교 한자 교육 활성화를 위한 공청회'라는 현수막을 걷어치우면 공청회에 참여할 수 있다."고 하여, 이를 걷는 등으로 인하여 공청회가 30분이나 늦게 열렸다. 또 한편에서는 "한글이 죽었다."고 하며 喪服(상복)을 입고, 한글을 표시한 상여를 메고 가는 웃지 못할 일이 있었다.

공청회에서 한글 전용론 주장측의 발표자로 나온 서울 유현초등학교 한희정 교사는 "교과서에 한자를 병기하면, 교사와 학생에게 학습 부담이 된다."고 하여 한자 교육을 반대하였다. 고려대학교의 박용규 교수는 "교육부가 한자단체들의 요구에 굴복하여 초등학교 교과서에 한자를 병기하려고 한다."고 하고, "교육부의 하는 일이 설득력이 없다."고 하였다.[9] 한자 교육을 주장하는 측에서도 두 사람이 발표하였으나, 이에 대한 설명은 생략한다.

한편, 교육부에서는 '초등학교 교과서 한자표기방안' 연구의 용역을 실시하여, 2014년부터 2년간 정책 연구와 의견 수렴 등을 거쳐서 2016년 12월에 다음의 정책을 발표하였다. 그 내용인즉 초등학교 5. 6학년 교과서에 기준 한자 300자를 표기하되, 한자를 한글과 병기하지 않고, 학습용어의 이해를 돕기 위하여, 脚註(각주) 형태로 한자의 음과 뜻을 표기한다고 하였다.[10] 한자를 露出(노출)하여 눈에 잘 띄게

9) 『한글+漢字문화』 194호(2015. 9.) pp.6~9 참조.
10) 『한글+漢字문화』 232호(2018. 11.) p.19 참조.

하여, 눈에 익도록 하여야 할 것인데, 그 반대로 한자를 감추려 하고 있다. 이에는 한글 전용론자들의 생각이 많이 반영된 것으로 보인다.

그 후 文在寅(문재인) 대통령(재임기간 2017~현재)이 취임한 후의 일이다. 위에서 말한 바 2016년 12월, 박근혜 정부 때에 발표한 교육 정책을 아무런 의견 수렴이나 그 배경에 대한 설명도 없이 폐기하였다. 이는 언론에도 보도되지 않았다. 한자 교육을 바라던 단체가 교육부에 가서 그 이유를 물었더니, 박근혜 정부 때부터 한자 교육정책을 추진해 왔던 南富鎬(남부호) 교육부 교육과정 정책과장은 "정부가 한자 300자 기준을 제시하면, 私教育(사교육)이 크게 늘어날 것이라는 우려가 많아 이 정책을 폐기하게 되었다."고 그 배경을 설명하였다(조선일보 2018.1.11.). 그런데 이 정책을 폐기하기 1년 전인 박근혜 정부 당시에, 全教組(전교조) 등 한글전용론 주장의 단체에서 "학생들의 학습부담이 커지고, 사교육이 횡행할 것"이라 하여, 이 정책을 반대하는 일이 있었다. 이에 대하여 교육부에서는 "한 單元(단원)에 0~3件(건) 정도를, 개념상의 이해를 돕는 경우에만 한자를 제시하기 때문에 부담이 거의 없다."하였고, 또 "한자를 외우거나 평가까지 않도록 하기 때문에 私教育費(사교육비) 부담도 없을 것"이라 한 바 있었다. 이를 보아서 이 政策(정책)의 폐기는 전교조 등 한글단체와 청와대의 密室(밀실) 행정이라 보고 있다(조선일보 2018.1.11.). 북한에서는 한자 3,000자를 한문시간에 국한문 혼용의 교과서로 가르치고 있는데[후술 3.1. p.166], 이를 알았다면 앞으로 남북통일에 대비하여서라도 이러한 결정은 하지 않았을 것이다.

위에서 말한 바, 한글 단체의 발표자로 나온 한희정 교사는 한자 교육을 반대하는 이유로, "교과서에서 한자를 병기하면 교사와 학생들에게 학습 부담이 되기 때문"이라고 하였다. 그러나 무슨 일이든지 부담이 없이 노력하지 않고 되는 일이 어디에 있겠는가? 일본에서는 초등학교 1학년부터 한자와 가나자 혼용의 교과서로, 常用漢字(상용한자) 1945자를 가르치고 있는데, 우리가 게을러서는 그들과 경쟁이 되겠는가? 지난 36년간 나라를 잃었던 서러움을 생각하면, 한자보다 더 어려운 것이라도 배워야 할 것이 아닌가? 또 "정부가 한자 300자 기준을 제시하면, 私敎育(사교육)이 늘어날 것"이라고 하였는데, 학교에서 한자를 제대로 가르치지 아니하니, 學院(학원)에라도 보내어 한자를 배우게 해야 할 것이 아닌가 하는 것이다. 이명박 정부 때에 조사한 바에 의하면, 학부모의 약 90%가 초등학교 정규교육과정에 한자 교육을 넣어서 가르치기를 바란다고 하였다〔前述(전술) 1.1. p.25〕.

그리고 공청회 때에 한글 전용론자들이 '한글이 죽었다'하고 상복을 입고 상여를 메고 가는 장면에서 보는 바와 같이, 한글 전용론자들은 '한자가 살면 한글이 죽는다'고 생각한다. 이는 크게 잘못된 생각이다. 왜냐하면, 국어의 70%가 한자어인데, 이를 모두 한글만으로 표기하여 한자를 몰라 그 말의 뜻을 모르면, 그 말이 죽은 것이나 다름 없기 때문이다. 한자를 몰라서는 그 말의 생명력을 잃으니, 한글도 따라서 죽는다. 한국학 연구로 박사 학위를 받은 독일인 라이너 도멜스 박사는 "한글 전용은 한자라는 뿌리를 잘라버린 꽃다발"이라 하였다. 즉 한자가 살아야 한글도 산다는 것이다. 그러므로 한글과 한자는 새의 두 날개, 또는 수레의 두 바퀴와 같이 서로 補完(보완)의 관계에 있다.

2) 한글 전용을 주장하는 이유와, 이에 대한 비판

한글 전용론자들이 한글 전용을 주장하는 이유를 다음과 같이 요약할 수 있을 것이다.

> ㄱ) 한글은 세종대왕이 創製(창제)한 우수한 글자이다. 그러므로 한글만을 써서 민족의 자주성과 자존심을 살려야 한다.
> ㄴ) 한글은 글자 수가 적어서 배우기 쉽게 쓰기도 쉽다.
> ㄷ) 한글이 우리의 글자임에 비하여, 한자는 중국에서 들어온 남의 글자이니, 한자는 事大主義(사대주의), 즉 중국을 섬기는 글자이다.
> ㄹ) 한자는 배우기가 어려우니, 가르치는 교사나 배우는 학생들에게 부담이 된다.

이에 대하여 아래에서 간단히 비판하기로 한다. 먼저 ㄱ)에서, 한글이 表音文字(표음문자)로서 우수한 글자이기는 하나, 표음문자로서의 한계가 있다. 문자란 뜻을 전달하는 기능을 하는 것인데, 한글은 음을 표기하여 그 뜻을 전달하나, 한자는 음과 뜻을 가진 말〔語〕을 표기하여 뜻을 전달한다. 따라서 한자는 글자를 보는 순간 그 뜻을 알 수 있어, 뜻의 전달에 있어서 매우 효과적이다〔후술 2.1.1. p.84〕. 그러므로 표음문자로서의 한글의 장점과 表語文字(표어문자)로서의 한자의 장점을 딴 국한문 혼용으로 국력을 신장하는 것이 민족의 자주성과 자존심을 살리는 것이다. 다시 말하면, 국력이 약하면 민족의 자주성이나 자존심을 생각할 수 없다.

ㄴ)에서, 한글이 한자보다 배우기 쉽고 쓰기 쉬운 것은 사실이다.

그러나 쉬운 것만이 좋은 것은 아니다. 필요하다면 한자보다 더 어려운 것이라도 배워야 한다. 한글은 음을 표기하나, 한자는 음과 뜻을 가진 말〔語〕을 표기한 것으로, 뜻을 전달하는데 있어서 매우 효율적이다. 즉 한자는 문장의 뜻을 쉽게 이해할 수 있고, 독서의 능률을 높이고, 사고력을 도우는 등, 한글이 가지지 못한 장점을 가지고 있다. 그러므로 한글이 쉽다는 이유에서 한자의 이러한 장점을 버릴 수 없다.

ㄷ)에서, 한자가 우리나라에 들어온 지 2천년이나 되었으며, 우리는 이로써 높은 문화를 쌓아 왔다. 그러므로 한자를 남의 글자이니, 事大主義(사대주의) 문자이니 하는 생각을 버려야 한다. 한자는 큰 範疇(범주)에서 우리나라 글자로 생각해야 한다. 韓屋(한옥)이든 洋屋(양옥)이든 내가 살면 내 집이라 생각해야 한다. 또 양복을 입었다고 하여 내 마음이 서양 사람으로 바뀌는 것도 아니다. 文化(문화)란 국경이 따로 없다. 한자도 柔然(유연)한 마음으로 받아들여 한글과 함께 국한문을 혼용해야 한다. 문화에서 純血主義(순혈주의)란 있을 수 없다. 한글 전용론자는 한글이 우리글임을 강조하나, 國粹主義(국수주의)는 배타심을 助長(조장)한다. 이는 나라의 발전을 저해한다.

ㄹ)에서는 한자를 가르치자면, 교사나 배우는 학생들에게 부담이 된다는 것이다. 이는 청주시 한국교원대학교에서 있었던 公聽會(공청회)에서 한글단체의 대표로 나온 사람의 말이다. 그러나 세상에 부담이 없이 되는 일이 어디에 있겠는가? 배워서 이로운 것이면 한자보다 더 어려운 것이라도 배워야 할 것이다. 특히 국제적 경쟁 시대에 있어서 남보다 앞서기 위해서는, 남보다 더 노력해야 할 것이다. 노력하는 끝에는 勝利(승리)라는 열매가 맺고, 쉽고 편안하기를 좋아하는 끝에는 敗北(패

배)라는 열매가 맺는다. 어려운 컴퓨터도 배우지 않는가? 한자가 어렵다고 하더라도 2,000자 정도를 배우기란 크게 문제되지 않는다.

1964년 11월 15일에 한글학회는, 교과서에 국한문을 혼용하려는 문교부의 방침에 반대하여, 아래와 같은 성명서 형식으로 그 이유를 밝혔다. 이는 朴正熙(박정희) 대통령이 집권한 이듬해의 일이다. 이를 아래에서 살펴보기로 한다.

1) 한국의 나랏글자는 한글이다. 우리들의 일상생활에서는 한글만을 쓰기로 해야 한다.
2) 문화의 촉진은 글자생활의 기계화에 있으며, 글자생활의 기계화는 한글만을 씀으로써 이루어질 수 있다.
3) 한글 전용은 한자어를 배척함을 뜻하는 것이 아니다.
4) 모든 학과목에 쓰이는 용어는 될 수 있는 대로 알기 쉬운 우리말로 해야 한다.
5) 한문의 전문적 학습은 지금보다 더 철저히 해야 한다.
6) 한자로 적힌 우리말의 고전은 빨리 번역되어야 한다.
7) 우리나라의 신문, 잡지는 다 한글만을 쓰기로 하여야 한다.

이 주장은 우리 학회 창립 이래 일관된 정신인 바, 이번 1964년 8월 15일 제43회 정기총회의 총의로써 이를 다시 밝히는 바이다.

1964년 11월 14일

한글학회

먼저 1)항에 대하여 보기로 한다, 여기에서 '한국의 나랏글자는 한글이다.'라고 하였다. 이를 뒤집어 말하면 한자는 나랏글자가 아니라는 것이다. 즉 한자는 나랏글자가 아니니, 쓰지 말아야 한다는 것이다. 그리고 '일상생활에서는 한글만을 써야 한다.'고 하였다. 다만 여기에서 '일상생활에서는' 이라는 前提(전제)가 있는데, 일상생활에 쓰인 말이 아닌 학술어는 한자로 써도 상관 없다는 것인지 의심된다.

이 1)항을 3)항과 함께 생각할 때 문제점을 발견할 수 있다. 즉 3)항에서 '한글을 전용한다는 것은 한자어를 배척함을 뜻하는 것이 아니다.'라고 함은, 한자는 배척하되 한자어는 배척하지 않는다는 것이다. 오늘날 시행하고 있는 한글 전용이 이 이론에 근거하고 있다. 국어의 70%가 한자어인데, 이를 모두 한글만으로 표기하여서는 말의 뜻을 명확하게 이해할 수 없다는 것에 문제가 있다. 따라서 독서의 양이 감소하고, 語彙數(어휘수)가 줄어들고, 思考力(사고력)이 떨어진다. "한글 전용은 한자라는 뿌리가 잘린 꽃다발"과 같다고 한 말[후술 3.2. p.174]과 같이 말의 생명력을 잃는다.

2)항에서, '글자 생활의 기계화는 한글만을 씀으로써 이루어질 수 있다.'고 하였는데, 이는 옛말이 되고 말았다. 이제 와서 국한문 혼용의 글도 컴퓨터로 기계화가 가능하다.

4)항에서, '모든 학과목에 쓰이는 용어는 될 수 있는 대로 우리말로 해야 한다.'고 하였다, 그러나 국어는 膠着語(교착어)로서 명사 등 體言(체언)이나 동사, 형용사 등 用言(용언)의 語幹(어간)에 조사와 語尾(어미) 등이 첨가되어, 말이 길게 늘어져서 조어하기가 어렵다. 이에 비해 한자어는 孤立語(고립어)로서 이러한 것들이 첨가하지 않으므로 조어하기가 쉬우며, 音節數(음절수)가 줄어진다. 예들 들면 '음을 표기하는 글자(8음절)'→'表音文字(표음문자)(4음절)', '눈에 잘 뜨이는 성질(8음절)'→'視覺性(시각성)(3음절)' 등 학술용어를 만들기가 쉽다. 또 한자어에는 縮約

性(축약성), 簡潔性(간결성), 含蓄性(함축성) 등이 있어 편리하다. 그리고 '文法(문법), 子音(자음), 母音(모음)' 등 이미 있는 용어를 없애고, 이를 '말본, 닿소리, 홀소리' 등으로 만들어 쓰는 것은 도리어 부담스럽다.

5)항에서, '한문의 전문적 학습은 지금보다 더 철저히 해야 한다.'고 함은 옳은 말이다. 그러나 현재 중·고등학교에서 한문을 선택과목으로 가르치고 있으며, 대학의 修能試驗(수능시험)에서는 한문을 제2외국어로 하고 있다. 그러므로 이에 대한 학생들의 관심이 별로 없다. 수능시험은 대학에 들어가서 修學(수학)할 수 있는 능력을 시험하는 것이므로, 이는 필수 과목으로 해야 한다. 그리고 한문 교과서에 나오는 글이 古典的(고전적)인 글이어서 일상생활에 쓰는 말과는 거리가 멀다. 일상생활에 쓰이는 한자어나 문장 속에 쓰이는 難語句(난어구) 등은 어디서 가르쳐야 할 것인가? 북한에서는 국한문 혼용의 교과서로 일상생활에 쓰이는 말〔한자어〕을 한문시간에 가르치고 있다. '한문의 전문적 학습'도 중요하나, 생활에 쓰이는 말〔한자어〕이나 문장을 가르치는 것이 더 중요하다. 이는 국한문 혼용의 글에서 가르치는 것이 보다 효과적이다.

6)항에서, '한자어로 적힌 우리말의 고전은 빨리 번역되어야 한다.'고 하는 말도 옳은 말이다. 그러나 한글 전용으로 독서에 대한 의욕을 떨어뜨려, 도서관에 쌓여 있는 서적들도 死藏(사장)되고 있는 실정이다. 그러므로 번역본을 출판하여도 별로 관심이 없을 것이다. 한자교육을 강화하고 국한문 혼용으로 독서에 대한 의욕을 높이는 동시에 고전에 대한 번역 사업도 함께 해야 할 것이다.

7)항에서 '우리나라 신문 잡지는 다 한글만을 쓰기로 해야 한다.'고

함을 보아서 신문, 잡지가 아닌 學術誌(학술지)는 한자를 섞어 써도 좋다는 말인지 궁금하다. 현재 신문, 잡지는 물론 학술서적도 거의 한글 일색으로 출판되고 있다. 학교에서 한자를 제대로 가르치지 않아 한자어의 뜻도 모르고, 또 한자를 쓸 줄도 모르니 부득이 한글 전용의 신문이나 학술서적이 나올 수밖에 없다. 젊은 세대는 나라 안팎의 情勢(정세)를 알리는 신문을 잘 읽지도 못하며, 또 읽으려 하지도 않는다. 왜냐하면 읽어도 한글로 표기된 한자어의 뜻을 이해하기 어렵기 때문이다. TV의 字幕(자막)도 한가지이다. 기성세대는 한글 전용으로 된 글은 읽기가 답답하여 더욱 읽지도 못한다. 신문사나 잡지사의 취재 기자들이 애써 만든 洪水(홍수)처럼 쏟아져 나온 출판물들이 讀者(독자)들에게 읽혀지지 않고 버려진다면, 이는 국가적 손실이다.

한글 전용을 주장한 분들이 우리의 토박이말〔固有語〕을 아껴 쓰자 함은, 한글학회의 '우리 말글 문화독립 선언'에서도 볼 수 있다. 고유어를 될 수록이면 살려 쓰자 함은 옳은 말이나, 현실적으로 문제된다. 이를 아래에서 보기로 한다.

> 우리말과 글은 옛날 중국의 말과 글인 한문·한자 때문에 심한 상처를 입어 왔습니다. 우리말 속에 한자말이 스며들면서 순수한 우리 토박이말의 발전을 가로 막아 온 것입니다. 옛날 우리말이었던 '가람'이나 '뫼'라는 말이 중국에서 들어온 '강'이나 '산'이라는 말 때문에 자취를 감추고 말았습니다. 지금도 '여기에 새가 살고 있다.'하면 될 것을, '조류가 서식하고 있다.'라는 말을 즐겨 쓰는 사람이 있고, '시간이 걸린다.'라고 하면 될 것을, '시간이 소요된다.'란 어려운 표현을 하는 사람이 있습니다.

위에서 '한문·한자 때문에 우리말과 글이 심한 상처를 입었다.'하고, 또 '한자말이 우리의 토박이말의 발전을 가로막았다.'고 하였다. 그러한 예로 '가람' → '강', '뫼' → '산'을 들었으며, '새가 살고 있다' → '새가 서식한다' 등을 들었다. 그러나 말이란 통일하여 부르기 쉬운 방향으로 변해가는 것이다. 즉 '白頭(백두)뫼', '漢羅(한라)뫼'보다 한자어로 통일하여, '白頭山(백두산)', '漢羅山(한라산)'으로 통일하는 것이 부르기가 쉽다. 즉 앞 成分(성분)인 '白頭(백두)', '漢羅(한라)'가 한자로 되어 있으니, 이에 맞추어 '산'으로 통일하여 부르는 것이 자연스럽다.

白頭(백두)는 산이 높아서 눈〔雪〕이 쉽게 녹지 않아 '흰〔白〕 머리〔頭〕 모양'을 하고 있는데서 붙여진 이름인데, 이를 고유어로 命名(명명)하자면 音節數(음절수)가 많아서 이름을 짓기가 어려울 것이다. '뫼'는 語形(어형)이 '미'로 변하기도 하였으니. 이는 갈미봉〔大山峰의 뜻〕, 수리미〔首山의 뜻〕 등에서 볼 수 있다. '江'은 뜻하는 '가람'도, 大同江(대동강)을 '大同(대동)가람', 낙동강(洛東江)을 '낙동(洛東)가람'으로 부르기는 어렵다. 앞의 성분, 즉 大同(대동), 낙동(洛東)이 한자어이므로, '江(강)'으로 통일하여 부르는 것이 자연스럽고 부르기도 쉽다. '가람'에 맞추어 '大同'을 고유어로 命名(명명)하기도 어렵다. 현재 '가람'은 안 쓰이나, '나리'에서 변한 '내'는 새내(새로 생긴 '내'라는 뜻), 또는 한내(큰 '내'라는 뜻) 등 도처에서 볼 수 있다. 그리고 '서식하다'에서 보는 '하다'는 접미사로서, 이는 후대에 내려올수록 生産的(생산적)이다. 즉 '공기를 바꾸다' → '換氣(환기)하다(換, 바꿀 환)', '권리를 잡다' → '執權(집권)(執, 잡을 집)' 등이 그러한 예이다.

위에서 본 바로써, 한자가 들어와서 우리말의 발전을 가로막았다

함은 옳지 않다. 한두 개의 토박이말〔固有語〕을 잃은 것을 아쉬워하여, 10개의 한자어의 利點(이점)을 부정해서는 안 된다. 한자를 부정적으로만 볼 것이 아니라, 우리 문화에 寄與(기여)한 긍정적인 면을 보아야 한다. 우리가 하루 속히 先進國(선진국)의 대열에 들어가기 위해서는 한자교육을 강화하여, 한자의 장점을 살려 써야 한다.

우리는 해방 이후, 지나치게 우리 글〔한글〕, 우리 말〔토박이말〕 등 '우리'를 강조하여, 도리어 우리의 발전을 저해하였다. 한양대학의 석좌교수로 와서 있는 독일인 베르너 사세 교수는 "한국인이 한글 國粹主義(국수주의)에 빠지지 말고, 자기의 문화를 알기 위해서는 한자와 한문을 가르쳐야 한다."라고 하고, "한국을 널리 알리려면, '우리', '제일', 이 말부터 빼세요."라고 충고하였다〔후술 3.2. p.173〕. 그리고 申昌淳(신창순) 교수는 '한글 전용 - 그 不條理(부조리)의 眞相(진상)'이라 題(제)한 글에서, 한글 전용론자의 우리글, 우리말〔토박이말〕의 지나친 강조에 대하여, 다음과 같이 평하였다. "한글 전용론자들이 이런 알량한 이론이나 근거를 가지고, 나라의 大本(대본)인 국어 문장어의 방향을 멋대로 틀어서 낭떠러지로 몰고 간데 대해 어처구니가 없기도 하거니와, 일종의 憤激(분격)도 느낄 것이다."라고 하였다.[11]

문화는 높은 곳에서 낮은 곳으로 흐르는 것이니, 우리는 지난 2천년간 중국에서 들어온 높은 精神文化(정신문화)에 서구에서 들어온 物質文明(물질문명)을 융합하여 새로운 문화를 창조해야 할 것이다.

11) 申昌淳, 『二十一世紀의 國語文法』(2019) p.211 참조.

3) 한글 전용으로 초래된 여러 가지 문제들

해방 이후 한글전용에 의한 부작용으로, 한자 무식에 의한 많은 문제들을 초래하였다. 이를 보기로 한다.

(1) 漢字(한자) 무식의 實狀(실상)

아래에 보이는 예는 단편적이기는 하나, 한자 무식의 실상을 아는데 도움이 될 것이다. 그리고 여기에서 보이는 예 중에는 오래 전에 조사한 것도 있어, 지금에 있어서의 한자 무식의 실상은 이보다 더할 것이다.

ㄱ) 한국어문교육연구회의 朴光敏(박광민)님이 조사한 바에 의하면, 수도권의 고등학교 3학년 학생 50명 중에서 자기부모의 이름을 한자로 쓸 수 있는 학생은 20명(40%)이었다 하고, 기본적인 한자어인 '愛國歌(애국가)'를 쓸 수 있는 학생이 42%, '禮節(예절)'을 쓸 수 있는 학생이 18%, '學校敎育(학교교육)'을 쓸 수 있는 학생이 14%였다고 하였다(조선일보 1999.2.11. '漢字文盲(한자문맹)' 이대로 안 된다).

ㄴ) '초등학교 한자교육의 지도방안 熟考(숙고)'라는 글에서 成樂勛(성낙훈)님은, 초등학교 현장교육에서 반 학생의 90%가 자기의 한자 이름을 모르고 있으며, 부모님에게 물어서 오라고 숙제를 내어주었으나 태반의 학생들이 부모님도 모른다고 하였다는 것이다. 그는 학생들의 부모 세대가 '한글 전용의 희생 세대'라고 하며, 지도교사가 될 세대가 한글 세대이니, 교사 양성 문제가 重且大(중차대)한 문제라고 하였다.[12]

ㄷ) 어느 국영기업체에서 실시한 '신입사원의 한자능력 평가시험'에서 평균 점수가 40점 정도였다고 하며, 그 중에서 명문사립 Y대학을 졸업한 한 신입사원의 경우, '染色(염색)'을 '채색'으로, '取消(취소)'를 '패소'로 '薄弱(박약)'을 '쇠약'으로 읽었다고 한다(조선일보 1999.2.11.).

ㄹ) 2001년, 전국 120개 대학 졸업생 272명(평균 B학점 이상)을 대상으로 조사한 바에 의하면, 아버지의 이름을 한자로 제대로 쓴 사람은 122명(44.9%)에 불과하였으며, 어머니의 이름을 쓴 사람은 76명(27.9%)에 불과하였다고 한다. 출신대학의 이름을 한자로 쓴 사람은 36.4%였다 하고, 전공학과의 이름을 한자로 쓴 사람은 25.7%였다고 한다. 이는 4년 전에 조사한 것에 비하여 9% 정도가 더 떨어졌다고 한다. 이들은 스스로의 한자 실력의 부족함이 한탄스러운 듯, 81.9%가 한자 교육의 필요성을 인정하였다고 한다(서울경제 2002.4.11.).

ㅂ) 1992년도에 실시한 전국대학 1학년 한자능력평가의 경과를 보면, 의과대학에는 우수한 학생들이 많이 다니는 학과인데도, 자기가 다니는 醫豫科(의예과)를 한자로 제대로 쓴 학생이 28%였다고 한다. 의예과는 本科(본과)에 들어가기 전에 '미리〔豫〕 배운다'는 뜻인데, '豫(미리 예)'자를 '藝(재주 예)'자, 혹은 이 글자의 약자인 '芸'를 써서 醫藝科(의예과), 혹은 醫芸科(의예과)로 쓴 학생이 27%나 되었다고 한다.[13]

ㅇ) 서울대학교 사범대학 閔賢植(민현식) 교수는 서울 江西(강서)지역 중학교 3개반 120명을 대상으로 조사한 결과, 다음과 같이 말하였다. ①초등학교에서 학교장의 재량으로 하고 있는 '자율학습시간'에 한자

12) 『한글+漢字문화』 217호(2017. 8.) p.43 참조
13) 韓國語文會, 『한글과 漢字는 國語의 두 날개』(2009) p.203 참조.

교육을 받은 경험이 있는 학생은 56%에 불과하며, 약 반수는 한자 구경도 못하였다고 하고, ②자기의 한자 姓名(성명)을 쓸 수 있는 학생이 61.3%였다고 한다. 그리고 아버지의 한자 성명을 쓸 수 있는 학생이 16%, 어머니의 한자 성명을 쓸 수 있는 학생은 10%였다고 하니, 약 90% 가까이가 부모의 이름을 한자로 쓰지 못했다고 한다. ③한자 교육의 시기를 물었더니, 초등학교 1~3학년이 19.3%, 4~6학년이 50.9%로, 70.2%가 초등학교에서 한자 교육을 바라고 있어, 이는 중학교 17.5%, 고등학교 4.4%, 대학교 7.9%보다 높다고 하였다. 그리고 민 교수는 국가기관의 조사나, 교사들의 조사에서 약 80%가 초등학교에서 한자 교육을 바라고 있는데도, 한자 교육을 公約(공약)한 대통령이나 主務(주무) 관리들이 한글 전용을 주장하는 소수인의 반대에 휘둘려 이를 실시하지 못했다고 비판하였다.[14)]

ㅈ) 다음은 1995년에 話題(화제)가 되었던 이야기이다. 즉 한국어문교육연구회가 '국내 최대 竪穴式石室(수혈식석실) 발굴', '고속철 경주 驛舍(역사) 예정지'에 대해, 한글만으로 표기하고, 대학생 40명에게 그 뜻을 물었더니, 그 뜻을 제대로 알고 있는 사람은 한 사람도 없었으며, 대답한 것 중에는 '수혈식 석실'은 '사람을 죽여서 그 피를 무덤 안에 넣는 것'으로, 또 '경주 역사 예정지'는 '경주에 있는 역사의 유물을 한데 모아서 보관하는 예정지'라는 奇想天外(기상천외)의 응답이 있었다고 한다(조선일보 1999.2.11.). 위 '竪穴式石穴(수혈식석실)'에서 '竪'는 '세울 수'자이고, '穴'은 '구멍 혈'자이니, 이는 고대인의 住居生

14) 『한글+漢字문화』 116호(2009. 3.) p.10

活(주거생활)로 '구멍을 세워서 만든 石室(석실)'의 뜻이다. 구멍〔穴〕을 옆〔横〕으로 파서 만든 것은 '横穴式石室(횡혈식석실)'이라고 한다. 이는 산기슭에 굴을 옆으로 파고, 거기에서 살던 住居(주거)형식이다. 경주 역사의 '역사'는 '驛舍'의 표기로, '驛'은 '정거장 역'자이고 '舍'는 '집 사'자이다. 이는 역의 건물을 말한다.

위에서 한글 세대의 한자 무식에 대한 實狀(실상)을 보았거니와, 이러한 한자 무식이 어디에서 왔는가? 이는 말할 것도 없이 한자 교육의 不實(부실)에서 왔다. 그리고 한자 교육의 부실은 한글 전용으로 한자 교육을 소홀히 한 까닭이다.

한자 교육의 부실은 해방 이후 '역대 정부 文字政策(문자정책)의 虛(허)와 實(실)'〔전술 1.1. p.13〕에서 보았다. 다만 2009년 李明博(이명박) 정부 때에, 학교장의 재량이기는 하나, 초등학교 3학년에 주당 1시간씩 '창의적 체험활동'의 이름으로 한자를 가르칠 수 있게 하였다. 그러나 위에서 본 바, 민현식 교수의 조사보고에 의하면, 이에 공부하는 학생이 56%에 불과하다고 하니, 이 조사대로라면 전국 초등학생의 거의 반이 한자 구경도 못하고 졸업한다는 것이다.

지금은 중학교와 고등학교에서 한문과목이 있어, 한문시간에 한자를 배울 수 있다. 그러나 이는 선택과목으로, 학교에서 이를 가르치더라도 학생들이 한문 과목을 선택하지 않고 다른 과목을 선택할 수 있다. 그리고 한문 교과서의 내용이 고전이 중심으로 되어 있어, 일상생활에 쓰이는 한자어와 학술용어와는 거리가 멀다. 중·고등학교 6년 동안 한자를 배울 수 있는 것은 한문 시간 뿐인데, 학생들의 관심이 많은 대학입시인 修能試驗(수능시험)에서 한자를 제2외국어에 넣고 있다. 제1외국어가 英語(영어)이고, 제2외국어는 獨語(독어)나 佛語(불어)인데, 한문을 제2외국어에 넣음은 상식 이하의 일이다. 대학에 들어가서 무엇보다 필요한 것이 한자에 대한 지식이기 때문이다.

중·고등학교에서 한문이 선택과목으로 되어 있고, 수능시험에서조차 제 2외국어에 들어 있어, 학생들이 한자 공부에 대한 관심이 별로 없다. 신문·잡지뿐만 아니라, 學術書籍(학술서적)도 거의 한글 전용으로 나오고 있어 한자는 배워 보았자 별로 쓰일 곳이 없다고 생각하게 하였다. 수능시험에서 한문을 제2외국어에 넣었음은 교육부 당국자가 수능시험의 의미와 한자·한문의 중요성을 알지 못한 까닭이라 생각된다. 修能(수능)의 '修'는 '닦을 수'자이고 '能'은 '능할 능', 즉 능히 할 수 있음을 뜻하는 글자이다. 즉 수능시험이란 대학에 들어가서 학업을 닦을〔修〕 수 있는 능력〔能〕을 시험하는 것이다. 대학 교재에 나오는 학술어가 대부분 한자어이니, 한자를 몰라서는 학업을 닦을 수가 없다. 한자의 지식이 없어서는 학술어의 뜻을 이해하지 못하고, 교수의 강의를 들어도 이해하지 못한다.

다음에는 대학에서 국한문 혼용의 교재를 한글 전용의 교재로 바꾼 뒤에, 학생들의 강의에 대한 이해도가 더욱 떨어졌음을 보기로 한다. 대학에서는 1990년대 초반만 하여도 대체로 국한문 혼용으로 된 교재로써 가르쳤다. 즉 '敎養國語(교양국어)'라는 과목이 있었으니, 1970년대 초부터 각 대학마다 人文大(인문대), 自然大(자연대), 工大(공대)할 것 없이, 신입생들에게 한 학기 동안 필수과목으로 이 수업을 받게 하였다. 이 과목을 履修(이수)하게 한 목적은, 장차 대학을 졸업하고 사회의 지도층으로서의 교양을 쌓게 하는데 있었다. 교재 내용은 論說文

(논설문)에 대한 이해, 古典(고전)의 감상, 文章(문장) 짓기와 評論(평론) 등으로, 국한문 혼용의 교재로 가르쳤다.

그러나 1990년대에는, 대학에 따라서 차이는 있었으나 한글 전용의 교재로 바뀌었다. 신입생들이 한자를 잘 모르므로, 국한문 혼용의 교재로는 강의에 부담을 느끼게 되었기 때문이다. 괄호 안에 한자를 倂記(병기)하였으나, 한자의 뜻을 모르면, 한자 병기는 무의미하다. 그러다가 마침내 '교양국어'라는 과목이 없어지고, 전공과목의 교재도 거의 한글전용으로 바뀌었다. 단국대학교 대학원장을 지낸 南豐鉉(남풍현) 교수는 전국한자교육추진총연합회가 주최한 '대학교육에서의 漢字(한자)문제'에 대한 학술대회에서 "1960~1980년대까지만 하여도 강의를 어려움 없이 遂行(수행)할 수 있었으나, 그 이후는 강의가 제대로 되지 않았다."고 하였다. 학생들의 한자 지식 부족으로 강의 내용을 이해하지 못하기 때문이다.

이러한 소감은 남교수만의 말이 아니다. 서울 명문사립 Y대학 국문과의 某(모)교수는, 학생들의 이해 부족으로 강의 理解度(이해도)에 대하여 "아무 짓도 아니다."라고 하였으며, 부산의 명문 사립 D대학의 某(모)교수는, "학생들이 강의 내용을 잘 알아듣지 못하기 때문에, 강의 내용과 별로 관계가 없는 이야기로 시간을 메우고 나온다."고 하였다. 이는 한자에 대한 지식이 없이는 학문을 할 수 없음을 말한 것이다. 즉 한자 교육의 부실은 교육의 質(질)을 떨어뜨리며, 교육의 질의 저하는 국가의 경쟁력을 약화시킨다. 'QS2021 아시아 대학평가'에서 '교원당 논문 수 지표'에서의 100위 안에 일본과 중국이 45곳, 한국은 5곳 뿐이라 한(조선일보 2011.11.3.) 이유도 한자 지식의 부족과 강의 내용의 不實(부실)에서 찾아야 할 것이다.

(2) 文章(문장)의 이해력과 驅使力(구사력)의 부족 문제

위에서 말한 것이 단편적인 사례이기는 하나, 한글전용 희생세대의 한자 무식의 實狀(실상)을 보았다. 이와 같은 한자 무식은, 문장의 이해력의 부족으로 이어진다. 일상생활에 쓰이는 말에서도 觀念語(관념어)는 대부분 한자어인데, 한자를 몰라서는 문장을 이해할 수 없다. 이러한 한자어를 모두 한글로 표기하여서는 더욱 그 뜻을 알 수 없다. 그리하여 대학을 졸업하고도 나라 안팎의 耳目(이목)이라 할 수 있는 신문을 잘 읽지 못한다. 아래에 몇 가지 예를 들기로 한다.

ㄱ) 외유는 눈치 보이니 내유 - 국내 명승지 도는 시의원들(조선일보 2019.10.8.)
ㄴ) 與 지도부 쇄신안 언급 없이 '자중지란'(위와 같음)
ㄷ) 美, 대만을 국가 지칭 '중국금기' 흔든다(위와 같음)
ㄹ) 추사의 걸작 세한도(조선일보 2008.8.20.)
ㅁ) 전문가 "상온노출에도 부작용 낮다"(同, 2000.10.6.)
ㅂ) 호주제 없앤 여성운동 대모(同, 2000.10.15.)
ㅅ) 길었던 영욕의 인생 老 예술가의 집(同, 2000.9.28.)
ㅇ) 병자호란 척화 김상헌 주화 최명길(同, 2000.4.7.)

위 ㄱ)에서 '외유'와 '내유'는 '外遊'와 '內遊'의 표기로, '遊'는 '놀 유'자이다. 즉 '外遊(외유)'는 외국에 가서 노는 것이고, '內遊(내유)'는 국내에서 노는 것이다. '명승지'는 '名勝地'의 표기로 '勝'은 '이길 승'

'뛰어날 승'자이다. '勝地(승지)'는 경치가 뛰어나게 좋은 곳을 말하는 것인데, '名勝地(명승지)'는 이름〔名〕 난 勝地(승지)를 뜻한다.

ㄴ)의 '자중지란'은 '自中之亂'의 표기로, '自(자)'는 '스스로 자'자이고, '亂'은 '어지러울 란'자이다. 이 말은 내부에서 紛亂(분란)이 일어남을 말한다.

ㄷ)의 '금기'는 '禁忌'의 표기로, '禁'은 '금할 금'자이고, '忌'는 '꺼려할 기'자이다. 즉 미국이 대만을 국가로 칭하는 것을 중국이 꺼려하는 것이라는 뜻이다.

ㄹ)에서, '추사'는 '秋史'의 표기이니, 名筆(명필) 金正喜(김정희)의 호이다. '세한도'는 '歲寒圖'의 표기로, 이는 歲暮(세모)의 차가운〔寒〕 風景(풍경)을 그린 그림〔圖〕의 뜻이다.

ㅁ)에서, '상온'은 '常溫'의 표기로, 이는 平常(평상), 즉 보통의 온도의 뜻이다. '노출'은 '露出'로 '드러나다'의 뜻이니, '상온 노출'은 毒感(독감)의 백신을 보통의 온도에 노출시킴을 뜻한다.

ㅂ)의 '호주제'는 '戶主制'의 표기로, 이는 家戶(가호)마다의 主人(주인)을 정하는 제도인데, 이는 남자를 호주로 하였다. '대모'는 천주교에서 쓰는 말이다. 즉 聖洗(성세)를 받은 '神親後見女(신친후견녀)'를 말한다. 代父(대부)의 반대말이다.

ㅅ)의 '영욕'은 '榮辱'의 표기로, 榮譽(영예)와 恥辱(치욕)을 뜻한다.
ㅇ)의 '병자호란'은 '丙子胡亂'의 표기로, 이는 仁祖(인조) 14년(병자년, 1637)에 일어난 胡亂(호란)을 뜻한다. '胡'는 '되 호'자이고 '亂'은 '어지러울 란'자로, '胡亂(호란)'은 淸(청)나라의 침략에 의한 戰亂(전란)의 뜻이다. 즉 '胡(호)'는 淸(청)나라를 가리킨다. '척화'와 '주화'는 '斥和'

와 '主和'의 표기로, '斥和(척화)'는 청나라〔清〕와 화친〔和〕할 것을 배척〔斥〕함을 뜻하고, '主和(주화)'는 청나라〔清〕와 화친〔和〕할 것을 주장〔主〕함을 뜻한다.

이 자리에서 清(청)에 대한 斥和(척화)와 主和(주화)의 兩論(양론)에 대한 설명을 덧붙인다. 즉 仁祖(인조) 14년 12월에 清太宗(청태종)이 우리에게 君臣(군신)의 조약을 요구함에 斥和臣(척화신)이 반대하자, 20만의 대군으로 침략해 왔다. 우리의 조정에서는 南漢山城(남한산성)에 피하였는데, 이 때에 예조참판 金尙憲(김상헌)은 척화를 주장하고, 이조참판 崔鳴吉(최명길)은 주화를 주장하였다. 부득이하여 인조 15년 1월에 三田渡(삼전도)에서 왕은 降書(항서)를 써서 바쳐야 했다. 이 때에 왕자는 瀋陽(심양)으로 볼모로 갔다. 그리고 청이 물러가면서 남녀 50만 명을 끌고 갔다고 한다.[15] 뒤에 돈을 주고 되돌려 온 여자를 還鄕女(환향녀)라 하였는데, 오늘날 서방질하는 계집을 뜻하는 '화냥년'은 이 말에서 변한 것이다. 國力(국력)이 약해서 이러한 受侮(수모)를 당한 것이다.

그리고 한자의 무식은 문장의 驅使力(구사력)의 부족으로 이어진다. 구사력에서 '驅'는 '몰 구'자이고, '使'는 '부릴 사'자이니, 구사력이란 동물을 부리듯이 글을 자유자재로 다룰 수 있는 능력을 말한다. 문장은 단어로 구성되는데, 단어의 개념을 명확하게 알지 못해서는 온전한 문장을 지을 수 없다. 그러한 예를 某(모) 대학의 사학과 교수가 필자에게 보내온 편지에서 보기로 한다.

먼저 이 편지를 받게 된 내력부터 말하기로 한다. 필자는 -왜곡된

---

15) 조선일보(1936. 12. 9.)의 김택익 논설위원이 쓴 「만물상」 참조.

고대 韓日關係史(한일관계사) 바로잡기 60년-이란 副題(부제)를 붙인 『나의 스크북』(2016. 4・6배판, 126쪽 분량)과, 『국어국문문학』(국어국문학회, 185호, 2018.12 별쇄본)에 실은 '日本(일본) 天皇家(천황가)의 發祥地(발사지)와 소위 天孫(천손)이 내려간 南九州(남구주)의 韓國(한국)에 대하여'라는 논문(註 17의 拙稿)을 전국 대학의 고대사를 전공하는 교수 60여 명에게 기증한 일이 있었다. 위 『나의 스크랩북』은 日本(일본) 史家(사가)들이 말하는, 그들의 식민지의 통치기구로서의 任那日本府(임나일본부)가 南韓(남한)이 아닌 對馬島(대마도)에 있었다고 한 필자의 연구〔후술 2.2. p.141, 3.5. p.201〕에 대하여, 한국과 일본의 언론지상에 보도된 것 등을 중심으로 스크랩한 것이다. 그런데 이를 기증한 60여명 중에서 겨우 3명으로부터 고맙다는 인사 편지가 왔다. 아래에 보이는 것은 그 3명 중의 하나의 것이다. 이 분은 아직 面識(면식)이 없다. 비록 匿名(익명)으로 이름을 밝히지 않았으나 양해를 바란다.

> 저는 ○○대학교 사학과에서 한국고대사를 강의하고 있는 ○○○입니다. 교수님께서 보내주신 『나의 스크랩북』과 『국어국문학』 논문 별쇄는 잘 받았습니다. 관대한 배려에 감사드립니다. 교수님의 왕성한 연구와 치열한 활동의 궤적이 담긴 자료를 살펴보면서 많이 깨닫고자 합니다. 교수님께 푸른 건강을 축원하면서 다시 한번 심중한 감사 인사를 올립니다.
>
> 2019. 2. 26
>
> ○○○ 올림

위 편지의 내용은 쉽게 알 수 있을 것이다. 그러나 몇 곳 지적하고자 한다. 먼저 '관대한 배려'에서 '관대'는 '寬大'의 표기로, 이는 성질이 너그럽고〔寬〕 마음이 큰 것〔大〕을 말한다. 즉 무슨 잘못된 일이 있어도 너그럽게 보아주어서 고맙다고 할 때에 주로 쓰이는 말이다. '배려'는 '配慮'로 조심하고 걱정하여 이리저리 마음을 쓰는 것을 뜻하는 말이다. '慮'는 念慮(염려)의 뜻이다. 그러므로 '관대한 배려'는 책이나 논문을 보내어 준데 대해 고맙다는 인사말로서는 적절하지 못하다. '왕성한 연구'에서, '硏究(연구)가 왕성하다'는 말이 되지 않는 것과 같이, 이 말도 되지 않는다. '硏究心(연구심)이 왕성하다'는 말은 된다. 따라서 '왕성한 연구심'은 말이 된다. '치열한 활동의 궤적'에서 '치열'은 '熾烈'의 표기이니, 이는 매우 뜨거운 것을 뜻한다. 그러므로 '치열한 경쟁'은 말이 되어 보인다. '궤적'은 '軌跡'의 표기로, 이는 수레바퀴가 지나간 자취를 뜻한다. 그러므로 '치열한 활동의 궤적'이란 말은 어색해 보인다. '푸른 건강'은 만들어낸 말이다. 그리고 '심중한 감사'에서 '심중'은 '深重'의 표기이니, 이는 마음이 깊고〔深〕 무게〔重〕가 있음을 뜻한다. 그러므로 '심중한 감사'도 적절하지 못하다.

위에서 본 바와 같이, 한자어의 뜻을 비슷하게는 알고 있으나, 정확하게 알지 못하고 있다. 이는 젊은 세대의 공통된 것으로 생각된다. 즉 漢字語(한자어)의 뜻을 명확하게 알지 못해서는 문장의 驅使力(구사력)을 잃는다.

한자어의 뜻을 정확하게 알기 위해서는 이를 한자로 표기하고, 한자의 뜻을 알아야 하며, 독서 등을 통하여 그 말이 쓰이는 예를 알아야 한다. 뜻을 잘 알기 위해서는 字典(자전)이나 辭典(사전)을 찾아보아야 하는데, 요사이 자전이나 사전을 찾는 것을 별로 볼 수 없다. 그리고 한자어를 한글로 표기하여서는 同音異義語(동음이의어)가 많아서, 그 중에서 어느 것에 해당하는 것인지 알기도 어렵다. 그리고 국어 교과시간에 낱말(漢字語)과 難語句(난어구) 지도, 類義語(유의어)와 반대말 지도, 짧은 글〔短文〕 짓기 등으로 어휘력을 길러야 한다. 또 작문 시간을 통하여 이러한 말이 든 문장을 지어보고, 남의 지적도 받아 보아야 한다.

그러나 해방 이후 국어 시간에는 읽기 중심으로 이러한 학습이 되지 못하였다. 즉 말하기, 듣기, 읽기, 쓰기(짓기)를 묶어서 수업을 하게 되어, 짓기(作文)에 대한 학습이 소홀히 될 수밖에 없었다. 초・중・고등학교 등에서 시험문제의 출제 형식도 四枝選擇(사지선택)으로, 글 한 줄 지어보지 않고도 중학교와 고등학교에 들어갈 수 있었고, 또 졸업할 수 있었다. 그리하여 인사 편지 한 장 쓰는 것도 부담스럽게 생각하게 되었다. 필자는 韓日關係史(한일관계사)를 연구하는 어느 학회의 회원 120여 명에게도, 위에서 말한 바 있는 『나의 스크랩북 -왜곡된 고대한일관계사 바로잡기 60년-』을 기증하였다. 그러나 잘 받았다는 인사 편지 한 장 없었다. 이는 작문교육의 위기라 생각되어, 교육부 장관 앞으로, 초등학교와 중학교에서 한 학기 동안만이라도 매주 1시간씩 작문시간을 따로 넣어서 필수로 가르칠 것을 건의하였다. 이에 대하여 2016년 2월 17일자로 교육부 장관의 이름으로 아래의 회답이 왔다.

이병선님

안녕하십니까? 교육부 교육과정 정책과입니다. 교육과정에 관심을 가져주셔서 감사의 말씀 드립니다. 민원인께서 초등학교와 중학교에 매주 한시간씩 작문시간을 신설하여 글짓기 습관을 익혀야 한다고 말씀하셨습니다. 요즘 세대의 문장력을 걱정하시는 마음에 공감하며, 쓰기 전략과 같은 지식을 외워 선택형으로 평가받는 수업보다, 실제로 글을 쓰고 적절한 피드백을 통해 쓰기 실력을 기를 수 있는 국어수업이 되도록 노력하겠습니다.(이하 생략)

위 글에서 '피드백'은 feedback으로, 이는 학습자에게 학습행동에 대하여 교사가 적절한 반응을 보이는 것을 말한다. 즉 학생들에게 글짓기(作文)를 시켜서 교사가 이에 대해 잘 되고 못된 것을 지적하여 줌을 말한다. 교사가 학생들에게 과제를 내어주고, 학생들이 지어온 글을 미리 읽어 보고 수업시간에 지도하는 방법도 있겠으나, 사실상 어려운 문제이다. 작문시간을 따로 하여 가르치는 것이 효과적이다. 필자는 국민학교 때(일제시대)에 이러한 수업을 받은 경험이 있다. 그런데 위 회답에서는 필자가 건의한 일에 대하여 공감은 한다고 하면서도 작문시간을 따로 넣도록 노력하겠다는 말은 없다.

위에서 젊은 세대의 한자 무식의 실상을 살펴보고, 문장의 이해력 및 구사력의 부족과 그 이유를 말하였다. 이 중에서도 더욱 걱정되는 것은 한자 무식에 의한 이해력의 부족이다. 즉 OECD회원국 중에서 한국인의 실질 文盲率(문맹률)이 최하위에 속한다고 한다. 즉 말하기, 듣기, 읽기, 쓰기의 종합 능력을 뜻하는 文識性(문식성, literacy)에 대한 2,000년의 OECD의 평가에서 최저 수준으로 나타났다는 것이다. 특히 각종 문서, 설명서의 이해력을 측정하는 文書文識性(문서문식성, document literacy)이 최저로 나타났다고 한다. 한국인은 글을 읽고 쓸 수는 있으나 이해하지 못하니, 성인의 38%가 가장 낮은 수준의 文解力(문해력)을 갖추지 못했다는 것이다. 이는 OECD회원 국가의 평균 22%에 미치지 못했다는 것이다. 전문정보기술(IT) 등 첨단 정보와 새로운 기술, 직업에 자유재자료 적응할 수 있는 고도의 문서해독의 능력을 가진 사람은 2 4%에 지나지 않은 것으로, 이는 노르웨이(29.4%), 덴마크(25.4%), 핀란드・캐나다(25.1%)보다 낮은 것으로 나타났다.16)

위에서 살펴본 OECD의 평가를 뒷받침하는 것으로 아래의 보고서를 볼 수 있다. 즉 2019년 10월 4일에 더불어민주당의 서영교 국회의원이 교육부와 국가평생교육진흥원으로부터 제출받은 보고자료에 의하면 '글자(한글)는 읽고 쓸 줄은 알아도, 복잡한 내용의 정보를 이해하지 못하여, 실질적인 文盲(문맹)으로 분류된 비율이 국민의 20%를 넘은 것으로 나타났다(동아일보 2019.10.10.).

이와 같은 높은 문맹률은 국력을 약화시키는 것이니, 한자 교육을 강화하지 않아서는 안 된다.

(3) 한글로 표기된 한자어의 難解性(난해성)문제와 隣接(인접) 학문의 어려운 문제

가) 일상 용어에서 한글로 표기된 한자어의 難解性(난해성) 문제

일상생활에 쓰이는 말에서 한자어를 한글로 표기하여서는, 그 뜻을 잘못 알거나, 명확하게 알기 어려운 예를, 각 분야별로 몇 개씩 들기로 한다. 그리고 한자도 함께 표기하여, 그 뜻을 보다 명확하게 이해하는데 도움이 되고자 한다.

---

16) 閔賢植, 「國民多數가 원하는 漢字教育」『한글+漢字문화』 116호(2009. 3.) p.10. 金世淵, 「한글의 優秀性 이해는 한자교육으로부터」, 『한글+漢字문화』 197호(2015. 12.) p.14 참조.

ㄱ) 愛國歌(애국가)에서

제창 : 齊唱, 보우 : 保佑, 공활 : 空豁, 철갑 : 鐵甲, 무궁화 : 無窮花

위 '애국가 제창'에서 보는 '제창'은 '齊唱'의 표기로, 이는 '함께 부르다'는 뜻이다. 즉 '齊'는 '가지런할 제'자이고, '唱'은 '부를 창'자이다. 齊唱(제창)의 반대는 '獨唱(독창)'이니, '獨'은 '홀로 독'자이다. '하느님이 보우하사'에서 '보우'는 '保佑'의 표기이니, '保'는 '보호할 보'이고, '佑'는 '도울 우'자로서, 이는 '보살펴서 도우다'는 뜻이다. 이 '보우'는 '보호'와 뜻이 다르다. '공활'은 '空豁'의 표기로서, '空'은 '빌 공'자이고, '豁'은 '넓을 활'자이다. 이는 '매우 넓음'을 뜻한다. '철갑'은 '鐵甲'이니 '쇠로 만든 갑옷'의 뜻이다. '무궁화'는 '無窮花'의 표기이니 '窮'은 '다할 궁'자이다. 이 꽃은 '다함이 없이 피는 꽃'이라는 뜻이다. 벚꽃의 원산지는 제주도로, 이 꽃은 일시에 피었다가 일기에 지는데 비하여, 무궁화는 '피고 또 피고 하여 끝 없이 핀다'는 뜻이다. 開花(개화) 기간이 매우 길기 때문이다. 이 꽃을 國花(국화)〔나라꽃〕으로 정한 이상, 자정의 뜰이나 공원 등에 많이 심기를 바란다.

ㄴ) 醫學用語(의학용어)에서

골다공증 : 骨多孔症, 척추관협착증 : 脊椎管狹窄症, 심근경색 : 心筋梗塞, 내시경검사 : 內視鏡檢查, 심전도검사 : 心電度檢查

위 '골다공증'은 뼈〔骨〕에 구멍〔孔〕이 많이〔多〕 생기는 병의 증세〔症〕를 말한다. '척추관협착증'은 脊椎管(척추관)이 狹窄(협착)한 병의 증세로, 脊은 '등성마루 척'자이고, '椎'는 '등골 뼈 추'자이고, '管'은 '대롱 관'자이다. 그리고 '狹'은 '좁을 협'자이고, '窄'은 '좁을 착'자이니, 이 병의 증세는 老化(노화)에 의하여 軟骨(연골, 물렁뼈)가 닳아서 脊椎管(척추관)이 좁아짐〔狹窄〕을 말한다. '심근경색'은 '心筋梗塞'의 표기이니, 이는 心臟(심장)의 筋肉(근육)이 굳어지고〔梗〕 막히는〔塞〕 증세이다. '내시경검사'는 '內視鏡檢査'의 표기이니, 위나 腸(장)을 내시경, 즉 안〔內〕을 들여다 보는〔視〕 거울〔鏡〕로써 검사하는 것이다. '심전도검사'는 '心電度檢査'의 표기이니, 이는 심장의 수축에 따르는 활동의 전류를 곡선으로 기록한 圖面(도면)을 말한다. 위에서 본 바와 같이, 병 증세의 이름이나 검사의 이름을 한자로 표기하여, 그 이름을 붙이게 된 이유를 아는 것과 모르는 것과는 건강 관리에도 차이가 있을 것이다.

ㄷ) 法律用語(법률용어)에서

초심재판 : 初審裁判, 종심재판 : 終審裁判, 언도 : 言渡, 집행유예 : 執行猶豫

위 '초심재판'에서 '초심'은 '初審'의 표기이니, 이는 제 一審(일심)의 뜻으로, 첫 번째〔初〕의 審理(심리)를 말한다. '심리'는 '옳고 그른 이치를 살핀다'는 뜻이다. '종심재판'은 '마지막〔終〕으로 審理(심리)하는 裁判(재판)'을 말한다. 그리고 '언도'는 '言渡'의 표기이니, '渡'는 '건널 도'자이다. '언도'는 '말을 건네다'의 뜻으로, 民事(민사)나 刑事(형사)의 소송에서 판결된 내용을 '말로써 당사자에게 선언한다'는 뜻이다. '집행유예'는 '執行猶豫'의 표기로, 이는 '刑(형)을 執行(집행)할 것을 사정에 의하여 일정기간 履行(이행)할 것을 연기함'을 뜻한다.

ㄹ) 佛敎用語(불교용어)에서

좌선 : 坐禪, 도량 : 道場, 관음사지 : 觀音寺趾, 승무 : 僧舞

坐禪(좌선)의 '坐'는 '앉을 좌'자이고 '禪'은 '고요할 선'자로서, 이는 조용히 앉아서 佛道(불도)의 妙理(묘리)를 궁구함을 뜻한다. '도량'은 '道場'으로 표기함으로써 그 뜻을 쉽게 알 수 있다. 즉 佛道(불도)를 닦는 장소를 뜻한다. 불교에서는 '道場'을 '도장'으로 읽지 않고 '도량'으로 읽는다. '관음사지'는 '觀音寺趾'의 표기로, '寺'는 '절 사'자이고, '趾'는 '터 지'자이다. 그러므로 '관음사지'는 觀音寺(관음사)가 있었던 터를 뜻한다. 이를 '관음사지'로 표기하여서는 그 뜻을 아기 어려울 것이다. '승무'는 '僧舞'의 표기이니, '僧'은 '중 승'자이고, '舞'는 '춤출 무'자이다. 이는 고깔을 쓰고 장삼을 입고 추는 중〔僧〕의 춤을 뜻한다.

ㅁ) 節氣名(절기명)에서

입춘 : 立春, 경칩 : 驚蟄, 삼복더위 : 三伏더위, 동지 : 冬至, 상강 : 霜降

위 '입춘'보다 '立春'으로 표기해야 그 뜻이 잘 드러나니, '立春'의 '立'은 '설 립'자이다. '立春'은 '봄〔春〕의 문턱에 들어선다〔立〕'의 뜻이니, 이를 알면 立夏(입하), 立秋(입추), 立冬(입동)의 뜻도 쉽게 알게 된다. '驚蟄'의 '驚'은 '놀랄 경'자이고, '蟄'은 '움츠릴 칩'자이다. 이는 봄이 오니 땅속에 움츠려 있던 개구리가 놀라서〔驚〕 밖으로 나온다는 뜻에서 지어진 말이다. '삼복'보다 '三伏'으로 표기해야 하니, 이는 初伏

(초복), 中伏(중복), 末伏(말복)을 말한다. 冬至(동지)의 '至'는 '이를 지'자이니, 이는 '도달하다', '더 이상 갈 데가 없다'의 뜻이다. '冬至'는 낮의 길이가 가장 짧고 밤의 길이가 가장 길다. '霜降'의 '霜'은 '서리 상'자이고 '降'은 '내릴 강'자이다. 이때가 되면 서리가 내린다는 뜻에서 지어진 것이다. '霜降'을 '상강'으로 표기하여서는 뜻의 전달이 어렵다.

ㅂ) 軍隊用語(군대용어)에서

배수진 : 背水陣, 용전무퇴 : 勇戰無退, 무적함대 : 無敵艦隊, 해안포 : 海岸砲, 요격탄 : 邀擊彈

'배수진'보다 '背水陣'으로 표기해야 그 뜻이 명확하게 드러나니, 이는 '背(등 배)', '水(물 수)', '陣(진칠 진)'자로 되어 있다. 이는 '싸우다가 도망칠 수 없도록 물〔水〕을 등지고〔背〕 陣(진)을 친다'는 것이니, 죽을 각오를 하고 싸우게 한다는 것이다. 다음의 '勇戰無退'는 '용감하게〔勇〕 싸워서〔戰〕 물러남〔退〕이 없다〔無〕'는 뜻이다. '無敵艦隊'의 '無敵'은 '敵(적)이 없다'는 뜻이 아니고, 아주 용감해서 그와 '힘을 견줄만한 적이 없다'는 뜻이다. '艦隊'는 軍艦(군함)의 隊列(대열)을 뜻한다. '海岸砲'는 바다 가까운 언덕에 설치한 砲(포)를 말한다. '邀擊彈'의 '邀'는 '맞이할 요'자이고, '擊'은 '칠 격'자이다. '요격탄'은 적의 포탄이 날아오는 것을 공중에서 맞이하여 떨어지게 하는 砲彈(포탄)을 말한다.

ㅅ) 音樂用語(음악용어)에서

화음 : 和音, 파열음 : 破裂音, 비음 : 鼻音, 취악기 : 吹樂器, 타악기 : 打樂器, 현악기 : 絃樂器

'화음'은 '和音'으로 표기해야만 그 뜻을 쉽게 알 수 있다. '和'는 '조화로울 화', '화합할 화', '순할 화'자이니, 화음은 두 흠 이상이 協和(협화)된, 즉 잘 어울리는 음을 말한다. 잘 어울리지 아니한 음은 '불협화음(不協和音)'이라고 한다. '파열음'은 '破裂音'으로 표기해야 그 음을 짐작할 수 있다. 즉 '破'는 '깨뜨릴 파'자이고, '裂'은 '찢을 열'자이니, 파열음은 P-, K-, T-와 같은, 음성기관의 어떤 곳에서 막고 숨을 죽였다가 이를 터뜨려서 내는 소리이다. 그리고 '鼻音'의 '鼻'는 '코 비'자이니, 이는 코에서 나는 소리, 즉 鼻腔(비강)의 共鳴(공명)을 수반하는 음성을 말한다. 다음의 악기명에서 '吹樂器'의 '吹'는 '불 취'자이고, '打樂器'의 '打'는 '두드릴 타'자이고, '絃樂器'의 '絃'은 '악기 줄 현'자이다. '취악기'는 저・피리・나팔 등 부는〔吹〕 악기이고, '打樂器'는 북・꽹과리・징 등 두르리거나〔打〕 치는 악기이고, '絃樂器'는 거문고・가야금・기타 등의 악기를 말한다. 이와 같이 한자로 표기함으로써 그 뜻을 쉽게 알 수 있다.

ㅇ) 廣告(광고)에 쓰인 말에서

수복청주 : 壽福淸酒, 미식가의 집 : 美食家의 집, 구증구포의 뽕나무 차 : 九蒸九曝의 뽕나무 茶, 봉밀절편홍삼 : 蜂蜜切片紅蔘

'수복청주'는 '壽福淸酒'로 표기함으로써, 이 이름을 붙이게 된 이유를 알 수 있다. 즉 오래 사는 것〔壽〕과 福(복)을 받는 것은 누구나 바라는 것이고, '淸'은 '맑을 청'자이고 '酒'는 '술 주'자이다. '미식가'는

'美食家'로 표기해야 그 뜻이 살아난다. 즉 '美'는 '아름다울 미'자이니, 美食은 '아름다운 음식', '맛있는 음식'의 뜻이고, '家'는 畫家(화가)·音樂家(음악가)·文筆家(문필가) 등의 '家'와 같은 것으로, 어떠한 분야에 一家見(일가견)이 있는 사람을 말한다. 따라서 '美食家의 집'은 맛있는 음식을 먹는 사람이 찾아오는 집의 뜻이다. '구증구포'도 '九蒸九曝'로 표기해야 그 뜻을 알 수 있다. 즉 '蒸'은 '찔 증'자이고, '曝'는 '볕에 말릴 포'자이다. 그러므로 이는 '아홉 번 찌고 아홉 번 말려서 만든 茶(차)'라는 것이다. '봉밀절편'도 '蜂蜜切片'으로 표기해야 그 뜻을 알 수 있다. '蜂蜜'의 '蜂'은 '벌 봉', '蜜'은 '꿀 밀'자이고, '切片'의 '切'은 '자를 절'자이고, '片'은 '조각 편'자이다. '紅蔘'은 '붉은 人蔘(인삼)'의 뜻이니, 이 인삼은 벌〔蜂〕 꿀〔蜜〕에 절여서 조각〔片〕으로 자른〔切〕 紅蔘(홍삼)이라는 뜻이다.

ㅈ) 歌謠(가요)의 이름 등에서

향수 : 鄕愁, 초혼 : 招魂, 부초 같은 인생 : 浮草 같은 人生,
사랑의 미로 : 사랑의 迷路, 밤의 연가 : 밤의 戀歌,
단장의 미아리 고개 : 斷腸의 미아리 고개, 천년지기 : 千年知己,
화려한 천년사직 : 화려한 千年社稷

가요는 인생을 노래하는 것이 많으며, 시대상을 잘 반영한다. 그리고 노래를 부르는 사람이나 듣는 사람의 心琴(심금)을 울린다. 가요는 KBS의 가요무대를 통하여 듣는 일이 많은데, 가요무대에서 부르는 노래의 제목과 가사가 모두 한글 一色(일색)으로 표기되어 있어, 시청자들이 그 뜻을 얼마나 알고 노래를 듣는지 의심이 된다.

우선 가요무대의 이름에서, 이는 '歌謠舞臺'의 표기이다. '舞臺'의 '舞'는 '춤출 무'자이니, 이는 춤도 추고 노래도 부르는 '臺'라는 뜻이다. 첫째 예의 '鄕愁'는 고향〔鄕〕에 대한 근심〔愁〕, 즉 고향을 생각하는 노래이고, '招魂'은 죽은 사람의 魂(혼)을 부르는〔招〕 노래이다. 이들을 한글로 표기하여서는, 同音異義語(동음이의어)〔前述 2.1.5. p.105〕와 혼동할 수 있다. 즉 도시에서 나서 도시에서 자란 젊은이들은, '鄕愁(향수)'를 實感(실감)할 기회가 드물다. 그리하여 '향수'라고 하면 '香水'를 생각하기 쉽다. '招魂'도 죽은 사람의 魂(혼)을 부르는〔招〕 풍속을 모르는 사람은 '初婚'을 생각할지 모른다. 다음의 '부초 같은 인생'에서 '부초'는 '浮草'의 표기이다. 이는 물〔水〕 위에 뜬〔浮〕 풀〔草〕과 같이 정처 없이 떠돌아다니는 인생을 말한다. 이 뜻을 알고 이 노래를 음미해야 할 것이다.

'사랑의 미로'에서 '迷路'의 '迷'는 '미혹할 미'자이고, '路'는 '길 로'자로서, '迷路'는 '길을 잘못 들어 헤맨다'는 뜻이다. '밤의 연가'에서 '연가'도 '戀歌'로 표기해야 그 뜻을 알 수 있다. 즉 '戀'은 '사모할 연', '그리워할 연'자이니, '戀歌'는 '사모하고 그리워 하는 노래'의 뜻이다.

'단장의 미아리 고개'에서 '단장'은 '斷腸'의 표기로, '斷'은 '끊을 단'자이고 '腸'은 '창자 장'자이다. 이는 '창자를 끊을 만큼 더할 수 없는 슬픔'을 말한다. '천년지기'는 '千年知己'의 표기로, '知己'는 내 몸〔己〕을 알아〔知〕주는 사람의 뜻이니, '천년지기'는 '오래오래 서로 마음을 통할 수 있는 친구를 말한다.

'천년사직'은 '千年社稷'의 표기로, '社'는 토지의 '神(신)'을 뜻하고 '稷'은 곡식의 신을 뜻한다. 임금이 백성을 위하여 토지의 신과 곡식의 신에게 제사 지내던 祭壇(제단)을 社稷壇(사직단)이라 하는데, 이 '社稷(사직)'은 '국가'의 뜻으로 변했다. 그러므로 '천년사직'은 '千年을 이어온 국가'의 뜻이다. 이는 '新羅(신라)의 달밤'에 나오는 것으로, 이 노래는 신라 천년의 역사를 회고한 노래이다. 신라의 古都(고도) 慶州(경주)는 이곳이 중심이 되어 삼국을 통일한 由緖(유서) 깊은 곳이다. 필자의 연구에 의하면, 日王(일왕)의 시조격인 天照大神(천조대신)이 신라의 伊西國(이서국)에서 경주로 옮겨와서 살았으며, 그의 손자 이른바 天孫(천손)이 일본 南九州(남구주)에 있었던 '韓國(한국)'에 移住(이주)한 史實(사실)을, 『日本書紀(일본서기)』에 이를 신화로 만들어서 실었다.[17)]

나) 學術語(학술어)의 한글 표기로 隣接(인접) 학문이 어려운 문제

다음에는 『국어국문학』(국어국문학회) 제 185호(2018.12)에 게재된 5편의 논문에서 한글로 표기된 학술어를 보기로 한다. 한글로 표기된 전문적인 학술용어는 그와 같은 전공을 하는 극히 소수인끼리는 알 수 있을 것이니, 그렇지 아니한 사람으로서는 이해하기가 어렵다. 한자를 아는 기성세대는 어느 정도 그 뜻을 추정할 수 있으나, 한자를 모르는 사람은 추정조차 하기 어렵다. 그러므로 隣接(인접) 學問(학문)을 하는 사람들은 이에 접근하기가 어렵다. 아래에 국어국문학의 분야별로 그러한 몇 가지 예를 보기로 한다.

---

17) 拙稿, 「日本天皇家의 발상지와 소위 天孫이 내려간 南九州의 '韓國'에 대하여」 『국어국문학』(국어국문학회) 제185호(2019) pp.67~103 참조.

ㄱ) 고전문학의 논문에서

○ 학문 갈래의 위계
○ 고전문학의 전통은 길항과 교섭에서 이루어졌다.
○ 운문 · 변려문 · 학(각?)종의 상량문
○ 모도문의 銘(명)을 작성
○ 공적 연회나 사적 모임에서 화운(和韻)이나 분운(分韻)을 했다.

위에서 '위계'는 '位階'의 표기로, '位'는 '자리 위'자이니, '위계'는 자리의 단계를 말한다. '길항'은 '拮抗'의 표기로, 이는 서로 버티고 대립하는 것을 말한다. 즉 '拮'은 '핍박할 길'자이고, '抗'은 '겨룰 항'자이다. '운문'은 '韻文'의 표기이니, 이는 일정한 韻字(운자)로 句末(구말)에서 성조를 고르는 것을 말한다. '변려'는 '騈儷'의 표기이니, '騈'는 '두 마리의 말을 한 수레에 맬 변'자이고, '儷'는 '짝 려'자로, '변려문'은 對句(대구) 들을 많이 써서 읽는 사람으로 하여금 美感(미감)을 주게 하는 한문 문체의 하나이다. '모도문'은 알 수 없다. '화운'에서는 괄호 안에 한자를 병기하여 다행이다. 즉 '화운'은 남이 지은 시의 韻字(운자)로 答詩(답시)를 짓는 것이다. '和韻'의 '和'는 '和答(화답)하다'는 뜻이다. 分韻(분운)은 운자를 정하고 각 사람은 종이에 접어둔 운자를 각각 나누어〔分〕 집어서, 그 집힌 운자로 시를 짓는 것이다.

ㄴ) 言語學(언어학)의 논문에서

○ 동철대립어
○ 동음이의어와 다의어
○ 동철대립어는 고립어, 교착어, 굴절어에 모두 적용된다.

위 '동철대립어'는 '同綴對立語'의 표기로 보인다. 즉 이는 綴字(철자)는 같으나 뜻이 對立(대립)한다는 뜻인 듯하다. 이는 同音異義語(동음이의어)를 말한 것으로 생각된다. 동음이의어에서 '異'는 '다를 이'자이고, '義'는 '옳을 의'자인데, 여기서는 '뜻 의'로 보아야 한다. 이 말은 音(음)은 같으나 뜻〔義〕이 다르다는 뜻이다. 鄕愁(향수)와 香水(향수)는 그러한 예이다. '다의어'는 '多義語'의 표기로, 이는 한 말이 여러 의미를 가지는 것을 뜻한다. '고립어'는 '孤立語'의 표기이니, 중국어와 태국어와 같이, 語尾(어미)나 접미사가 붙지 않고 고립하여 관념을 나타내는 말이다. 즉 말의 위치에 따라 그 職能(직능)을 표시하는 말이다. '교착어'는 '膠着語'의 표기로, 이는 한국어와 일본어 등이 이에 속한다. 體言(체언)이나 用言(용언)의 語幹(어간)에 조사나 접미사 등이 膠着(교착)하여 문법의 기능을 한다. '膠'는 '아교 교'자이니, '膠着'은 '아교로 단단히 붙이다'는 뜻이다. '굴절어'는 '屈折語'의 표기이니, 유럽의 여러 나라의 말과 같이, 語形(어형)과 語尾(어미)의 변화로써 단어가 문장 중에서 차지하는 여러 가지 관계를 나타내는 말이다.

ㄷ) 文法(문법)에 관한 논문에서

○ <u>과거시제</u> <u>선어말</u> <u>어미</u>가 결합한 용언의 활용
○ 용언활용형이 <u>심성어휘집</u>에서 전체 <u>어절</u> <u>단위</u>로 인정되는지
○ <u>교체양상점화</u> <u>어휘</u> <u>판단과제</u>를 실시하여
○ <u>표적어간</u> 빈도와 <u>점화조건</u>에 따라 <u>표적단어</u>에 대한 반응시간……

위 첫째 예에서 '과거시제'는 '過去時制'이고, '선어말 어미'는 '先語末 語尾'이고, '용언활용'은 '用言活用'의 표기이다. 그 내용에 대한 설명은 생략한다. 그리고 그 이후의 예는 잘 알 수 없다.

ㄹ) 詩歌文學(시가문학)의 논문에서

○ 조선 후기 가사 중 사설시조와 내방가사를 중심으로……
○ 혐오가 갖는 문화론적 의미망들을 전래시가와 관련 속에서 보려고 한다.
○ 혐오의 이러한 전변과정은 여혐시선과 이를 '재혐오'하는 시선이……
○ 혐오는 문예미학사에서 함의를 갖는 권력의 궤적을 통시적으로 살펴볼 토대가 될 뿐만 아니라……

위 '내방가사'에서 보는 '가사'는 국문학사에서 보는 '歌辭'의 표기이다. 이는 '노래말'을 뜻하는 '歌詞'와 구별된다. '사설시조'는 '辭說時調'로, '辭'는 '말씀 사'자이고, '說'도 '말씀 설'자로서 '辭說'은 '이야기'의 뜻이다. 이 時調(시조)는 初章(초장), 中章(중장), 終章(종장)의 구별 없이 이야기와 같이 길며, 종장도 어느 정도 길다. '내방가사'는 '內房歌辭'로, '내방'은 부인들이 거처하는 안방의 뜻이니, 내방가사는 안방의 부인들 간에 많이 불려지는 가사이다. 다음의 '혐오'는 '嫌惡'의 표기인 듯하나, 알 수 없다. '문화론적 의미망'도 알 수 없다. '전변과정', '혐오시선' 등도 잘 알 수 없다. 다음 예인 '함의를 갖는 권력의 궤적'도 알 수 없다. '통시적'은 '通時的'의 표기로 보인다.

ㅁ) 現代詩(현대시)의 논문에서

○ 대상을 꼭 같이 모사하는 것
○ 상대방에 대한 묘사
○ 서로 다른 시점에서 관찰하고 내용을 배치함으로써 다시점을 활용하고
○ 양자에서 모두 비어 있는 공간은 부제가 아니라 흔적으로 두터워진 세계의 깊이를 표현하는 것이다.
○ 오규원은 언어로써 2차원의 평면에 고정되어 있는 것에 양감을 불어넣어 대상을 꼭 같이 모사하는 것

위 '모사'와 '묘사'는 한글의 표기로서 거의 같으나, 한자로서는 '模寫'와 '描寫'의 차이가 있다. 그리고 의미상의 차이로서는 '模寫'는 인물을 人體(인체)의 模樣(모양) 그대로 그린 것, 또는 어떠한 그림을 보고 그와 같이 그린 것을 말하고, '描寫'는 예술 작품에서 어떤 대상을 객관적이고 구체적으로 표현한 것을 말한다. 다음의 '시점'과 '배치'는 時點(시점)과 配置(배치)를 표기한 것으로 보인다. '다시점'과 '부제', '양감을 불어 넣어서' 등은 알 수 없다. 필자의 전공이 국어학이므로, 위에서 본 바와 같이 어느 정도 추정할 수 있었다. 그러나 한자를 잘 모르는 젊은 세대가 위 논문을 읽고 어느 정도 이해할 것이며, 추정할 수 있을 것인지 의심된다. 위에서 보인 예들은 전문적인 학술어로, 이 용어를 자주 쓰는 소수의 전공자끼리는 한글 표기만으로 이해할 수 있을지 모르나, 전공이 조금 다르거나 隣接(인접)한 학문을 하는 사람은 접근하기 어려울 것이다. 이러한 학술용어의 한글 표기는 ,마치 좁은 골목길을 다니는 몇몇 사람들끼리 알 수 있는 기호와도 같아 보인다.

위에서 국어국문학 관계의 논문의 예를 들었거니와, 이는 다른 전

공 과목의 예에 있어서도 한가지이다. 전문적 학술논문까지 한글 전용으로 하여서는 학문의 발전을 기대할 수 없다. 學術語(학술어)에 대한 애매모호한 이해로는 學際硏究(학제연구)를 할 수 없다. 학제연구란 국내에서는 아직 생소한 말이다. '學際'의 '際'는 '어우름 제', '사귈 제', '즈음[사이의 뜻] 제'자로서, 이는 隣接(인접) 관계를 말한다. 예를 들면 音聲學(음성학)은 物理學(물리학)과 言語學(언어학)이 어우른 학문으로, 이는 학제연구이다. 또 地名(지명)은 言語(언어)이지만, 필자가 일본의 고대 지명과 建國用語(건국용어)를 조사하고, 이를 한국의 고대 지명 및 건국용어와 비교 연구하여, 고대 韓日關係史(한일관계사)를 再照明(재조명)한 것도 학제연구에 해당된다.

학문이란 기름진 土壤(토양)에 자라는 나무와 같은 것으로, 쉽게 넘어지지 않는 굳건한 學說(학설)을 세우기 위해서는 인접 학문까지 폭넓게 뿌리를 내려야 한다. 그런데 위에서 본 바와 같은 학술논문을 한글 전용으로 하여서는, 인접 학문을 할 수 없다. 일본인으로서 노벨상을 수상한 사람이 28명(이중 평화상 1명)이나 되는데, 우리는 연구면에서 아직 한 사람의 수상자도 내지 못한 이유를 여기에서 찾아야 할 것이다.

(4) 독서량의 감소와 도서관 書籍(서적)의 死藏(사장) 및 출판산업의 不況(불황)문제

우리는 책을 얼마나 읽는가? 2018년, 문화체육부가 조사한 바에 의하면, 우리의 독서의 양이 점점 줄어들고 있으니, 문학서적은 2007

년에 비해 10년 사이에 반토막이 났다고 한다. 책 부수도 줄어졌거니와, 부피도 311쪽에서 216쪽으로 줄어들었다고 한다. 문화체육부 관계자는, 이와 같이 문학서적의 독서의 양이 줄어든 이유를 '학업과 취업에 도움이 안 되기 때문'이라고 하지만, 그렇게만 볼 수 없다. 조선일보(2019.6.17.)에서는 이를 보도하면서 '안 쓰고 안 읽고 한국문학의 암흑기?'라는 제목으로 독서량의 감소를 크게 걱정하였다.

또 조선일보(2016.3.4.)에서는 '책 안 읽는 한국 「미래」도 못 읽는다'의 제목으로, '한국인의 하루 평균 독서시간은 6분'이라 하고, '독서는 미래 성장률 및 경쟁력과 직결하는 것이니, 영국・미국과 같이 읽기 운동에 나서야 한다'고 하였다. 또 이 신문 기사에서는 한국인의 독서의 부족을 다른 나라와 비교하여 설명하였다. 즉 영국 런던의 어느 커피점에서 어떤 사람이 커피 한잔을 시켜 놓고 가방에서 책부터 꺼내더라는 것이며, 기자의 물음에 그는 "한 달에 책 4권을 읽는다"고 하더라는 것이다. 이에 비하여 서울의 중심가에 자리 잡고 있는 어느 커피점에 앉아 있는 우리의 손님을 관찰하였더니, 스마트폰을 만지작거리는 사람이 25명이었고, 책을 읽는 사람은 1명뿐이었다는 것이다. 또 이 신문에서는 통계청에서 조사한 것을 들어, 1994년의 成人(성인)의 독서량은 86.8%였는데, 약 20년이 지난 2015년의 독서량은 65%였다고 하였다. 또 1994년에는 1년에 책 1권도 안 읽는 성인이 10명 중 1명 남짓하였는데, 2015년에는 10명 중 3~4명이 책 1권도 읽지 않는다고 하였다. 또 국제 여론조사기관인 'NOP 월드'가 OECD 30개국 3만 명을 대상으로 국민 1인당 평균 주당 독서시간을 조사(2005)한 결과, 한국인은 1인당 주당 독서시간이 3시간 6분으로, 30개국에서 꼴찌였다고 한다. 그리고 이 조선일보 기사에서, 우리의 독서 退化(퇴화)현상은, 지금에 같은 조사를 하여도 하위권에서 벗어나기 어려울 것이라 하였다. 그리고 KBS(1998.3.10.) 보도에 의하면, 우리 국민의 1년간 1인당 평균 독서량은 0.75권이라 하였다.

다음에는 우리나라의 도서관 이용의 실태를 보기로 한다. 먼저 대학 도서관의 이용부터 보기로 한다. 도서관은 인류의 지식을 축적한 寶庫(보고)라 할 수 있다. 따라서 眞理(진리)를 탐구하는 대학에 있어서 도서관은 대학의 心臟部(심장부)라 할 수 있다. 그러나 대학의 도서관에 쌓여 있는 귀중한 서적들이 학생들의 한자 지식의 부족으로 死藏(사장)되고 있다. 조선일보(2016.3.8.)에 의하면 전국 대학생들의 42%가 한 해에 도서관의 책 1권도 대출하지 않은 것으로 나타났다고 한다. 즉 한국교육학술원이 펴낸 도서관의 통계 분석에 의하면 , '도서관에서 책 1권 이상 빌린 적이 있다'는 대학생은 전체 학생의 57.7%였다고 한다. 다시 말하면 42.3%는 책 1권도 빌려보지 않았다는 것이다. 그리고 이는 수년 연속 감소세라 하였다.

이와 같은 독서량의 감소에 대한 이유를, 한국교육학술원의 관계자는 전자채널이나 전자책을 참고하는 일이 늘고 있기 때문이라고 하였으나, 이는 한글 전용에 의한 한자 지식의 부족에서 그 이유를 찾아야 할 것이다. 왜냐하면 도서관에 쌓여 있는 책의 대부분이 국한문 혼용으로 되어 있는데, 학생들이 이를 자유자재로 읽지 못하기 때문이다.

대학생들이 국한문 혼용의 책을 읽지 못함은 다음의 예에서도 볼 수 있다. 즉 석사・박사학위 논문을 쓰기 위해서는 그 논문과 관련이 있는 先行硏究(선행연구, 앞선 연구)의 책이나 논문을 읽고, 그 위에 자기가 연구한 것을 더하여 논문을 써야 하는데, 국한문 혼용으로 된 선행연구의 글을 읽을 수 없어, 한자를 아는 사람에게 물어서 한자의 음을 달아가며 읽는 것을 본다. 이러하여서는 그 책의 내용인들 얼마나 이해할 수 있을 것인지 의심된다. 학문의 발달은 마치 '돌담 쌓기'와 같이, 앞사람이 쌓아 올린 돌담 위에 자기의 돌 하나를 더 얹는 것과 같은 것인데, 선행연구의 논문을 읽지 못하거나, 읽어도 그 뜻을 이해하지 못하여서는, 학문의 발전은 기대하기 어렵다. 대학 도서관에 쌓여 있는 책 중에는 해방 이후 한글 전용으로 된 것도 있다. 그러나 도서관 책 전체의 분량에 비하면 얼마 되지 않는다.

그리고 대학의 도서관에는 동양의 고전이라 할 수 있는 四書(사서)·三經(삼경) 등 漢書籍(한서적)이 많이 쌓여 있다. 그런데 四書(사서), 즉 『大學(대학)』·『中庸(중용)』·『論語(논어)』·『孟子(맹자)』에 나오는 한자의 種數(종수)는 2,328자이고, 五經(오경) 즉 『詩經(시경)』·『書經(서경)』·『易經(역경)』·『禮記(예기)』·『春秋(춘추)』에 나오는 한자 종수는 3,335자라 하였는데, 한자 2,000자만 알면 도서관에 쌓인 국한문 혼용으로 된 책은 물론, 『大學(대학)』·『中庸(중용)』의 번역본과 함께 原文(원문)도 이해할 수 있다고 한다. 또 한자 1,500자만 알아도 古典(고전)의 90%는 이해할 수 있다고 한다. 그리고 1980년대 초기만 하여도 도서관 이용자의 84%가 국한문 혼용의 글이 읽기가 편리하다고 하였으며, 한글만 써야 한다는 사람은 16%에 지나지 않았다고 한다(조선일보 1982.12.21.). 한자 2,000자 정도 배우기란 마음만 먹으면, 크게 어려울 것이 없다. 필자는 전통식 교육으로 1,500자 정도는 배우고 국민학교에 입학했다. 그러므로 한글만 쓰는 것이 애국하는 것이라는 잘못된 생각으로, 한자 교육을 소홀히 해 왔음이 애석하다.

위에서 본 바와 같이, 대학생들의 도서관 책의 대출이 줄어듦과 함께 대학 도서관을 이용하는 방법도 바뀌어 가고 있다. 즉 학문의 産室(산실)이 되어야 할 도서관이 취업을 위한 독서실로 바뀌어 가고 있다. 도서관의 책을 대출하여 읽는 곳이 아니고, 졸업 후의 취직 준비를 위하여 집에서 가져온 책으로 공부하는 곳으로 바뀌어 가고 있다. 학생들이 도서관의 책을 빌려 읽지 않으니 장서들이 쓸모없이 되어가고, 또 새 책을 사서 들일 공간도 부족하니, 각 대학마다 책을 불태우게 되었다. 언론 보도에 의하면, 서울대학교는 藏書(장서) 462만 여권 중에서 9,359권을 불태우고, 연세대학교는 장서 213만여 여권 중에서 16,704권을 불태우고, 이화여자대학교와 경희대학교에서는 각각 1만권 이상 불태웠으니, 2013년 한해에만 하여도 전국에서 67만여 권을 불태웠다고 한다.

다음에는 참고로 일본인과 미국인들의 도서관 이야기를 조금 말하고자 한다. 필자가 처음으로 渡日(도일)한 1981년에, 일본의 스쿠바〔筑波〕국립대학의 도서관에서 본 일이다. 이곳에서는 학생들이 도서관의 책을 빌려서 읽는 것도 많이 볼 수 있었으나, 도서관의 책을 빌려서 복사를 해가는 것을 많이 볼 수 있었다. 그 이유는 그 책이 絶版(절판)되어 市中(시중)의 서점에서 살 수 없는 관계로 볼 수 있고, 책을 살 돈을 아끼기 위한 것이라고 볼 수도 있다. 도서관 측에서는 복사비를 받고 복사를 해 주는데, 복사를 할 학생이 많아서 줄을 지어 기다리며, 1인당 30쪽씩 제한하여 복사해 주었다. 그러므로 50쪽을 복사하기 위해서 두 번 줄을 서야 한다.

일본의 일반인들의 도서관 이용은 다음에서 볼 수 있다. 즉 2011년 이본 문부과학성에서 발표한 바에 의하면, 일본 국민 1년간 공공도서관에서의 책 대출량은 1인당 5.4권이라 하며, 특히 눈에 뜨이는 것은 초등학생들의 1년간 대출 권수가 1인당 26권으로, 해마다 그 수가 늘어난다고 한다. 그리고 도서관의 이용자의 수가 증가하는데, 그 이유는 고령자가 늘어남에 따라서, 사회의 은퇴자들이 도서관에 가서 여가 생활을 하기 때문이라고 한다.

그들의 독서열은 대단하니, 전차 안에서도 책을 들고 앉았는 것을 예사로 볼 수 있다. 한자와 가나 글자의 혼용으로 視覺性(시각성)이 있어, 차가 조금 흔들려도 책을 읽을 수 있다. 그들은 소설도 한자와 가나글자의 혼용으로, 읽기가 쉽다. 그들은 전차 안에서 뿐만 아니라, 정류소에서 줄을 서서 차를 기다리며, 책을 보고 있는 것을 예사로 볼 수 있다. 그들은 직장에서 자택으로 돌아와서 책을 읽는 시간이 많다는데, 재미있는 책이면 3~4일 밤이면 책 1권쯤 예사로 뗀다고 하였다.

다음은 미국의 이야기이다. 이는 서울의 亞細亞文化社(아세아문화사)의 李昌世(이창세) 사장으로부터 들은 것이다. 즉 1957년 소련이 달로켓 스프트니크를 쏘아 올린 직후에, 미국에 가서 본 이야기라 했다. 소련이 미국에 앞서 달 로켓을 쏘아 올린 것에 대하여, 미국에서는 야단이 났더라는 것이다. 우주 경쟁에서 소련에 뒤졌다는 것이다. 그리하여, 전국 도서관을 閉架式(폐가식)에서 開架式(개가식)으로 바꾸더라는 것이다. '閉架'의 '閉'는 '닫을 폐'자이고 '架'는 '시렁 가'자이니, 이는 書架(서가)를 말한다. 폐가식은 책을 대출하고자 하는 사람이 카드 박스에서 보고 책의 이름을 써내면, 도서관 직원이 이를 보고 藏書

室(장서실)에 들어가서 그 책을 가지고 나와 빌려주는 것으로, 이는 서가의 문을 닫은〔閉〕 상태를 말한다. 이에 비하여 개가식은 서가의 문을 열어〔開〕 둔 상태로, 누구나 장서실에 들어가서 읽고 싶은 책을 빌려 보는 방식이다. 개가식으로 하면 책을 분실할 염려가 없지 않으나, 여러 가지 책을 볼 수 있어 책 1권이라도 더 많이 빌려 가서 읽을 수 있는 利點(잇점)이 있다. 미국정부는 국민들에게 책 1권이라도 더 읽힐 목적으로 도서관 제도를 개가식으로 바꾸게 한 것이다. 그러던 차에 1969년 독일에서 데려간 과학자 브라운 박사의 기술로 달 로켓 아폴로를 쏘아 올려, 인간이 처음으로 달에 상륙하여 미국인의 체면을 세우게 되었다.

다음은 책을 流通(유통)하는 서점과 출판산업의 不況(불황)을 보기로 한다. 먼저 책을 가장 많이 읽고 많이 팔아야 할 대학 주변의 서점을 보기로 한다. 해방 이후 雨後竹筍(우후죽순)처럼 서울은 물론 각 지방마다 대학이 늘어났고, 대학 주변에는 서점이 많았다. 그러나 해가 갈수록 문을 닫는 서점이 늘어났으니, 그 이유는 말할 것도 없이 학생들이 책을 사서 읽지 않아 책이 팔리지 않은 까닭이다. 서점을 하던 집은 음식점, 막걸리집, 커피점, 양장점으로 바뀌었다. 이는 대학 주변의 문제만이 아니었다. 일반 市中(시중)에서도 마찬가지였으니, 부산 KBS 지역방송에 의하면, 10년 사이에 서점이 반으로 줄었다고 하였다. 이는 다른 지역에서도 한가지일 것이다.

한국출판연구소의 조사에 의하면, 전국 249개 시・군・구에서 시인 조지훈, 소설가 이문열씨를 낳은 문화의 고장 경북 영양군을 비롯하여 전남 진도군, 경북 울릉군, 인천 옹진군 등 4개 군은 서점이 하나도 없고, 인천 강화군, 강원도 고성군, 충북 괴산군, 충남 태인군 등 30곳은 서점이 하나밖에 없는, '멸종'위기의 지역으로 나타났다. 소설가 이문열씨는 자기의 고향에 서점이 하나도 없다는 소식을 듣고, 그 소감을 묻는 기자의 질문에 "놀랍고 씁쓸하고 섬뜩하다."고 하였다(조선일보 2012.12.15.). 큰 서점들도 문을 닫게 되니, 서울의 '종로서적'이 그러하고, 부산의 '동보서적', '광복서점' 등 이름 있는 서점들이 사라졌다. 출판계도 한가지였으니, 최근에는 1912년에 창업하여 107년간 교과서, 성경까지 인쇄 기업을 해오던 서울의 寶信齋(보신재)가 경영 악화로 문을 닫았다. 4대 107년 간의 家業(가업)을 이어오던 보신재 사장은 우리나라의 출판계를 두고 "이는 남의 일이 아니다."라는 소감을 말하였다. 그리고 서점이 줄어졌을 뿐만 아니라, 책의 출판부수도 줄어졌으니, 다음에 그러한 예를 볼 수 있다. 즉 지식산업사의 金京熙(김경희) 대표는 "1970년대부터 무리를 하면서 모든 新刊(신간)의 初版(초판)은 2천부씩 찍어 왔는데, 최근(1990년대)에 들어 경비를 감당할 수 없어 500부씩 찍어 낸다."고 하였다. 그리고 출판물 중에서도 학술서적은 더욱 줄어졌으니, 亞細亞文化社(아세아문화사)의 金銀珍(김은진) 사장은 "전에는 1년에 학술서적 5종 정도는 출판하였는데, 이제 와서는 5년에 1~2종 정도를 출판한다."고 하였다. 그리고 얼마 전에는 "출판은 거의 하지 못하고, 재고본이나 팔고 있다."고 하였다.

책과 讀者(독자)가 만나는 서점의 절대수가 줄어들고, 문화 生態界(생태계)의 土壤(토양)이라 할 수 있는 출판산업의 불황을 우리는 어떻게 보아야 할 것인가? 출판사가 살아야 나라가 사는 법인데, 우리는 이 문제를 어떻게 해결할 것인가? 출판사들은 한 때 이 문제를 해결하기 위하여 집필자들에게 한글 전용으로 글을 써 줄 것을 요구하였다. 젊은 독자층을 의식한 것이다. 그러나 젊은 세대들은 한글 전용의 글도 잘 읽지 못한다. 한글은 視覺性(시각성)이 없고 表意性(표의성)도 없으며, 한글로 표기된 조금 어려운 한자어는 그 뜻을 알 수 없어 독서에 대한 의욕을 떨어뜨리기 때문이다. 그러므로 이 문제를 해결하기 위해서는, 한자 교육을 강화하고 국한문 혼용의 글에 익숙하도록 하는 방법밖에 없다. 그리고 정부의 고위 인사들은, 국민의 독서량의 감소와 출판산업의 불황은 국가 경쟁력을 약화시키는 것으로, 이를 심각하게 생각해야 할 것이다.

4) 한글 전용은 중대한 착오이다

위에서 한글 전용론자들이 한글 전용을 주장하는 이유를 들어 이를 비판하고, 해방 이후 70여 년간 한글 전용으로 초래된 문제점을 살펴보았다. 여기에서는 이와 같은 한글 전용이 중대한 착오임을 말하고자 한다.

한글 전용은 한글 전용론자들의 주장대로, 되도록 우리 토박이말〔固有語〕을 살려 쓰고, 우리글〔한글〕 만을 써서 우리의 자주성과 자존심을 살리자는 애국심에서 출발한 것만은 사실이다. 그러나 '우리글', '우리 것'을 지나치게 강조하여서는 排他心理(배타심리)를 불러일으켜, 우리의 발전을 저해한다. 즉 한글을 전용하자고 하는 것은 한자를 배척하여 이를 폐지하자는 것이다.

한자와 한문이 들어온 지 2,000년이 되었으며, 이로써 우리의 문화를 쌓는데 크게 기여하였다. 또 오늘날 국어의 70%가 한자어이고, 그 中核(중핵)이 되는 말은 모두 한자어이며, 학술어는 거의 한자어이다. 그리고 한글이 表音文字(표음문자)임에 비하여, 한자는 音(음)과 뜻을 가지는 말〔語〕을 표기하는 表語文字(표어문자)로서 우수한 문자이다. 우리는 한글과 함께 한자의 이러한 장점을 살려 국력을 기르는 것이 더 나라를 사랑하는 길이다. 그러므로 한글을 전용하는 것만이 애국하는 길이라는 생각을 버려야 할 것이다. 도리어 나라를 사랑하는 마음으로 한자를 공부해야 한다. 그런데 柳正基(유정기) 교수는 한글을 전용하는 것이 애국하는 것이라 함에 대하여 다음과 같이 말하였다.

> "한글 전용은 理性(이성)으로 도무지 이해가 안 되는 일입니다. 얼토당토않게 애국심을 한글 전용에 연결시켰습니다. 문화에는 국경이 있을 수 없습니다.……한글세대의 학생들은 진리에 대한 判斷力(판단력)이 없어져 버렸습니다. 是非(시비)와 善惡(선악)도 가려낼 수 없게 되었습니다. 고등학교까지 12년을 공부하고 대학까지 16년을 공부해도 마찬가지입니다."[18]

위에서 고등학교 또는 대학을 졸업하여도, 일의 옳고〔是〕 그름〔非〕과 善(선)과 惡(악)에 대한 판단력이 없어졌다고 하였는데, 이는 한자교육의 부실에서 온 것이라 하였다. 왜냐하면 교과서에 나오는 문장에서 그 중심을 이루는 한자어의 뜻이 애매모호하여, 문장의 主題(주제) 파악은 물론, 主語(주어)와 述語(술어)의 呼應(호응)관계도 잘 알지 못 한데서 온 것이라 본 것이다.

---

18) 韓國語文會, 『한글과 漢字는 國語의 두 날개』(2009) p.355 참조.

교육학이 전공인 鄭元植(정원식) 전 국무총리는, 이러한 문제를 '缺損(결손)의 累積現象(누적현상)'으로 설명하였다. 즉

> 학습과정에서 무엇이 하나가 부족하면 결손현상이 오게 되고, 그 결손현상은 그 자체로서 머무는 것이 아니라, 새로운 결손을 낳게 만들어, 그 결과 이는 마치 눈덩이가 굴러 가면서 커지는 것과 같다.

고 하였다.[19] 이 이론에 따르면 한자 지식의 결손 → 한자어 이해력의 결손 → 사고력의 결손 → 판단력의 결손 등으로 이어짐을 알 수 있다.

그런데 오늘날 한글 전용론자들은 계속하여 한글 전용을 주장하고, 정부에서도 한글 전용정책을 계속 시행하고 있어, 신문・잡지와 일반 서적은 물론, 학술서적까지도 한글 전용 一色(일색)으로 발행되고 있다. 그리하여 外見上(외견상)으로는 한글 전용이 성공한 것처럼 보인다. 그러나 이에 따른 부작용을 생각하지 않아서는 안된다. 2015년 청주시 교원대학교에서 있었던 '한자교육 활성화를 위한 공청회'에서 한글 전용 단체의 대표로 나온 사람의 말〔전술 1.1. p.27〕 즉 "한자는 가르치는 교사나 배우는 학생에게 부담이 되니, 이를 가르치지 말아야 한다."는 말대로, 이 땅에서 한자가 완전히 사라진다면, 그때에는 어떠한 불행한 일들이 일어날까 함에 대하여 생각하지 않을 수 없다.

이에 대하여 吳之湖(오지호) 畫伯(화백)은 그의 저서에서 '無涯無依(무애무의)의 文化的(문화적) 孤兒(고아)'라는 이름으로, 다음과 같이 말하

---

19) 『한글+漢字문화』 241호(2019. 8.) p.9 참조.

였다.

> 1) 소수의 특수 지식인을 제외한 일반 국민은, 언어능력의 原始化(원시화)에 의한 사고능력의 退化(퇴화)로 말미암아, 국민의 정신 상태는 한자 수입 이전의 低級(저급)한 상태로 還元(환원)될 것이다. 젊은 세대에 있어서는 이와 같은 사태가 이미 진행 중에 있다.
> 2) 학술을 연구하는 사람은 필리핀이나 인도와 같이, 순전히 유럽어를 사용하지 않으면 안 될 것이다. 그 결과 국민은 白人化(백인화)한 소수의 지식 귀족과 한글밖에 모르는 다수의 原住民(원주민) 低知識層(저지식층)의 두 가지 계층으로 나누어질 것이다.

라고 하였다.[20] 위 말에서 만일에 "이 땅에서 한자가 완전히 사라진다면, 일반 국민은 언어 능력의 原始化(원시화)에 의한 思考(사고) 능력의 퇴화로, 국민의 정신 상태는 한자 수입 이전의 低級(저급)한 상태로 환원될 것이다."라고 함에 유의할 것이다. 이러한 날이 온다면, 우리는 2류 혹은 3류 국가로 떨어질 것이다. 뿐만 아니라, 중국과 일본의 사이에서 사는 우리는, 이에 고립되어 나라의 존립마저 위태롭다.

해방 전에 카프문학이 크게 유행했을 때에 朴英熙(박영희)님은 "얻은 것은 이데오르기이고, 잃은 것은 藝術(예술)이다."라고 하였다. 문학의 本質(본질)은 예술인데, 이데오르기의 理念(이념)을 지나치게 추구하다 보니, 그의 본질인 예술을 잃었다는 것이다. 이 말은 한글 전용에도 적용된다. 즉 "얻은 것은 신문・잡지・학술서적 등 모든 출판물의 한글 전용 표기이고, 잃은 것은 그 표기 속에 담겨진 의미의 전달

---

20) 吳之湖, 『國語에 對한 重大한 誤解』(1992) p.57 참조.

이다." 말〔語〕은 의미를 전달하는 기능을 하는데, 한자어까지 모두 한글 전용으로 표기하여 의미 전달이 불확실해짐을 말한다. 독일인 라이너 도멜스 박사는 "한글 전용은 한자라는 뿌리를 잘라버린 꽃다발"이라 하였다〔후술 3.2. p.174〕. 이는 한글 전용이 꽃다발처럼 우선 보기가 좋으나, 곧 생명력을 잃음을 의미한다.

다음에는 한글전용 정책, 뒤집어 말하면 한자 폐지의 정책이 중대한 착오임을 崔鉉培(최현배) 교수의 이야기에서 보기로 한다. 최현배 교수는 한글학회 이사장, 문교부 편수국장 등 要職(요직)을 역임한, 한글 전용을 주장한 대표적인 분이다. 그리고 앞에서 말한 바와 같이, 한글 전용법의 母胎(모태)라 할 수 있는 조선교육심의회 교과서분과위에서의 '한자 폐지 결의안'을 주도하여 만든 분이다〔전술 1.1.p.17〕. 최현배 교수는, 해방 이듬해인 1946년 여름 방학 기간, 류열(柳烈)님(뒤에 월북함) 등과 함께, 晋州(진주)에서 개최한 한글학회 추최 '한글강좌'에서 아래와 같이 말하였다. 당시에 필자는 진주사범학교 재학 중으로 열심히 受講(수강)하였는데, 최현배 교수는 "한자는 담배를 떼듯이 때면 될 것인데, 이것이 안된다."하고 한자 폐지를 적극 주장하였다.

그러나 그 후에 최현배 교수는 이러한 생각이 바뀌었다. 즉 1954년, 필자가 서울대학교 사범대학 국어과에서 최현배 교수로부터 한 학기 동안 국어문법론(우리말본)을 수강하였는데, 그때의 일이다. 최현배 교수는 서울 신촌(연세대학교)에서 清涼里(청량리)에 있었던 사범대학의 校舍(교사)까지 5분의 지각도 없이 出講(출강)하였다. 출강한 이유에 대해서는 "내가 출강료를 바라고 왔겠느냐?" 하는 농담에서 보는 바와 같이, 자기가 가르치고 있는 자기의 저서 『우리말본』의 문법이론을 널리 펴기 위한 것으로 보였다. 즉 수강하는 학생들이 전국 각지에서 모여온 관계로, 이 학생들에게 『우리말본』을 잘 가르쳐 놓으면, 장차 이 학생들이 이 대학을 졸업하고 고향에 돌아가서 교단생활을 할 때에, 자기가 지은 책으로 자기의 문법이론을 가르칠 것이니, 결국 자기의 학설이 전국에 널리 펴질 것이라는 속셈〔心算〕이었을 것이다.

그런데 최현배 교수는 학생들에게 漢字(한자) 공부를 하도록 권장하였다. 즉 "여러분들이 앞으로의 교단생활에서 학생들로부터 질문을 받고, 한자를 잘 몰랐을 때에, '나는 서울대학교 사범대학 한문학과를 졸업하지 않고, 국어과를 졸업하여 한자는 잘 모른다.'고 할 것인가?" 하고 농담 섞인 말로 한자 공부를 하도록 권장하였다. 당시의 대학생들의 한자 실력이 오는 날의 대학생들과 비교가 안될 만큼 실력이 있었는데도 불구하고, 최현배 교수는 학생들의 한자 실력이 떨어져 감이 걱정되었던 것이다.

1946년 여름, 晋州(진주)에서의 '한글강좌'에서 한자 폐지를 주장하고, 美軍政(미군정) 당시에 한글 전용법의 母胎(모태)인 '한자 폐지 결의안'을 주도하여 만든 최현배 교수가 이와 같이 생각이 바뀐 것은, 해방 직후에는 한글이면 모든 것이 다 될 줄 알았으나, 해를 거듭할수록 한자를 몰라서는 잃는 것이 더 많음을 알았던 까닭이다. 그의 眞率(진솔)한 학자다운 面貌(면모)를 볼 수 있다.

그리고 최현배 교수에 대한 다음의 逸話(일화)가 있다. 즉 W교수가 서울 경기고등학교 교사로 재직했을 때의 일이라고 한다. 같은 학교에 재학중인 최현배 교수의 長孫(장손)을 가르치던 W교수가 설에 최현배 교수에게 歲拜次(세배차) 왔을 때의 일이다. 최현배 교수는 W교수에게

"요즈음 학교에서 한자를 가르치는가?"하고 묻자, "예, 가르치고 있습니다."라고 대답하니, 최현배 교수는 "어쩐지 우리 ○○(장손의 이름)가 『朝鮮民族更生(조선민족갱생)의 道(도)』를 줄줄 읽지 않는가 말일세!"라고 하고, 한자가 섞인 자기의 저서〔최현배 著(저), 『朝鮮民族更生의 道)』 東光堂(동광당), 1930〕를 읽은 장손을 대견해 하더라는 것이다.

위에서 본 바와 같이 한자 폐지를 주장하고, 學術語(학술어)조차 한자어를 배제하고 토박이말로 만들어 썼던 최현배 교수가 한자 교육을 인정하였음은 중대한 일이다. 해방 직후 한글을 전용하자는 것은 해방의 감격에서 온 感性的(감성적) 판단에 의한 것으로, 당시에는 '飛行機(비행기)'는 '날틀'로 하자, '梨花女子大學校(이화여자대학교)'을 '배꽃계집 큰 배움집'으로 하자는 것이 시대적, 사회적 분위기였다. 그러나 나라의 大本(대본)이라 할 수 있는 文字(문자) 정책을 이러한 식으로 결정지을 수는 없는 일이다. 한자 폐지를 주장한 대표자라고 말할 수 있는 최현배 교수가 한자 교육을 인정하였음은, 한글 전용의 정책이 중대한 착오임을 인정하고도 남음이 있다.

5) 한자 교육에 대한 다수 국민의 높은 支持度(지지도)

위에서 한글전용, 즉 한자 폐지의 정책이 중대한 착오임을 보았거니와, 한글 전용이 잘못된 정책임은, 아래에서 보는 바, 한자 교육을 바라는 다수 국민의 높은 支持度(지지도)에서도 볼 수 있다.

먼저, 2009년 즉 李明博(이명박) 대통령 때에 약 1년에 걸쳐서 교육부의 한국교육과정평가원에서 학부모와 교사 5,222명을 대상으로 실시한 설문조사에서 이를 보기로 한다. 즉 이 조사에 의하면, 학부모의 89.1%가 '초등학교 교육과정에 한자 교육을 넣어야 한다.'고 하였고, 교사 77.3%가 이에 찬성하였다〔前述 1.1.p.24〕. 이는 정부기관에서 조사한 전국 규모의 報告(보고)이나, 이 외에도 다음과 같은 조사보고가 있다. 즉 1986년 10월 16일에 인천 교육대학 부속국민학교에서 발표한 바에 의하면 초등학교 학부모의 여론 조사 결과, '한자 교육이 꼭 필요하다.'가 89.6%로 나타났다. 그리고 1988년 3월 1일에 한국갤럽조사연구소의 여론 조사에 의하면, '초등학교 정규시간에 한자 교육을 실시해야 한다.'가 79.9%로 나타났다.

그리고 아래 조선일보에 의하면, 한자능력검정시험에 응시한 사람이 104만명이었는데, 그 중에서 71만명(68%)이 초등학교 이하의 어린이였다고 하며, 특히 취학 전의 어린이들의 응시자는 2001년에 2,574명이었다 하고, 2002년에는 6,896명, 2003년에는 12,164명, 2004년에는 24,678명으로 그 수가 急增(급증)하였다고 한다(조선일보 2005.4.18. '한자의 열풍' 어린이가 끌고 간다' 참조). 위에 보인 조사보고는 오래전의 것이기는 하지만, 학부모의 한자 교육에 대한 열의와 한자 교육에 대한 높은 지지도를 볼 수 있다.

그리고 2002년에는 역대 교육부장관을 지낸 13명이 초등학교 정규교육과정에 한자 교육을 넣어야 함을 촉구하는 건의서에 署名(서명)을 하여 이를 청와대에 올린 바 있는데, 이에 서명한 전임장관은 閔寬植(민관식), 文鴻柱(문홍주), 李奎浩(이규호), 權彝赫(권이혁), 徐明源(서명원), 鄭元植(정원식), 趙完圭(조완규), 李海瓚(이해찬) 등 13명이다. 전임장관 21명 중에서 반대 1명과 연락이 되지 않은 7명을 제외하고는 모두 서명하였다. 그리고 2009년에는 국무총리를 지낸 23명이 한 사람 빠짐 없이 이 건의서에 서명하여 청와대에 올렸다. 서울시의 朴元淳(박원순) 시장과 25개의 구청장들도 이 건의서에 서명하였다.

위 전임장관들의 청와대에의 건의서 제출에 대한 言論社(언론사)의 反響(반향)도 주목할 만하다. 2002년 4월 4일에 이 건의서가 청와대에 제출되자, 조선일보는 '초등학교 한자 교육 절실', '역대교육부 장관들 건의'의 기사 등 6회 실었고, 문화일보는 사설에서 '초등학교 한자 교육 바람직' 등 5회, 중앙일보는 '초등학교 한자 교육 부활을' 등 3회, 동아일보는 '초등학교부터 한자 교육 필요, 전 교육부장관 13명이 건의' 등 3회에 걸쳐 기사를 실었다. 2002년 4월 ~10월 사이에 실은 기사에서, 전임 교육부장관들의 서명을 지지하고 환영한 언론사의 이름과 기사를 실은 수는 다음과 같다. 즉 조선일보 6회, 문화일보 5회, 중앙일보 3회, 동아일보 3회, 한국일보 2회, 경향신문 2회, 국제신문(부산) 2회, 국민일보 1회, 부산일보 1회, 영남일보 1회 매일신문 1회. 세계일보 1회, 경제신문 1회, 제민일보 1회, 동양신문 1회, 충청일보 1회, 소년중앙일보 1회, 파이낸셜뉴스 1회 등 18개 신문사이다. 이에 반대하는 신문은 한겨레신문 1개 뿐으로, 그의 사설에 '급한 건 한자 아닌 한글 교육' 등 3회 실었다.

한자 교육의 활성화에 대한 국민의 지지도는 전국한자교육추진총연합회가 실시한 '초등학교, 한자 교육 촉진을 위한 천만인 署名(서명) 운동'에서도 볼 수 있다. 이 서명운동에는 5만 명의 회원 중, 서울 회원들은 서울 시가지의 캠페인과 함께 시민들의 서명을 받았고, 지방 회원들은 지방에서 서명을 받았는데, 2011년 3월 1일에 서명을 받기

시작하여 2012년 12월 30일까지 서명을 받은 사람이 400여만 명을 돌파하였다.[21]

초등학교 한자 교육에 대한 높은 지지도는 오늘에도 이어지고 있다. 즉 경상북도 교육청〔교육감 朴宗植(박종식)〕에서는, 2019년에는 초등학교 3개 학교를 한자 교육 시범학교로 운영하고,2020년에는 9개 학교를 시범학교로 운영하게 되었다고 하였다. 2019년에 이를 운영해 본 결과, 학생과 학부모, 그리고 교사들의 평가가 매우 좋아서 2020년에는 9개로 늘렸다고 하였다.[22] 이상에서 초등학교 한자 교육에 대한 다수 국민의 높은 支持度(지지도)를 보았다. 그러나 정부 당국자는 左顧右眄(좌고우면)하여, 이에 대한 성과를 별로 볼 수 없다. 다수 국민의 의사를 존중하는 것이 민주주의인데, 초등학교 한자 교육의 활성화에 대한 90%에 달하는 국민의 의사를 무시한 어문정책이란 "누구를 위한 정책이냐?" 묻고 싶다. 정부는 지금부터라도 한자 교육을 강화하여 국민의 輿望(여망)에 부응해야 할 것이다.

---

21) 『한글+漢字문화』 292호(2018. 11.) pp.58~59 참조.
22) 『한글+漢字문화』 249호(2020.) 참조.

2. 한자 교육과 국한문을 혼용해야 할 이유

1) 漢字(한자) 機能(기능)의 우수성과 이에 의한 文字(문자) 생활의 효율성을 위하여

한자 교육의 필요성과 국한문을 혼용해야 할 이유를 말하기 전에, 문자 기능에 있어서 漢字(한자)의 우수성을 말하고자 한다.

(1) 문자의 기능과 한자의 表語文字(표어문자)로서의 우수성

한글은 表音文字(표음문자)로서 가장 우수한 문자이다. 우선 이를 알파벳 문자와 비교할 때 1개의 글자에 1개의 발음이 비교적 정확하고, 자음과 모음의 순서가 整然(정연)하고, 製字(제자)가 매우 과학적이다. 한글이 이와 같이 우수한 글자라 하여, 한글 전용을 주장하는 사람들 중에는, 世宗大王(세종대왕)을 한글전용을 상징하는 왕으로 보려 함을 볼 수 있다[후술 3.4. p.197].

그러나 세종대왕이 한글 전용을 생각하고 訓民正音(훈민정음)을 지은 것이 아니다. 세종대왕이 훈민정음을 지은 목적에 대하여는 『훈민정음 解例本(해례본)』의 서문에 잘 나타나 있다. 즉 "우리나라의 말이 중국과 달라서 한자와 서로 통하지 아니하므로 어리석은 백성[愚民]이 말하고자 하는 바가 있어도 제 뜻을 펴지 못한 자가 많다." 하고 "내가 이를 딱하게 여겨 새로 28자를 만드니, 사람마다 쉽게 익혀서 날로 쓰기에 편안하게 할 뿐이다."라고 하였다. 세종대왕은 한글로써 한자를 잘 쓰도록 도운 분이니, 이는 세종대왕이 『洪武正韻譯訓(홍무정운역훈)』을 짓게 하고, 한글로써 한자음을 정확하게 표기하도록 한 데서 볼 수 있다. 그러므로 세종대왕을 한글 전용을 상징하는 왕으로 만들려 함은 옳지 않다.

그리고 세종대왕이 훈민정음을 獨創(독창)적으로 만든 것이 아니고, 고대로부터 전해오던 加臨土(가림토) 文字(문자)를 본따서〔字倣古篆〕 만든 것으로 보아야 한다〔후술 2.3. p.137〕.

다음에는 文字(문자)의 기능을 보고, 한글과 한자와의 기능상의 차이와 한자의 우수성을 보기로 한다. 말〔語〕은 소리〔音〕와 뜻〔意〕으로 이루어지는데, 말은 소리를 귀로 들을 수 있는 기호임에 비하여, 글자는 눈으로 볼 수 있는 기호이다. 한글과 한자는 뜻을 전달하는 동시에 눈으로 볼 수 있는 공통된 점이 있으나, 양자간에는 차이가 있다. 먼저 말에 의한 뜻의 전달과정부터 보기로 한다.

話者(화자, 말하는 사람)의 뜻이 聽者(청자, 듣는 사람)에게 전달되는 과정을 보기로 한다. 즉 입으로 하는 말은 다음과 같은 循環(순환)의 과정을 밟으니 화자의 腦(뇌) 가운데 있는 개념이 그의 聽覺槪念映像(청각개념영상)과 연합하여 發聲部(발성부)의 調音器官(조음기관)을 자극하여 소리를 내는데, 이 소리가 聽者(청자)의 귀에 전달되어 청자의 청각영상을 자극하고, 이것이 청자의 개념과 연합하여 청자는 화자가 말하는 뜻을 喚起(환기)한다. 즉 뜻을 불러일으킨다. 이때에 화자의 뇌 가운데 있는 개념과 청각영상의 연합과, 청자의 청각영상과 개념의 연합은 心理的(심리적) 현상이고, 화자의 조음기관에 의하여 나는 소리가 청자의 귀에 들리는 것은 生理的(생리적) 현상이다.[1]

그런데 입으로 하는 말에서 소리〔音〕는 청자의 귀를 통하여 청자의 청각영상을 자극하고 개념과 연합하여 뜻을 불러일으키는데, 한글이나 알파벳자와 같은 表音文字(표음문자)는 讀者(독자)의 눈을 통하여 청각영상을 자극하고 개념과 연합하여 뜻을 불러일으킨다. 그러나 漢字(한자)는 독자의 눈을 통하되, 청각영상을 통하지 않고 바로 개념을 자극하여 글자를 보는 순간 그 뜻을 불러일으킨다. 한자는 뜻을 가지는 表意文字(표의문자)이기 때문이다. 한자는 뜻을 가지는 表意文字(표의문자)인 동시에, 음과 뜻을 가지는 말〔語〕을 표기하는 表語文字(표어문자) 또는 單語文字(단어문자)이기도 하다. 그러므로 한자는 뜻을 전달하는 데 있어서 표음문자인 한글보다 매우 효과적이다. 이와 같은 문자는 세계에서 그 類例(유례)를 볼 수 없다. '한자는 로마자보다 위대하다'고 한다.〔후술 3.2. p.179〕 한글이 우수한 글자이기는 하나, 뜻의 전달에서 표어문자로서의 한자의 우수성을 따를 수 없다.

한자의 또 하나의 우수성을 개념의 分化(분화)에서 볼 수 있다. 먼저 개념에 대한 뜻을 보면, '槪'는 '大槪(대개) 개'자이고 '念'은 '생각 념'자이다. 즉 이는 여러 관념 속에서 공통된 요소를 추상하여 종합한 하나의 관념을 말한다. 예를 들면, '개〔犬〕'라고 하면, 여러 종류의 개를 생각할 수 있으나. 그 공통된 요소를 종합하여 '개〔犬〕'라는 뜻을 떠올린다. 그런데 한자는 이러한 개념이 분화하여, 여러 말〔語〕 즉 한자를

1) 許雄, 『言語學槪論』(서울, 正音社, 1968) p.29 참조

만들었다. 예를 들면, '山'이라 하면 여러 형태의 산을 생각할 수 있다. 우리의 '山'을 뜻하는 말에 '메'가 있다. 또 갈미산〔大山〕의 '미'는 '뫼'가 '메' → '미'로 변한 同源語(동원어)인데, 한자는 이 '뫼'를 뜻하는 것에 '山', '岳', '嶽', '岡' 등이 발달하였다. 山의 형태나 종류에 따라서 여러 글자가 만들어졌다. 이는 '山'에 대한 여러 개념이 分化(분화)되어 말이 만들어진 것이다.

이와 같이 개념이 분화되어 여러 가지 말〔語〕, 즉 글자가 발달하였음을 '보다'에서 보기로 한다. 見(볼 견)〔見學(견학), 見聞(견문) 등〕은 사물을 '눈〔目〕으로 보다'는 뜻이고, 視(볼 시)〔視察(시찰), 視力(시력) 등〕은 示(보일 시) 옆에 見을 붙인 것으로, '잘 살펴보다'는 뜻이고, 看(볼 간)〔看板(간판), 看病(간병) 등〕은 눈〔目〕 위에 손〔手〕를 얹고, '쳐다보다'는 뜻이고, 觀(볼 관)〔觀察(관찰), 觀覽(관람) 등〕은 '마음으로 보다'는 뜻이고, 瞥(잠깐 볼 별)〔瞥見(별견), 瞥古(별고) 등〕은 '잠깐 쳐다보다'는 뜻이고, 瞻(쳐다볼 첨)〔瞻星臺(첨성대), 瞻仰(첨앙) 등〕은 '아래에서 위를 쳐다보다'는 뜻을 가졌다. 이와 같이 보는 방법이나 보는 형식에 따라서 글자, 즉 말이 따로 발달하였다. 한자는 孤立語(고립어)로서 造語(조어)하기가 쉬우니, 두 형태가 복합하여 많은 觀念語(관념어)를 마들었다. 우리의 고유어에는 具體語(구체어)가 많고 관념어가 적은데 비하여, 한자어에 관념어가 많이 발달한 이유가 여기에 있다. 그리고 개념의 細分化(세분화)에 의하여 발달한 풍부한 어휘의 양은, 思考力(사고력)을 도운다.

(2) 한자의 분석적 이해로 思考力(사고력)・判斷力(판단력)・創意力(창의력) 등 知的(지적) 능력을 기름

思考(사고)란 생각하고 窮理(궁리)함을 말한다. 한자어는 두 형태 이상이 복합된 것이 많은데, 이를 분석적으로 이해함으로써 사고를 明晳(명석)하게 하고, 판단력과 창의력, 穿鑿力(천착력), 探究力(탐구력) 등 지적 능력을 기른다. 그런데 한자어를 한글로 표기하여 문장의 전후 관계 또는 말의 앞뒤 관계를 보아서 어림짐작으로 넘어가서는 사고력과 판단력을 흐리게 한다. 數學(수학)의 노벨상이라 하는 필드상을 受賞(수상)한 하버드대학의 교수였던 히로나카〔廣中平祐〕 교수는 "우리에게 앞으로 가장 많이 요구되는 것은, 자기의 판단과 생각하는 힘이다."라고 하였다.[2)]

分析(분석)이라는 말은 어떠한 사물을 분해하여, 그 사물을 성립시키고 있고 성분과 요소를 확실하게 밝히는 것을 말하는 것으로, '分'은 '나눌 분'자이고 '析'은 '쪼갤 석'자이다. 즉 '析'은 木(나무)+斤(도끼)로, 이는 '도끼로 나무를 쪼갠다'는 뜻이다. 우리는 사물을 분석함으로써 생각을 細密(세밀)하게 한다. 한자어에는 관념어가 많은데, 이를 한글 전용이라는 틀〔型〕에 맞추어 한글로만 표기하여서는 분석적 이해를 하기가 어렵다. 아래에 일상생활에 많이 쓰이는 말에서 그 몇 예를 들기로 한다. 이를 한자 표기와 비교하기로 한다.

ㄱ) 분수령 보다 '分水嶺'

---

2) 廣中平祐(히로나카) 著, 방승양 옮김, 『학문의 즐거움』(김영사, 2012.) 참조.

ㄴ) 백두대간 보다 '白頭大幹'
ㄷ) 식민지 보다 '植民地'
ㄹ) 국치일 보다 '國恥日'
ㅁ) 사필귀정 보다 '事必歸正'
ㅂ) 역지사지 보다 '易地思之'

위 ㄱ)의 예에서, '분수령'보다 '分水嶺'으로 표기해야 분석적 이해가 잘 되니, '分水嶺'은 재〔嶺〕가 높아서 그 자의 동쪽에 내린 빗물은 東海(동해)쪽으로 흐르고, 서쪽에 내린 빗물은 西海(서해)쪽으로 흘러가는 재라는 뜻이다. 즉 이는 빗물〔水〕을 나누는〔分〕 재〔嶺〕라는 뜻이다.

ㄴ)의 예에서, '백두대간'도 '白頭大幹'으로 표기해야 분석적으로 이해가 가능하다. 즉 '白頭(백두)'는 '白頭山(백두산)'을 뜻하는 것으로, 이는 山(산)이 높아서 머리〔頭〕에 항상 흰〔白〕 눈〔雪〕으로 덮여 있어서 붙여진 이름이고, '大幹(대간)'은 '白頭山(백두산)으로부터 내려온 山脈(산맥)의 큰〔大〕 줄기〔幹〕'를 말한다.

ㄷ) '식민지'라 하면 日帝(일제)가 우리를 强占(강점)하던 때를 말함은 누구나 잘 알고 있다. 그러나 당시에 일본인이 한국 땅에 많이 와서 살았다고 하면, 놀라는 사람을 더러 본다. 또 일본이 한국을 먹었기〔食〕 때문에 '식민지'라고 한다는 사람도 있다. '식민지'의 '식'을 '食'자의 음으로 본 것이다. 그러나 '植民地'의 '植'은 '심을 식'자이고 '民'은 '백성 민'자이다. 한국 땅에 일본의 백성〔民〕을 심었다〔植〕는 뜻이다. 처음에는 군대로써 지배하다가, 뒤에는 일본의 국민〔民〕을 옮겨 심어서 지배한 땅이라는 뜻이다. 일본은 그들의 국민을 이주시켜 정

치, 경제, 교육, 문화 등 모든 면에서 우리를 지배했다.

ㄹ) '국치일'도 '國恥日'로 표기해야 하니, 이는 우리 나라〔國〕가 부끄러움〔恥〕을 당한 날〔日〕이라는 뜻이다. 즉 1910년 9월 29일, 韓日合倂(한일합병)의 문서에 調印(조인)한 날로, 이를 영원히 잊지 말자는 것이다.

ㅁ)의 '事必歸正(사필귀정)'에서 '必'은 '반드시 필'자이고 '歸'는 '돌아갈 귀', 또는 '돌아올 귀'자이니, 이 말은 萬事(만사)가 正理(정리), 즉 바른 '理致(이치)로 돌아간다.'는 뜻이다. 이러한 四字成語(사자성어)는 많은 경험에 의하여 생겨난 말이니, 더욱 분석적 이해가 필요하다.

ㅂ)의 '易地思之(역지사지)'도 한자로 표기해야 분석적 이해가 가능하니, '서로의 處地(처지)를 바꾸어서〔易〕 생각하다〔思〕'의 뜻이다.

다음에는 복합적 사고능력을 돕는 몇 예를 보기로 한다.

ㄱ) 서면 보다 '西面'
ㄴ) 수영 보다 '水營'
ㄷ) 삼보부동산 보다 '三寶不動産'
ㄹ) 침엽수 보다 '針葉樹'
ㅁ) 활엽수 보다 '闊葉樹'

위 ㄱ)~ㄴ)은 부산에 있는 地名(지명)이다. ㄱ)의 예에서, 현재 한글전용에 의하여 '서면'으로 표기하고 있다. 그러나 이를 한글로 표기하여서는 '그곳이 복잡한 거리', 혹은 '○번 버스를 타면 갈 수 있다.'

정도밖에 생각하지 못하나, 이를 '西面'으로 표기하면, '왜 이곳을 하필이면 西面이라 했을까? 그러면 南面, 東面, 北面도 있을 수 있겠네.'까지 생각하게 된다. 이것이 複合的(복합적) 사고이다. 사실에 있어서 이러한 지명이 있었으니, 이는 옛날 東萊邑(동래읍)을 중심으로 생겨난 지명들이다.

ㄴ)의 예에서, '수영'으로 표기하여서는 그 語源(어원)을 생각할 수 없다. 이를 '水營'으로 표기함으로써 그 어원을 생각할 수 있으니, '水營'의 '營'은 '鎭營(진영)의 영'자이다. '水'는 바다〔海〕를 뜻하니, 이곳은 水軍(수군) 즉 海軍(해군)의 鎭營(진영)이 있었던 곳이다. 오늘의 해군 基地(기지)와 같은 곳이다.

다음에는 부동산의 이름에서 한 예를 보기로 한다. 즉 ㄷ)의 예에서 '부동산'으로 표기하여서는, '땅이나 집을 팔고 사는 일을 중개하는 곳'으로만 생각한다. 그러나 이를 '不動産'으로 표기함으로써 動産(동산)까지를 생각한다. '動'은 '움직일 동'자이니, 不動産(부동산)은 '땅이나 집 등 움직이지 아니한〔不〕 財産(재산)'을 말하는 것임을 알 수 있다. 그러면 움직일 수 있는 재산은 무엇인가? '차나 가구 등은 이에 해당되겠구나.'함을 생각하게 된다. 그러면 왜 하필 '삼보부동산'이라 하였을까? '삼보'의 뜻은 무엇일까 함을 생각하게 된다. 이를 '三寶'로 표기하면, 이는 불교의 용어인 세 가지의 보배〔寶〕, 즉 佛(불)과 法(법)과 중〔僧〕임을 알 수 있다. '三寶'를 모르면 사전을 찾아보면 쉽게 알 수 있다. 이를 '삼보'로 즉 한글로 표기하고, 사전을 찾아보면 三保(삼보), 三甫(삼보), 三報(삼보), 三步(삼보) 등의 同音異義語(동음이의어)가 있어, 어느 것에 해당되는 것인지 알 수 없다.

ㄹ)의 예에서도 '침엽수'보다 '針葉樹'로 표기해야 분석적으로 이해할 수 있고, 어떠한 나무가 이에 해당하는가를 알 수 있다. 즉 '針葉樹'는 바늘 침〔針〕, 잎 엽〔葉〕, 나무 수〔樹〕로 되어 있다. 즉 잎이 바늘〔針〕과 같이 생긴 나무의 뜻이니, 소나무〔松〕가 이에 해당됨을 알 수 있다. 그리고 ㅁ)의 '闊葉樹'의 '闊'은 '넓을 활'자이니, 闊葉樹는 잎이 넓은 나무임을 쉽게 알 수 있다. '針葉樹'와 '闊葉樹'로 표기함으로써 相關的(상관적)이고 복합적 사고를 할 수 있다.

다음에는 분석적 이해를 통하여 창의력 혹은 탐구력을 기르는 예를 보기로 한다.

ㄱ) 수경재배 보다 '水耕栽培'
ㄴ) 이농현상 보다 '離農現象'
ㄷ) 첨성대 보다 '瞻星臺'
ㄹ) 전방후원분군 보다 '前方後圓墳群'
ㅁ) 강강수월래 보다 '强羌水越來'

ㄱ)의 '水耕'의 '耕'은 '밭갈 경'자이다. '水耕栽培'는 각종 양분을 탄 물〔水〕 속에서 식물을 培養(배양)하는 것을 말한다. 사람의 지능이 발달함에 따라서 생긴 식물 배양법이다. '水耕(수경)'의 뜻을 앎으로써 인간지능이 발달을 생각 할 수 있다.

ㄴ)의 '離農'의 '離'는 '떠날 이'자이고, '農'은 '농사 농'자이다. 즉 '離農'은 '農村(농촌)을 떠난다.'는 뜻이니, '離農現象'은 農耕社會(농경사회)에서 産業社會(산업사회)로 바뀜에 따라서, 농민들이 농촌을 떠나

도시로 모여드는 현상을 말한다.

ㄷ)의 '첨성대'라 하면, 慶州(경주)에 있는 '天文臺(천문대)'라는 정도의 뜻은 누구나 알 수 있을 것이다. 그러나 이를 '瞻星臺'로 표기하고, 瞻(쳐다볼 첨), 星(별 성)자를 앎으로써 신라인들이 저 위에 올라가서 별을 쳐다보고 천문을 연구한 것이라 함을 생각할 수 있고, 또 이와 함께 탐구심을 자극할 수 있다.

ㄹ)의 '전방후원분군'으로 표기하여서는 분석적으로 이해를 하기 어렵다. 이를 '前方後圓墳群'으로 표기하고, '方'은 '모 방', '圓'은 '두루 원', '墳'은 '무덤 분', '群'은 '무리 군'자의 뜻을 앎으로써, 이는 앞〔前〕쪽이 네모꼴〔四方形〕로 모〔方〕가 나고, 뒤〔後〕쪽이 둥그렇게〔圓〕 생긴 무덤〔墳〕의 무리〔群〕임을 알 수 있다. 이를 앎으로써 고대인의 墓制(묘제)에 대한 탐구심을 기른다.

ㅁ)의 '강강수월래'는 주로 南海(남해)나 木浦(목포) 등 남부지역에서 盛行(성행)하는 민속놀이이다. 이는 임진왜란 당시에 忠武公(충무공) 李舜臣(이순신) 장군이 왜적과 싸우기 위하여 義兵(의병)들의 戰意(전의)를 鼓吹(고취)하던, 오늘날의 군가와 같은 것이다. 이는 '强羌水越來'에서 온 말이니, '羌'은 '오랑캐 강'자이고 '越'은 '넘을 월'자이다. 이는 '强(강)한 오랑캐〔羌〕가 물〔水〕을 넘어서〔越〕 온다〔來〕.'는 뜻이다. 이와 비슷한 놀이로서 '쾌지나 칭칭 나아네.'가 있다. 이는 임진왜란 당시의 倭將(왜장) '加藤淸正(가등청정)(일본 이름, 가토오 키요마사)이 나오네.'에서 訛傳(와전)된 것이다. 이와 같은 민속놀이의 語源(어원)을 탐구함으로써 역사를 회고할 수 있다.

위에서 본 바와 같이, 한자어는 한자로 표기함으로써 분석적으로 이해할 수 있어, 단순사고에서 복합사고로, 나아가서는 창의력과 탐구력을 기른다. 그런데 한자어를 모두 한글로 표기하여서는 이러한 思考力(사고력)을 떨어뜨린다. 한글 전용은 下行式(하행식) 평준화로 국민의 사고활동을 沮害(저해)한다. 그러므로 한글 전용의 정책은 愚民化(우민화)의 정책이라고 할 수 있다. 이러한 예를 崔鉉培(최현배) 교수의 '採點(채점) 경험담'에서도 볼 수 있다.

즉 해방후, 일본인 교사들이 물러가고, 중·고등학교 교사가 부족하여, 문교부에서는 '교사자격검정시험'을 보여서 그 자리를 메웠는데, 최현배 교수는 10여년간 이 시험의 出題官(출제관) 이었다. 최현배 교수는 『한글』(한글학회) 131호(1963년)에 실은 그의 '채점 경험담'에서 다음과 같이 말하였다.

> 처음에는 90점 이상 거의 완전한 답안을 쓴 사람이 몇 사람은 있었는데, 근년에 와서는 성적이 점점 나빠져서, 지난해에 치른 시험지에서는 답안지 700장 가운데서 60점 이상 되는 것이 겨우 열이 되락말락 하였고, 70점 이상은 하나도 없었으며, 10점 미만 특히 0점을 줄 수밖에 없는 답안도 드물지 않았다.……이는 국어 한 과목 뿐 아니니, 국가의 장래를 위하여 심한 통탄과 근심을 금할 수 없도다.

위 '경험담'에서 주목할 것은, 해방 이후 한글 전용으로 한자는 배우지 않아도 국어 공부는 많이 하여 국어 성적이 올라가야 할 것인데, 이와 반대로 해가 갈수록 국어 성적이 나빠져 간다는 것이며, 또 다른 과목에서도 한가지였다는 점이다. 그 이유에 대하여 최현배 교수는 말하지 않았으나, 이는 한자 지식의 부족으로 문장에 대한 분석적 이해력과 복합적 사고 등 사고력의 부족에서 온 것으로 생각된다.

일본의 우치다 타쓰루〔內田〕 등이 저술한 『인구감소는 위험하다는 생각』(김영수 옮김)이란 책에서 "4차 산업의 혁명에서 두뇌가 중요하다."라 하고 "(일본이) 저출산을 피할 수 없다면,……머리수보다 두뇌의 질을 높여야 한다."라고 하였다(조선일보 2020.1.14.). 이 말은 우리에게도 좋은 충고가 될 것이다. 국가 경쟁에서 두뇌가 중요하니, 두뇌의 질을 높이기 위해서는 한자 교육을 강화해야 할 것이다.

(3) 한자의 表意性(표의성)과 視覺性(시각성) 등으로 독서의 능률을 높임

'책 속에 길이 있다.'고 한다. 또 '사람이 책을 만들고 책이 사람을 만든다.'고도 한다. 책을 읽음으로써 몰랐던 지식이 늘어나고, 또 새로운 사실을 알게 되어, 이에 대한 興味(흥미)와 즐거움을 느낀다. 책 속에는 새로운 지식뿐만 아니라, 남이 경험한 이야기가 담겨 있어 이를 읽음으로써 간접적인 경험을 할 수 있다. 그리하여 삶의 폭이 넓어지고, 삶의 지혜를 배운다. 그리고 책을 읽음으로써 人性(인성)을 기른다. 사람은 누구나 자기의 짧은 지식과 경험으로 세상일을 다 아는 것처럼 생각하기 쉬우나, 이는 매우 위험하다.

그러면 한국인은 책을 얼마나 읽을까? 안타깝게도 우리는 책을 읽지 않는 편이다. 이에 대해서는 앞〔1.3.3. p.65〕에서 말한 바, 국제 여론조사기관인 'NOP 월드'가 2005년에 OECD 30개국 3만 명을 대상으로 조사한 바에 의하면, 한국인의 1인당 주당 독서 시간은 3시간 6분으로, 조사 대상국에서 꼴찌였다고 한다. 이는 중대한 문제이니, 그 이유를 찾아서 바로잡아야 한다.

그러면 한국인은 왜 책을 읽지 않는가? 그 이유는 한글 전용에서 찾아야 한다. 이를 아래에서 보기로 하니, 이는 다음의 세 가지로 생각된다.

그 첫째로 한글은 글자의 꼴이 正方形(정방형)으로 네모나고, 글자의 획수도 거의 같아서 시각성이 없다. 즉 글자의 꼴이 비슷하여 識別性(식별성)이 없다. 한글 전용의 글은 영어의 大文字(대문자)와 같이 읽기가 답답하다.

그 둘째로 한글은 表音文字(표음문자)로서 뜻이 없다. 이에 비해 한자는 뜻을 보이는 表意性(표의성)이 있다. 즉 한글은 글자 한 글자 한 글자를 다 읽고 그 뜻을 떠올려야 하나, 한자는 글자를 딱 보는 순간 그 뜻을 알 수 있어, 讀書(독서)하기에 매우 능률적이다. 즉 한글에는 표의성이 없는데 비하여, 한자에는 표의성이 있고, 또 글자의 꼴도 다양하여 시각성도 있어, 독서의 능률을 높인다. 그러므로 한글만으로 표기된 글 보다는, 글 한 줄에 한자가 몇 글자씩 섞여 있는 것이 읽기도 쉽고 이해하기도 쉽다. 그러한 예를 들기로 한다.

ㄱ) 서적의 유통망 붕괴 - 지식의 빙하기가 온다.(조선일보 기사 제목)

ㄴ) 書籍의 流通網 붕괴 - 지식의 氷河期가 온다.

위 ㄱ)에서는, 글 17자를 한 글자 한 글자를 같은 속도로 다 읽고 뜻을 떠올려야 한다. 그러나 ㄴ)에서는, 書籍(서적), 流通網(유통망), 氷河期(빙하기)가 한 눈에 들어오며, 立體的(입체적) 사고를 할 수 있다. 글자마다 뜻이 있기 때문이다. 다만 한자가 눈에 익어야 한다. 그런데 해방이후 한글 전용의 정책으로, 젊은 세대는 한자의 이러한 장점을 모르게 한데 문제가 있다. 일본에서는 초등학교 1학년 때부터 한자 혼용의 교과서로 가르치고 있어 한자가 눈에 익은 관계로, 그들은 한자 1자를 읽는데 걸리는 시간이 1,000분의 1초 이하라고 한다.[3] 일본인은 세계에서 가장 많이 읽고 많이 쓴다고 自負(자부)하는데, 그 이유가 한자에 익숙한데 있다.

한자에 익은 기성세대는, 책 全面(전면)이 한글 전용으로 된 책을 바라보면, 넓은 냇물이나 湖水(호수)를 바라보는 느낌이다. 그러나 한자가 섞여 있으면, 마치 징검돌〔渡石〕을 밟고 내〔川〕를 건너듯이 읽기가 쉽다. 한자를 제대로 배우지 못한 젊은 세대는, 한자의 이러한 장점을 잘 모르니 안타깝다. 젊은 세대는 한글 전용의 글을 잘 읽는다고 할지 모르나, 기성 세대가 한자 혼용의 글을 읽는 만큼은 잘 읽지 못할 것이다. 그리고 시각적 감각이 민감한 20~30대는 그런대로 읽어도 50~60대가 되면 글자가 헷갈리고, 70~80대 이후는 글 몇 줄 읽어 내려가기가 힘들다. 한글 전용으로 된 책을 들고 앉으면 졸음이 온다고 하는 이유가 여기에 있다. 또 신문보도에 의하면 한국의 청소년들의 10명 중 4명은 近視眼(근시안)이라 하는데, 이는 독서하는 자세도 문제되거니와, 한글 전용의 글을 읽는데서도 그 이유를 찾아야 할 것이다.

3) NHK북크스, 『漢字の圖形』, 鈴木修次, 『漢字再發見』(1984) p.74 참조

한국인이 책을 읽지 않는 셋째 이유는, 한자어의 한글 표기로 문장에 대한 이해가 잘 안되어, 독서에 대한 의욕을 떨어뜨리기 때문이다. 이에 대하여서는 앞에서도 누차 말하였거니와, 여기에서는 신문 기사의 제목과 TV의 자막에서 그 몇 예를 들기로 한다.

ㄱ) 中, 자체 건조한 첫 항공모함 진수식〔조선일보 2017.4.27〕
ㄴ) 철강 '내우외환'〔同 2017.6.6〕
ㄷ) 장고 끝에…文의 사람 채웠다〔同 2017.6.12〕
ㄹ) 무소불위 권력 휘둘렀어요〔同 2017.6.14〕
ㅁ) 증권가도 놀란 이유정 10억 대박〔同 2017.8.31.〕

밑줄 친 곳의 뜻을 설명한다.

위 ㄱ)의 '진수식'은 '進水式'으로, '進'은 '나아갈 진'자이다. 이는 배를 건조하여 처음으로 물〔水〕에 들어갈 때에 행하는 式(식)이다.

ㄴ)의 '내우외환'은 '內憂外患'의 표기로, '憂'는 '근심할 우'자이고, '患'은 '근심 환'자이다. 이는 안과 밖으로 근심이라는 뜻이다.

ㄷ)의 '장고'는 '長考'의 표기로, 이는 '길게〔長〕 즉 오래 생각〔考〕하다.'는 뜻이다.

ㄹ)의 '무소불위'는 '無所不爲'의 표기로, '所'는 '바 소'자이고, '爲'는 '할 위'자이다. 이는 하지 아니한 바가 없다. 즉 '할 수 있는 일은 다 한다.'는 뜻이다.

ㅁ)의 '증권가'는 '證券街'의 표기로 '街'는 '거리 가'자이다. 이는 '證券(증권)을 사고 파는 거리〔街〕'라는 뜻이다. 미국의 '월드가'도 '월드街'로 표기되어야 한다. 위에 보인 예에서 밑줄 친 곳의 한자어의

뜻을 몰라서는, 이 신문의 기사 내용도 알 수 없을 것이다. 뜻을 모르니, 글을 읽을 의욕을 떨어뜨린다. 이는 신문만의 일이 아니다.

다음에는 TV 자막에서 몇 예를 들기로 한다.

ㄱ) 항속거리 2배로 늘어나[KBS1 2017.6.22. 저녁 9시뉴스]
ㄴ) 방산비리 정조준[同 2017.7.4. 同]
ㄷ) 심심찮은 美 조야[同 2017.6.17. 同]
ㄹ) 창(KBS TV프로그램 이름)[同 2020. 매주 토요일]

위 ㄱ)의 '항속'은 '航速'의 표기이니, 이는 航空(항공)의 속도를 말한다. 여기서는 북한에서 넘어 온 무인 비행기의 속도를 말한다.

ㄴ)의 '방산비리'는 '防衛産業體(방위산업체)의 非理(비리)'를 말한다. '非理'는 '아니 비'자와 '이치(理致) 이'자이니, '이치에 맞지 아니함'을 뜻한다. 즉 不正(부정)을 뜻하는 말이다. '정조준'은 '正照準'의 표기이니, '正'은 '바로'의 뜻이고, '照準'은, '發射(발사)한 탄환이 목표물에 명중하도록 겨냥함'을 말한다.

ㄷ)의 '조야'는 '朝野'의 표기로, '朝'는 朝廷(조정), 즉 '政府(정부)'를 말하는 것이고, '野'는 野黨(야당)의 '野'이다. ㄹ)의 '창'은 아마 '窓'인 듯하다. '窓을 통해서 세상을 바라본다.'는 뜻으로 보인다. 그러므로 '창'도 한자로 표기해야 할 것이다.

위에서 본 바와 같이 한자에 익은 기성세대는 한글표기만으로도 그 뜻을 어느 정도 推定(추정)할 수 있을 것이나, 젊은 세대는 그 뜻의 추정마저 하기 어려울 것이다. 신문사와 방송사는, 한글 전용은 정부의 정책이고, 또 이러한 정도의 한자어는 한글로 표기하여도 독자 또는 시청자가 설마 알 수 있을 것이라 생각하고, 신문의 기사와 TV의 자막에 한글을 전용한다. 뿐만 아니라 신문사와 잡지사에서 글을 청탁할 때에, 한자를 잘 모르는 독자층을 생각하여 한글 전용으로 된 글을 청탁하기도 하였다. 그러나 한글 전용으로 된 글은 읽기가 불편하다. 執筆者(집필자)는 자기가 애써 쓴 글이니, 독자들이 잘 읽을 것으로 생각하지만, 일반 독자로서는 남의 글을 읽기가 쉽지 않다.

그러한 예 한 가지를 들기로 한다. 즉 어떠한 사람이 신문사에 寄稿(기고)를 하였는데, 이 글이 活字化(활자화)한 뒤에, 이 글을 읽은 사람은 세 사람 뿐이었더라는 것이다. 즉 그 중의 한 사람은 이 글을 교정본 기자였고, 또 한 사람은 그 부서의 책임자였고, 남은 한 사람은 이 글을 기고한 사람이었다고 하니, 결국 다른 사람은 누구도 그 글을 읽지 않았다는 것이다. 그러므로 쓰기 쉬운 한글보다 독자를 의식하여 독자가 읽기 쉽도록 한자를 섞어 써야 한다.

이 이야기를 통해서 볼 때에 이 세상에 독자에게 읽히지 않거나, 읽어도 뜻의 전달이 되지 아니한 책이나 신문 등 간행물이 얼마나 많을 것인가 함을 생각할 수 있다. 이는 엄청난 국가적 낭비이다.

(4) 한자의 풍부한 造語力(조어력)과 縮約性(축약성)·簡潔性(간결성) 및 뜻의 含蓄性(함축성)을 살림 -한자의 많은 語彙量(어휘량)은 소중한 정신적·문화적 財産(재산)이다.-

한자는 글자마다 音(음)과 뜻을 가진 表語文字(표어문자)이자 單語文

字(단어문자)〔전술 1.1.1. p.84〕로서 造語(조어)하기가 쉽다. 그 몇 예를 들면 다음과 같다.

길을 가는 사람(6음절) → 行人(행인)(2음절)
봄을 즐기는 손님(7음절) → 賞春客(상춘객)(3음절)
정치를 하는 사람(7음절) → 爲政者(위정자)(3음절)
미리 대비하여 뒤에 걱정이 없도록 하는 것(17음절) → 有備無患(유비무환)(4음절)

이와 같이 한자는 造語(조어)하기가 쉬워 말이 간결하고 또 경제적이다. 이러한 한자어는 날이 갈수록 발달하였으니, '독립신문'이 나올 당시만 하여도 '開通式(개통식)'을 '길을 여는 예식'이라고 하고, '起工式(기공식)'을 '주춧돌을 놓는 예식'이라 하고, '産婦人科(산부인과)'를 '解産(해산)하는데 관계하는 학문'이라 하였다. 만일에 당시에 '二等邊三角形(이등변삼각형)', '黃色點滅信號燈(황색점멸신호등)'을 고유어로 만든다면 다음과 같이 될 것이다.

두〔二〕 邊(변)의 길이가 같은〔等〕 세모꼴(11음절) → 二等邊三角形(6음절)
누른 빛깔이 깜박거리는 신호등(13음절) → 黃色點滅信號燈(7음절)

이와 같이 한자가 造語(조어)하기 쉬운 이유는, 한자는 음과 뜻을 함께 가지고 있는 말〔語〕, 즉 表語文字(표어문자)인 동시에 孤立語(고립어)이기 때문이다. 고립어란 국어와 같이 名詞(명사)나 動詞(동사) 등에 관계를 나타내는 助詞(조사)나 語尾(어미) 등이 첨가하는 것이 아니고, 말의 위치에 따라서 서로의 관계를 나타내는 말이다. 이에 비해 국어는 조어하기가 어려우니, 국어는 膠着語(교착어)이기 때문이다. 교착어란 명사나 동사・형용사 등의 語幹(어간)에 助詞(조사)나 語尾(어미) 또는 접미사 등이 첨가된다. 예를 들면 '책을 읽는다.'에서 보는 바와 같이 '을', '는다'가 添加(첨가)한다. 그리하여 국어는 音節數(음절수)가 많으나, 한자어는 첨가된 것이 없어 쉽게 造語(조어)할 수 있다.

또 한자는 그의 有緣性(유연성)으로 많은 말을 쉽게 만들 수가 있다. '有'는 '있을 유'자이고, '緣'은 '인연 연'자이다. 즉 중국에서 날아온 黃沙(황사)와 '黃土(황토)', '黃河(황하)', '黃海(황해)'의 이름은 모두 유연성이 있다. 왜냐하면 중국의 토질이 누르기〔黃〕 때문에 黃土(황토)라는 말이 생기고, 여기서 흐르는 내가 黃河(황하)이고, 이 물이 흘러서 바다〔海〕의 빛깔이 누르기 때문에 黃海(황해)라는 말이 생기게 되었고, 또 중국에서 날아온 모래〔沙〕 먼지를 黃沙(황사)라고 부르게 되었다. 또 한 예로서 '熱帶地方(열대지방)', '溫帶地方(온대지방)', '寒帶地方(한대지방)'의 이름에서, '熱'은 '더울 열'자이고, '溫'은 '따뜻할 온'자이고, '寒'은 '차가울 한'이고, '帶'는 '띠 대'자이니, '띠'는 몸에 두르는 물건이다. 또 亞熱帶地方(아열대지방)이라는 말에서, '亞'는 '버금 아'자이니 '버금'은 '副次的(부차적)'인 것, 즉 조금 못 미치는 것을 뜻한다. 그러므로 亞熱帶地方(아열대지방)은 열대지방보다 조금 덜 더운 지방을 말한다. 이 명칭들은 매우 構造的(구조적)으로 造語(조어)되었다.

한자는 그 有緣性(유연성)으로, 적은 수의 글자로써 많은 말을 만들 수 있다.

守城, 守門, 守備, 守舊, 守己, 守令 등
城門, 城山, 城上, 城跡, 城外, 城中 등

門前, 門中, 門徒, 門生, 門外, 門閥 등

그런데 이를 '수성', '수문', '수비', '수구' 등과 같이, 한글로 표기하여 각각 그 뜻을 외우려 하여서는 시간의 낭비이다. 한글로 표기하여 그의 유연성을 잃어서는 안 된다. 아래에 보이는 예는 '國'과 '語'의 두 자로 30개 이상의 말을 만들 수 있다.

國語, 國家, 國民, 國軍, 國產, 國史, 國立 등
韓國, 中國, 祖國, 外國, 强國, 王國, 帝國, 敵國 등
語學, 語源, 語形, 語中, 語頭, 語間, 語幹, 語根, 語末 등
漢字語, 述語, 主語, 派生語, 膠着語, 孤立語 등

이와 같이 하여 한자 3,000자로 60만개의 말을 만들 수 있다고 한다.[4] 다만 이를 한자로 표기하여 그 유연성을 앎으로써 그 뜻을 이해하는 노력이 半減(반감)된다. 초등학교 저학년에는 '국어'라 하면 '國語책'으로 아는 학생이 많다고 한다. 중·고등학생들도 교과서에서 한자어를 모두 한글로 표기하여 그 뜻을 '영어의 단어 뜻을 외우듯' 외운다고 하니, 이 얼마나 非經濟的(비경제적)인가? 한자로 표기하고 한자의 뜻을 알면, 그러한 수고는 하지 않아도 될 것이다.

다음에는 한자어에서 그의 縮約性(축약성)을 보기로 한다. '縮約'의 '縮'은 '오그라들 축'자이고, '約'은 '간략할 약'자이다. 여기서 말하는 축약은 말을 간단히 줄임을 말한다. 아래에 그러한 몇 예를 든다.

---

4) 吳之湖, 『國語에 對한 重大한 誤解』(1992) p.42

安全保障理事會(안전보장이사회) → 安保理(안보리)
開發途上國(개발도상국) → 開途國(개도국)
國家情報院(국가정보원) → 國情院(국정원)
憲法裁判所(헌법재판소) → 憲裁(헌재)
農業協同組合(농업협동조합) → 農協(농협)

위에서 보는 바와 같이, 音節數(음절수)가 줄어짐에 따라서 말이 간결하다. 신문의 기사 제목이나 TV의 자막에서, 좁은 자리에 많은 뜻을 담기 위하여 이러한 축약어를 많이 쓴다. 그러나 '安保理(안보리)', '開途國(개도국)' 등을 '안보리', '개도국' 등으로 표기하여서는 그 뜻을 알기가 어렵다. 신문 기사 제목과 TV 자막을 만드는 기자는 한자 지식이 부족한 독자 혹은 시청자를 의식하고 이러한 축약어를 거리낌없이 한글로 표기하나, 뜻의 전달이 되지 않는다. 여기에다가 외래어까지 함부로 쓰고 있어, 이해하기가 더욱 어렵다.

아래에 신문지상으로 많이 쓰이는 縮約語(축약어)를 더 든다.

소주성 ← 소득주도성장
공수처 ← 고위공직자범죄수사처
공시생 ← 공무원시험준비생
경사노위 ← 경제사회노동조합위원회

이를 아래에 한자로 표기한다.

所主成 ← 所得主導成長
公搜處 ← 高位公職者犯罪搜査處

公試生 ← 公務員試驗準備生
經社勞委 ← 經濟社會勞動組合委員會

위에서 보는 바와 같이, 한글로 표기한 것보다 한자로 표기한 것이 그 뜻을 이해하는데 도움이 된다. 우리의 사고방식에서 가장 큰 약점이 '대충' '그까짓 것' '설마' 또는 '빨리 빨리(조급성)'라 한다. 뜻이 깊은 한자어도 '대충' 알고 넘어간다. 「바쁠수록 둘러 가라」는 속담이 있다. 속도가 느리더라도 정확하게 알고 넘어가야 한다.

다음에는 한자어에서 뜻의 含蓄性(함축성)을 보기로 한다. 含蓄의 '含'은 '머금을 함'字이고, '蓄'은 '쌓을 축'자로서, 뜻을 깊이 간직함을 말한다. 아래에 그 예를 보기로 한다. 이와 같은 한자어는 소중한 정신적 · 문화적 財産(재산)인데, 이러한 말들이 줄어져 감이 안타깝다.

① 一音節語(1음절어)
忠(충), 孝(효), 仁(인), 義(의), 禮(예), 智(지), 信(신) 등

② 二音節語(2음절어)
忍苦(인고), 克己(극기), 白眉(백미), 大成(대성)
歸省(귀성), 杞憂(기우), 慈悲(자비), 博愛(박애) 등

③ 三音節語(3음절어)
登龍門(등용문), 出師表(출사표), 背水陣(배수진), 老婆心(노파심),
門外漢(문외한) 등

④ 四音節語(4음절어)

事必歸正(사필귀정), 易地思之(역지사지), 飮水思源(음수사원),
大道無門(대도무문), 大器晩成(대기만성), 萬切必東(만절필동),
聞一知十(문일지십), 螢雪之功(형설지공), 錦衣還鄕(금의환향),
烏飛梨落(오비이락), 敵反荷杖(적반하장), 自業自得(자업자득),
風前燈火(풍전등화), 緣木求魚(연목구어), 無爲徒食(무위도식),
虛送歲月(허송세월), 作心三日(작심삼일), 一絲不亂(일사불란),
深思熟考(심사숙고), 遠交近攻(원교근공), 脫亞入歐(탈아입구) 등

紙面(지면) 관계로 위 예 모두에 대한 설명은 생략한다. 그러나 끝에서의 두 예에 대해서만 설명을 하기로 한다. 즉 遠交近攻(원교근공)은 新羅(신라)가 삼국을 통일하기 위한 戰略的(전략적) 標榜語(표방어)이다. 이는 멀리 있는 자는 사귀고〔交〕 가까이 있는 자는 공격하다〔攻〕의 뜻이다. 다시 말하여, 신라가 삼국을 통일하기 위하여 멀리〔遠〕 있는 唐(당)나라와 사귀어 羅唐聯合軍(나당연합군)으로 가까이〔近〕 있는 高句麗(고구려)를 공격〔攻〕하다의 뜻이다. 다음의 脫亞入歐(탈아입구)는 일본이 西歐(서구)의 문물을 재빨리 받아들여 선진국으로 가는 표방어이다. 이는 일본의 근대화의 과정에서 亞細亞(아시아)를 벗어나서〔脫〕 서구의 새 문물을 받아들이기 위해 歐羅巴(구라파)에 들어가야〔入〕 함을 깨우친 말이다. 우리는 大院君(대원군)이 鎖國政治(쇄국정치)를 하고 있는 동안에, 일본은 이러한 생각으로 서구의 문물을 받아들여, 우리는 그들에게 先進(선진)의 자리를 빼앗겼다.

위에서 말한 바와 같이, 한자는 造語力(조어력)이 풍부하기 때문에 많은 말들을 만들었다. 이희승 『국어대사전』에는 모두 257,854개單

語(단어)가 실려 있는데, 그 중 固有語(고유어)가 62,923개이고, 한자어가 178,745개이고, 外來語(외래어)가 16,196개로서, 한자어가 69.2%나 된다.5) 한자어가 거의 70%를 차지한다. 그런데 우리가 쓰는 말은 다음의 세 가지로 분류할 수 있다.

가) 語彙類(어휘류) 기초生活語(口語)
나) 어휘류 ……… 정신生活語(文語)
다) 어휘류 ……… 전문學術語와 制度名・機構名

위에서 가) 語彙類(어휘류)의 말이라 함은「가다, 오다」의 行爲(행위)와「먹다, 자다」의 衣食住(의식주) 등, 일상생활에 쓰이는 기초적인 말을 뜻한다.「나무, 냇물」등 고유어와 具體語(구체어)가 이에 속한다. 그리고 어릴 때부터 듣고 익혀온 일상생활어는 이에 속한다.

이에 비해 나) 어휘류의 말에는 克己(극기), 慈悲(자비), 博愛(박애), 事必歸正(사필귀정) 등 觀念語(관념어)와 抽象語(추상어)가 이에 속한다. 이는 대개 文語〔글말〕에 속한다.

그리고 다) 어휘류의 말은 通時論的硏究(통시론적연구), 共時論的硏究(공시론적연구), 檢體(검체), 俠着症(협착증) 또는 同綴對立語(동철대립어), 先語末語尾(선어말어미) 등〔전술 1.3.3. p.59〕학술어를 말한다. 이는 전공 분야에 따라서 많이 발달하였다. 그리고 制度(제도)나 機構(기구) 상의 명칭의 예로는 ○○委員會(위원회), ○○公聽會(공청회), ○○企劃部(기획부) 등을 들 수 있다.

---

5) 南廣祐,〈國民學校 漢字教育의 당위성」『한글과 漢字는 國語의 두 날개』(2009) p.74 참조.

즉 해방 이후 위에서 보인 가) 어휘류 즉 기초 생활어를 한글 전용으로 표기하여도 뜻의 전달에 어려움이 없으니, 나) 어휘류 즉 정신생활에 쓰이는 관념어와 다) 어휘류 즉 학술어 등도 한글 전용이 가능할 것으로 생각하고 한자를 폐지해 버린 것인지 모른다. 이는 해방의 감격에서 온 感性的(감성적) 판단에 의한 것으로, 우리의 문자 정책에 있어서 큰 失策(실책)이라 하지 않을 수 없다. 그 결과 한자 文盲者(문맹자)의 量産(양산)으로 한자의 풍부한 造語力(조어력)과 정신적 · 문화적 재산이라 할 수 있는 많은 語彙(어휘)를 잃게 되었다.

(5) 同音異義語(동음이의어)와 同名異人(동명이인) · 同音異姓(동음이성)의 표기 문제

앞에서 말한 바와 같이, 漢字(한자)는 造語力(조어력)이 풍부하여 많은 말을 만들었으며, 이에 따라서 많은 同音異義語(동음이의어)가 생겨났다. 동음이의어란 音(음)은 같으나〔同〕, 뜻이 다른〔異〕 말을 말한다. 義(의)는 옳을 의 자이나, 여기서는 뜻 의 자이다. 아래에 그 몇 예를 든다.

의사(義士 : 醫師), 초혼(招魂 : 初婚), 동정(動靜 : 同情),
유감(遺憾 : 有感), 선전(善戰 : 宣傳) 등

위 첫째 예에서 「의사」의 義士(의사)는 의협심이 있는 사람, 節義(절의)를 지키는 사람의 뜻으로, '義(의)'는 '옳을 의'자이고 '士(사)'는 '선비 사'자이다. 이를 「의사」로 표기하여서는 義士(의사)인지 醫師(의사)인지 그 뜻을 구별하기 어려우니, 초등학교 학생 중에는 "안중근 의사가 무슨 과 의사냐?" 하고 묻는다고 한다.

다음 예의 「초혼」에서 招魂(초혼)의 '招'는 '부를 초'자이다. 그러므로 招魂은 사람의 魂(혼)을 부른다는 뜻이다. 이는 사람이 죽어서 그가 입던 저고리를 손에 들고 지붕에 올라 가서나 마당에서 북쪽을 향하여 그 옷을 휘두르며, "아무네 동내 아무개 복(復), 복, 복" 하고, 혼이 되돌아오도록 세 번을 부른다. '復'은 '회복 복'자로서 되돌아오라는 뜻이다. 그리하여도 살아나지 않으면, 發喪(발상)할 준비를 하는 풍속을 말한다. 初婚(초혼)은 再婚(재혼)이 아닌 첫 번째 혼인의 뜻이다.

「동정」에서 動靜은 행동의 상황을 말하는 것이니, '動'은 '움직일 동'자이고, '靜'은 '고요 정'자이다. 이를 보아서 同窓會誌(동창회지)에서 보는 「동정」은 「動靜」으로 표기해야 한다. 同情(동정)은 같은 느낌을 말한다.

「유감」에서 遺憾(유감)은 마음에 섭섭함을 뜻하는 것으로, '遺'는 '남을 유'자이고 '憾'은 '恨(한)될 감'자이다. 有感(유감)은 느낌〔感〕이 있음〔有〕을 뜻한다.

「선전」에서 善戰(선전)은 '잘 싸우다'의 뜻이다. 善良(선량)의 '善'은 '착하다'의 뜻이나, 善戰(선전), 善防(선방), 善政(선정), 善終(선종)에서 보는 '善'은 '잘 할 선'자이다. 宣傳(선전)에서 보는 '宣'은 '베풀 선'자이고, '傳'은 '전할 전'자로서, 이 말은 어떠한 思想(사상)이나 主義(주의)를 사람들에게 퍼뜨려 알리는 것을 말한다.

다음에는 이희승, 『국어대사전』에서 「부정」과 「수상」에 대한 同音異義語(동음이의어)를 보기로 한다.

부정 - 不正, 不定, 否定, 不貞, 不逞, 不淨, 不精, 負定, 副正(9개)

수상 - 首相, 受賞, 水上, 水象, 手上, 手相, 手象, 受傷, 垂裳, 殊常, 殊祥, 授賞, 隨喪, 隨想, 樹狀, 樹霜, 繡裳, 穗狀, 繡像(20개)

이희승, 『국어대사전』에는 이러한 동음이의어가 4, 5만 개나 올려 있는 것으로 推算(추산)되고 있다.[6]

다음에는 同名異人(동명이인)과 同音異姓(동음이성)을 보기로 한다. '동명이인'이라 함은 이름은 같으나 사람이 다르다〔異〕의 뜻이다. 金永壽(김영수)와 金榮洙(김영수)를 한자로 쓰면 다르나, 한글로 쓰면 「김영수」로 同音(동음) 또는 同名(동명)이 된다. 동명이인의 예는 여자의 이름에서 많이 볼 수 있으니, 서울시내 전화번호부에서 「김영자」가 801명, 「김정자」가 749명, 「김정숙」이 581명이 올려 있다고 한다. 이러한 이름을 한자로 표기하면, 「영희」는 英熙, 英姬, 英嬉 등으로 어느 정도 줄일 수 있을 것이다.

다음에는 同音異姓(동음이성) 즉 음으로는 같으나, 다른 姓(성)을 보기로 한다.

강(姜 : 康), 구(具 : 丘), 노(盧 : 魯), 신(申 : 愼 : 辛), 유(劉 : 兪 : 庾),
이(李 : 異 : 伊), 전(全 : 田 : 錢), 정(鄭 : 丁 : 程), 조(趙 : 曺), 주(朱 : 周) 등

위에서 본 바, 「강○○」라 하면, 姓(성)이 姜(강)씨인지 康(강)씨인지 알 수 없다. 성은 조상으로부터 받은 것인데, 이를 한글로 표기하여, 이른바 '한글 宗氏(종씨)'가 되어가고 있다. 이는 조상에 대한 妄發(망

---

6) 南廣祐, 위에 든 책 p.75 참조.

발)이요 모욕이다. 다만, 「柳」씨는 부를 때는 「유」로 부르나, 표기는 「劉·兪」와 구별하기 위하여 「류」로 표기한다. 그리고 위와 같은 성을 한자로 표기하면, 음의 長短(장단)에 의해 성을 구별할 수 있다. 즉 이(李)와 異(이), 鄭(정)과 丁(정), 趙(조)와 曺(조)에서 李, 鄭, 趙는 長音(장음)이고, 異, 丁, 曺는 短音(단음)이다.

또 하나, 한자 무식에서 오는 웃지 못할 일이 있다. 즉 戶籍係(호적계)에서 全州(전주) 이(李)씨를 全川 李씨로(州를 川으로) 기록하고, 冶城(야성) 宋(송)씨를 治城(치성) 송씨로(冶를 治로) 기록한 것이 그러한 예이다. 이는 면사무소나 동사무소의 담당 직원의 잘못된 기록에 의한 것인데, 이와 같이 새로 생겨난(잘못 기록된) 本貫(본관)의 이름이 놀랍게도 36,744개나 되며, 15년 사이에 8배 이상 急增(급증)하였다고 한다(조선일보 2018.12.28.). 정부의 문자 정책의 실무 담당자나 국회의원 여러분은 이러한 현실을 아는지 모르는지 궁금하다.

(6) 地名(지명)· 書冊名(서책명)·戰亂名(전란명)·政變名(정변명)과 遺物名(유물명)의 표기 문제

地名(지명)과 書冊名(서책명) 등은 固有名詞(고유명사)이다. 이는 원칙적으로 한자로 표기해야 한다. 이는 거의 한자어로 되어 있는데, 이를 한자로 표기함으로써 그의 유래를 알 수 있다.

지명이 고유명사이기는 하나, 命名(명명)될 당시에는 대개 보통명사였다. 지명의 명명 과정을 보면 대개 다음과 같다.

ㄱ) 地形(지형)이나 환경 등에 의하여 명명된 것

- 수리메, 수리산, 수리봉, 갈미봉, 俗離山

ㄴ) 고유어로 된 지명을 한자로 借音(차음) 또는 借訓(차훈) 표기한 것

- 加羅山, 伽倻山, 冠岳山, 鷲岳山, 新溪洞, 苧洞

ㄷ) 역사적 배경에 의하여 명명된 것

- 土城洞, 望美洞, 洗兵川

ㄹ) 名望(명망)이 있는 人物名(인물명)에 의하여 명명된 것

- 世宗路, 乙支路, 瓜亭路

이에 대하여 간단히 설명하기로 한다.

ㄱ)의 수리메, 수리산 또는 수리봉은 '首山(수산)' 또는 '首峯(수봉)'의 뜻으로, 「수리」는 인체에서 가장 높은 頂(정)수리의 「수리」와 같은 것, 즉 가장 높은 것을 뜻한다. 갈미봉의 「갈미」는 '大山(대산)'의 뜻으로, 「갈」은 원래 '大'를 뜻하는 「가라」에서 末母音(말모음)이 脫落(탈락)한 것(가라 → 갈)이고, 「미」는 산을 뜻하는 「뫼, 메」에서 변한 것이다. 그리고 俗離山(속리산)은 이 산이 俗世(속세)를 떠난〔離〕 곳에 있는, 그 산이 위치한 환경에 의하여 명명된 것으로 보인다.

ㄴ)의 加羅山(가라산)의 「加羅」는 '大'를 뜻하는 고대 국어 「가라」를 표기한 것이고, 「山」은 '산'을 뜻하는 「뫼, 메」 혹은 「미」를 표기한 것이다. 즉 加羅山은 「가라메」의 표기로, 오늘날 到處(도처)에서 볼 수 있는 갈미산의 「갈미」와 같은 것이다. 다만 「가라」의 末母音(말모음)이 탈락하여 가라메 → 갈메 → 갈미로 된 것이다. 이러한 地名(지명)은 오늘날 일본에도 남아 전하니, 일본 지명 「가루미」, 「구루미」, 「구니미」는 이와 同源(동원)의 지명으로 생각된다. 고대 한반도 사람들이 건

너가서 붙인 지명이 오늘날에 남아 전한 것이다. 伽倻山(가야산)의 伽倻는 「가야」의 표기로, 이는 '大'를 뜻하는 「가라」가 변한 것이다. 즉 「가라」의 「ㄹ」이 口蓋音化(구개음화)하여 가라 → 가랴 → 가야가 된 것이다.

서울의 관악산(冠岳山, 관악구)도 '大山'을 뜻하는 「가라산」의 표기로 생각된다. '冠'의 現行語(현행어)가 「갓」이나, 고대어는 「갈」이었다. 『訓蒙字會(훈몽자회)』에 '冠'을 「곳갈」이라 하고, 慶南(경남) 방언에 冠(갓)의 帽(모자)를 「갈모」라 한다.

鷲岳山(취악산)의 '鷲'는 '독수리 취'자인데, 이는 이 산〔岳〕에 독수리가 있다고 하여 붙여진 이름으로도 볼 수도 있으나, 이는 '首山'을 뜻하는 「수리메」의 표기로 보인다. 그리고 新溪(신계)는 「새내」를 표기한 것이니, '新'은 '새 신'자이고, '溪'는 '시내 계'자이다. 어느 해의 홍수에 의하여 새로 내가 생겨나고, 이곳에 마을이 생겨나게 되어, 이 마을을 「새내」로 불렀는데, ○○洞의 형식에 맞추어 新溪洞(신계동)이라 부르게 되었다. 苧洞(저동)의 '苧'는 '모시 저'자이다. 이곳에 모시를 많이 심었던 관계로 모시골〔谷〕이라 불렀는데, 뒤에 이 골에 마을이 생기게 되어 이곳을 苧洞(저동)이라 부르게 되었다.

위에서 본 바, 加羅山(가라산)의 加羅는 그의 음을 빌어서 '大'를 뜻하는 고대국어 「가라」를 借音表記(표기)하였고, 新溪(신계)는 한자의 뜻(意, 訓)을 빌어서 「새내」를 借訓表記(차훈표기)한 것이다. 이와 같이 지명은 음과 뜻과 표기의 3요소로 되어 있다. 우리의 지명은 거의 한자로 표기되었으므로, 한자를 몰라서는 지명을 연구할 수 없다. 그런데 지명 연구의 논문을 실은 『地名學(지명학)』(한국지명학회)마저 거의 한글 전용으로 나오고 있다. 한글 전용, 즉 한자 폐지 정책은 학문의 발전을 阻害(저해)하고 있다.

ㄷ)의 지명은 모두 부산에 있는 지명인데, 土城洞(토성동)의 土城은 이곳에 石城(석성)이 아닌 토성이 있었기 때문에 붙여진 이름이다. 望美洞(망미동)의 '望'은 '바랄 망'자이고 '美'는 '아름다울 미'자인데, 여기에서 보는 「美」는 '王(왕)'을 뜻하는 「美人(미인)」에서 「人」이 생략된 것이다. 이곳에 望美樓(망미루)가 있었으니, 옛날에는 여기에서 북쪽의 미인 즉 왕을 바라보고〔望〕 春秋(춘추)로 제사를 지냈다고 한다. 이 망미루의 樓閣(누각)은 현재 부산의 金剛公園(금강공원)의 입구에 세워져 있고, 망미동의 이름만이 본래 망미루가 있었던 곳에 남아 있다.

洗兵川(세병천)의 '洗'는 '씻을 세'자이고 '兵'은 '군사 병', '兵器(병기) 병'자인데, 이 지명은 舊韓國(구한국) 시대 이곳에서 군사를 훈련하고 이 내〔川〕에서 병기를 씻은〔洗〕 것에 유래한다. 그리고 이곳에서 가까운 곳, 즉 현재 부산대학교가 위치한 長箭洞(장전동)의 '箭'은 '화살 전'자이다. 이곳에 대밭〔竹田〕이 남아 있는데, 현재 이곳에 장전동의 이름이 남아 있음을 보아서, 아마 이곳의 대〔竹〕로 긴 화살〔長箭〕을 만들었던 것으로 생각된다.

ㄹ)의 世宗路(세종로)와 乙支路(을지로)에 대한 설명은 생략한다. 瓜亭路(과정로)는 부산에 있는 道路名(도로명)이다. 그런데 이곳의 표지판에는 「과정로」로 표기되어 있어, 이 과정로의 유래를 아는 사람은 거의 없을 것이다. 이 瓜亭(과정)은 高麗(고려) 仁宗(인종) 때의 文臣(문신) 鄭敍(정서)의 號(호)이다. 그는 毅宗(의종) 때에 참소로 東萊(동래, 현재 부산시에 편입됨)에서 귀양살이를 하였다. 그는 이곳 謫所(적소)에서 戀君(연

균)의 情(정)을 노래한 「鄭瓜亭의 노래」가 전하고 있다. 그의 호 瓜亭(과정)의 '瓜'는 '오이 과'자이고, '亭'은 '정자 정'자이다. 현재 이곳에 「과정로」의 이름이 생긴 것은, 이곳에 鄭瓜亭(정과정)이 살았기 때문이다.

위에서 본 바와 같이, 지명은 鄕土史(향토사)를 연구하는데 귀중한 자료가 되는데, 이를 한자로 표기해야 그 유래를 알 수 있다.

다음은 書冊名(서책명)을 보기로 한다. 아래에서 보는 바와 같이, 서책명도 한자로 표기해야 그 이름을 붙이게 된 이유와 그 서책의 내용을 알 수 있다.

ㄱ) 『往五天竺國傳(왕오천축국전)』
ㄴ) 『桂苑筆耕(계원필경)』
ㄷ) 『海東諸國記(해동저국기)』
ㄹ) 『亂中日記(난중일기)』

위 ㄱ)의 『往五天竺國傳(왕오천축국전)』은 신라 시대의 高僧(고승) 慧超(혜초)가 印度(인도)의 불교의 유적지를 巡禮(순례)하고, 그 見聞(견문)한 것을 기록한 기행문이다. 이는 8세기의 인도를 연구하는데 귀중한 자료이다. 原本(원본)은 현재 파리의 국립 박물관에 보관되고 있다. 이 책의 이름에서 天竺國(천축국)은 중국에서 인도를 일컫는 이름이며, '往'은 '갈 왕'자이고, '傳'은 '전할 전'자이다. 그러므로 이 책의 이름은 '다섯 곳의 天竺國(천축국)에 가서〔往〕 듣고 본 것을 기록하여 전한 것'임을 뜻한다.

ㄴ)의 『桂苑筆耕(계원필경)』은 신라시대의 文人(문인)이요 학자인 崔

致遠(최치원)이 唐(당)나라에 가서 벼슬을 하고 있을 때에 지은 원고를, 신라에 돌아와서 定憲王(정헌왕)에게 바친 것 중의 일부이다. 20권 4책으로, 文集(문집)의 시초로 본다. 이 책의 이름에서 '桂'는 '계수나무 계'자이고, '苑'은 '동산 원'자이다. 筆耕(필경)의 '筆'은 '붓 필'자이고 '耕'은 '갈 경'자인데, 이 말은 직업으로 글을 쓰는 것을 말한다.

ㄷ)『海東諸國記(해동저국기)』는 朝鮮朝(조선조)에 申叔舟(신숙주) 등이 王名(왕명)을 받아서 지은 책으로, 일본의 本土(본토), 九州(구주), 壹岐(일기), 對馬(대마), 琉球(유구)의 地勢(지세)와 國情(국정) 등을 기록한 책이다. 이 책의 이름에서 海東(해동)은 바다〔海〕의 동쪽〔東〕 즉 일본을 가리키며, 諸國(저국)은 여러 나라의 뜻이다. 諸는 '모두'의 뜻으로는 「제」로 읽고, '여럿'의 뜻으로는 「저」로 읽는다.

ㄹ)의『亂中日記(난중일기)』는 朝鮮朝(조선조) 宣祖(선조) 때에 李舜臣(이순신) 장군이 임진왜란의 戰亂(전란) 중에 쓴 일기를 말한다. '亂'은 '어지러울 란'자로서, 戰亂(전란)을 말한다. 위에서 본 바와 같이, 서책의 이름도 한자로 표기함으로써 그 내용을 쉽게 알 수 있다.

다음에는 戰亂名(전란명)과 政變名(정변명)을 보기로 한다.

戰亂名(전란명)

ㄱ) 壬辰倭亂(임진왜란)과 丁酉再亂(정유재란),

ㄴ) 丙子胡亂(병자호란)

政變名(정변명)

ㄱ) 甲申政變(갑신정변)

ㄴ) 甲午更張(갑오경장)

위에 보인 事件(사건)들의 이름에서, 앞부분은 그 사건이 일어난 해〔年〕를 말하고, 뒷부분은 그 내용을 보인다. 즉 戰亂名(전란명)에서 壬辰倭亂(임진왜란)은 선조 25년 壬辰年(임진년, 1592)에 倭(왜)로 因(인)한 戰亂(전란)을 말하고, 丁酉再亂(정유재란)은 선조 30년 丁酉年(정유년, 1597)에 왜가 다시〔再〕 침략한 전란을 말한다. 丙子胡亂(병자호란)은 仁祖(인조) 14년 丙子年(병자년, 1636)에 清(청)나라가 20만 대군으로 쳐들어온 전란을 말한다. 胡亂(호란)의 '胡'는 '되 호'자이니, 이는 清(청)을 가리킨다. '亂'은 '어지러울 란'자이니, 이는 전란을 말한다.

다음의 政變名(정변명)에서 甲申政變(갑신정변)은 高宗(고종) 21년 甲申年(갑신년, 1884)에 金玉均(김옥균) 등의 改化黨(개화당)이 閔(민)씨 一派(일파)를 물리치고 혁신 정부를 세운 政變(정변)을 말한다. 甲午更張(갑오경장)은 고종 31년 甲午年(갑오년, 1894)에 옛날의 정치 제도를 서양의 法式(법식)을 본받아서 고친 일을 말한다. 更張(경장)은 지금까지 해오던 일을 고쳐서 새롭게 한다는 뜻이니, '更'은 '고칠 경'자이다. 自立更生(자립갱생)에서 보는 '更'은 '다시 갱'자이다. 위에서 보인 사건명들을 모두 한글로 표기하여서는 그 뜻이 불분명하다.

다음은 遺物名(유물명) 혹은 遺跡名(유적명)을 보기로 한다. 즉 유물명이나 유적을 설명하는 글에서, 한글을 전용하여 그 뜻을 이해하기 어려운 예를 보기로 한다. 먼저 부산 박물관에서 보내온 『부산박물관 소식』(2018. 여름호)에서 보기로 한다. 이 책에 실은 遺物展(유물전) 소식에 대하여 아래와 같은 글들이 올려있다.

ㄱ) 제2회 신유물전 김규진의 해강란첩
ㄴ) 서구석성봉수대 문화재 시굴조사
ㄷ) 가덕도 천성진성 북문지일원 문화재
ㄹ) 환두대도의 설명

위 ㄱ)에서 「신유물전」은 아마 新遺物展(신유물전) 즉 새로 발굴된 유물의 전시로 생각되나, 이 말은 적절하지 못해 보인다. 이 말이 성립된다면, 舊遺物展(구유물전)도 있을 수 있을 것이기 때문이다. 「해강난첩」은 제목만 보아서는 이해하기 어렵다. 이 유물전을 설명한 글에서 「해강 김규진이 다양한 13종의 '난(蘭)'의 모습을 화풍에 담은 것」에서 「해강」은 김규진의 號(호)임을 짐작할 수 있다. 그리고 「해강 난첩」은 김규진이 그린 蘭帖〔난첩〕으로 생각된다. '帖'은 '문서 첩'자이다. 김규진의 호 「해강」도 海剛(해강), 海岡(해강) 등의 뜻이 있을 것이니, 한자로 표기하여 그 뜻을 살려 쓰는 것이 좋다.

위에서 본 바와 같이, 이 유물전의 제목만으로는 그 내용을 짐작할 수 없다. 즉 글 내용을 읽어보고 그 제목의 뜻을 생각할 수밖에 없다. 제목은 그 글의 얼굴과 같은 것이니, 이를 한자로 표기하여 그 내용을 대략 알 수 있도록 하여 독자의 관심을 끌게 해야 할 것이다. 글을 쓰는 사람은, 이 글을 읽을 사람의 理解(이해) 與否(여부)는 생각하지 않고, 거리낌 없이 한글로만 쓴다. 이러한 것은 일반 신문에서도 한 가지이다.

ㄴ)의 「석성봉수대」는 石城(석성) 烽燧臺(봉수대)의 표기로 생각된다. 「석성」은 土城(토성)이 아닌 石城(석성)임을 말하고, 烽燧(봉수)의 '烽'은 '烽火(봉화) 봉'자이고, '燧'는 '봉화 수'자이다. 烽은 밤에 變亂(변란)을

불〔火〕로써 알리는 것을 말하고, '燧'는 낮에 변란을 연기로써 중앙정부에 알리는 통신 수단이었다. 「석성봉수대」는 石城(석성)으로 된 그러한 烽燧(봉수)의 臺(대)를 뜻하는 것인데, 이를 한글로 표기하여서는 그 뜻을 이해하기 어렵다. 「시굴조사」는 試掘調査(시굴조사)로, 試掘(시굴)은 시험해서 파〔堀〕보는 것을 말한다.

ㄷ) 「천성진성」도 잘 알 수 없으나, 이에 대한 설명서에 「강서구 천성동 일대에 위치한다」는 기록이 있음을 보아서, 「천성」이 지명임을 알 수 있다. 「진성」에 대해서는 이글의 설명문에 「조선시대의 경상우수영 소속의 수군진성」이 나타남을 보아서 慶尙右水營(경상우수영) 鎭城(진성)의 鎭城(진성)임을 알 수 있다. '鎭'은 '진압 진'자로서, 그 지방을 鎭壓(진압)하던 城(성)을 말한다. 그리고 「북문지 일원」은 北門地(북문지) 一圓(일원)을 표기한 것으로 생각된다. 一圓(일원)은 一帶(일대)를 말하는 것이니, '圓'은 '두루 원'자이다. 위에서 본 바와 같이 유물에 대한 설명을 모두 한글로 표기한 이유는, 이 글을 쓴 박물관 직원이 '한글 전용의 희생 세대'로, 한자를 쓰지 못한 것으로 생각된다. 이 박물관의 유물 전시관을 찾는 관광객은, 주로 중·고등학교 학생들과 학부모들이라 하는데, 이곳 전시물의 설명에 위에서 본 바와 같이 한글 전용으로 되어 있어, 글자는 읽어도 그 뜻을 알지 못할 것이니, 그 효과가 의심된다.

또 부산 박물관에서 『부산박물관연보』(2019)를 보내왔다. 우선 이 책의 제목에서 「연보」를 「年報」로 표기하면, 1년간 박물관에서 한 일을 報道(보도)한 책임을 알 수 있고, 年報(연보)의 뜻을 알면 月報(월보), 週報(주보), 日報(일보)의 뜻까지도 알 수 있다. 이 책도 모두 한글 一色

(일색)으로 되어 있어, 읽어도 그 내용을 잘 알 수 없다. 이 책의 p.88에는 아래와 같은 글이 올려 있어 더욱 그 뜻을 알 수 없다.

> 복천동 고분군 140호묘 출토 환두대도
>
> 복천동 고분 140호에서 출토된 환두대도는 환두부가 타원형이며, 별도의 장식이 없는 소환두대도이다. 인신부와 병부가 대체로 양호하게 남아 있다. 인신부 대부분에 종방향의 목질이 확인된다. 환두부는 도신에서 이어져 오는 철봉을 구부려 환두의 형태로 만든 다음 환두부가 시작되는 지점에 닿게 하여 마무리하였다.……병부는 철심 위에 목재, 유기물, 금동판, 금구순으로 감싸져 있을 것으로 판단된다.(이하 생략)

필자는 한글만으로 표기된 위 설명문을 이해할 수 없어, 부산 박물관에 전화를 내어, 이 글을 지었거나 같은 분야의 전문 館員(관원)과 전화를 통하여, 위의 글이 아래와 같은 것임을 알게 되었다.

> 福泉洞(복천동) 古墳群(고분군) 140호 墓(묘) 출토 環頭大刀(환두대도)
>
> 福泉洞(복천동) 古墳群(고분군) 140호에서 출토된 環頭大刀(환두대도)는 環頭部(환두부)가 타원형이며, 별도의 장식이 없는 小環頭大刀(소환두대도)이다. 刃身部(인신부)와 柄部(병부)가 대체로 양호하게 남아 있다. 刃身部(인신부) 대부분에 縱方向(종방향)의 木質(목질)이 확인된다. 환두부는 刀身(도신)에서 이어져 오는 鐵鋒(철봉)을 구부려 환두 형태로 만든 다음, 환두부가 시작되는 지점에 닿게 하여 마무리하였다.……柄部(병부)는 鐵心(철심) 위에 木材(목재), 有機物(유기물), 金銅板(금동판), 金具(금구) 순으로 감싸져 있을 것으로 판단된다.(이하 생략)

복천동 고분군은 부산시 동래구에 있는 古墳群(고분군)으로, '群'은 '무리 군'자이다. 環頭大刀(환두대도)는 큰 칼〔大刀〕의 머리〔頭〕 부분

즉 손잡이 부분이 고리처럼 두렷하게 생긴 것에서 지어진 이름이다. '環'은 '둥근 구슬 환', '고리 환'자이고, '頭'는 '머리 두'자이다. 환두부의 「부」는 '部'자의 표기로서 부분을 뜻한다. 「소환두」는 '小環頭'의 표기이다. 「인신부」는 '刃身部'의 표기이니, '刃'은 '날(칼날) 인'자이고, '身'은 '몸 신'자이다. 즉 인신부는 칼날의 몸 부분을 말한다. 「종방향」은 縱方向의 표기이니, 이는 세로〔縱〕의 방향을 말한다. 「목질」은 '木質'이니, 이는 大刀(대도)를 넣었던 칼집이 목질로 되었더라는 것이다. 「도신」은 '刀身'이니, 칼의 몸통을 말한다. '身'은 '몸 신'자이다. 「철봉」은 '鐵棒'의 표기이니, 이는 쇠의 몸둥이의 뜻이다. 「병부」는 '柄部'로, '柄'은 '자루 병'자이다. 「철심」은 '鐵心'이니, 칼을 만든 쇠의 중심부를 말한다.

위에서 본 바와 같이, 유물의 설명에서 모두 한글 一色(일색)으로 표기하여 독자들이 얼마나 이해할 수 있을 것인지 의문이다. 보내온 이 책자뿐만 아니라, 전시된 유물에 대한 설명에 있어서도 한글 전용 一色(일색)일 것이다. 이러한 책자와 전시물을 만드는 박물관원의 노력과 인쇄공의 수고와 종이값 등에 비하여 그 효과가 의심된다. 이는 한말로 하여, 부산시민의 血稅(혈세)의 浪費(낭비)이다. 이는 비단 부산박물관만의 문제만의 일이 아닐 것이다.

위에서 설명한 환두대도의 유물에 대한 가치에 대하여 一言(일언)하고자 한다. 이 環頭大刀(환두대도)는 5세기 말에서 6세기 초에 만들어진 것으로 보는데, 이는 일본 史家(사가)들이 주장하는 任那日本府說(임나일본부설) 즉 그들의 南韓植民地說(남한식민지설)을 부정하는 귀중한 자료가 된다. 일본 사가들은 4세기 중엽에서 6세기 중엽까지 약 2

00년간 남한에 그들의 식민지로서 任那(임나)가 있었다고 하나, 3세기 말에 지어진 중국의 「魏志東夷傳(위지동이전)」에 의하면, 당시 왜에 소와 말이 없었고, 쇠〔鐵〕가 귀하여 화살촉〔鏃〕에 骨鏃(골촉)과 鐵鏃(철촉)을 썼다고 한다. 이러한 빈약한 무기로써 어찌 환두대도를 사용하던 가야 지역을 지배할 수 있겠느냐 하는 것이다. 이 환두대도의 출토는 任那日本府(임나일본부)가 대마도에 있었다는 필자의 任那對馬島說(임나대마도설)[7]을 考古學的(고고학적)으로 뒷받침하는 좋은 자료가 된다.

(7) 한자의 장단음을 구별하고, 기억의 聯想(연상)을 도움

漢字(한자)에 平聲(평성), 上聲(상성), 去聲(거성), 入聲(입성)이 있었음은 다 아는 일이다. 그러나 오늘날 우리에게는 長音(장음)과 短音(단음)만이 남아 있다. 그런데 한자를 한글로 표기하여서는 이에 대한 구별을 할 수 없다. 그러한 예를 들면, '섭섭하다'를 뜻하는 遺憾(유감)의 「遺」는 짧은 음〔短音〕이고, '느낌이 있다'의 뜻을 가진 有感(유감)의 「有」는 긴 음〔長音〕이다. 그런데 이를 모두 「유감」으로 표기하여서는 그의 구별이 되지 않는다. 지명에서도 江原道(강원도)의 高城(고성)의 「高」는 짧은 음이고, 慶南(경남)의 固城(고성)의 「固」는 긴 음이다.

다음은 일반 한자어에서 長短音(장단음)을 보기로 한다.

開(短音) : 開會, 開墾, 開講, 開館, 開校, 開放, 開封, 開始, 開式, 開拓, 開通 등

改(長音) : 改正, 改憲, 改嫁, 改良, 改善, 改造, 改編, 改革, 改惡 등

---

7) 拙著, 『任那國과 對馬島』(1987) pp.508~525 참조.

家(短 : 家具, 家口, 家母, 家門, 家産, 家屋, 家庭, 家長, 家畜, 家宅 등
音) : 可觀, 可決, 可能, 可否, 可恐, 可望, 可視圈 등
(短音) : 遺憾, 遺家族, 遺稿, 遺物, 遺腹子, 遺産, 遺書, 遺言, 遺跡地, 遺言 등
有(長音) : 有故, 有能, 有力者, 有利, 有名, 有別, 有夫人, 有史, 有事時, 有色人種, 有識, 有心, 有意 등

音韻論(음운론)이라는 학문에 있어서, 「音(음)」은 뜻을 辨別(변별)할 수 있는 子音(자음)과 母音(모음)을 말하고, 「韻(운)」은 뜻을 변별할 수 있는 음의 長短(장단)과 高低(고저)를 말한다. 그런데 한자어를 한글로만 표기하여서는, 音(음)의 長短(장단)에 의한 뜻의 변별력을 잃게 된다.

한자는 聯想(연상)에 의하여 기억력을 도운다. 聯想(연상)의 '聯'은 '이을 연(련)'자이고, '想'은 '생각 상'자로서, 연상은 한 觀念(관념)으로 말미암아 이와 관련된 다른 관념을 생각함을 말한다. 예를 들면, 開業(개업)을 생각하면 閉業(폐업)이나 罷業(파업)을 생각하는 것이다. 그런데 이를 한자로 표기하면, 그 語源(어원)을 생각하여 기억이 오래 지속된다. 이를 人名(인명)이나 역사적 故事(고사)가 남긴 이름에서 그 예를 들기로 한다. 먼저 인명에서 보면, 최영수보다 崔永壽로 표기하고, 김영복보다 金永福으로 표기하면, 그 이름을 기억하기가 쉽다. 즉 전자는 오래〔永〕 壽(수)하기를 바라는 뜻에서 지은 이름임을 생각하게 되고, 후자는 오래도록〔永〕 福(복) 받기를 바라고 지은 이름임을 쉽게 생각하게 된다. 壽와 福은 누구나 바라는 것이기 때문이다.

다음은 역사적 故事(고사)가 남긴 이름에서 그 예를 보기로 한다. 즉 晋州(진주)의 南江(남강)에 있는 義岩(의암)이라는 바위의 이름에서 볼

수 있다. 이 바위의 이름은, 임진왜란 때에 晉州城(진주성)이 [illegible]되고, 倭將(왜장)이 이 바위에서 酒宴(주연)을 베풀고 놀던 자리에서, [illegible] 생) 論介(논개)가 왜장의 목을 끼어안고 함께 강물에 빠져 죽었다는 [illegible] 事(고사)가 있어, 논개가 義(의)롭게 죽었다고 하여 이 바위를 義岩(의암)이라 부르게 된 것이다. 그런데 이 바위를 「의암」으로 표기하여서는 그의 역사를 연상할 수 없다. 또 한 예로서, 忠南(충남) 扶餘(부여) 白馬江(백마강)에 있는 落花岩(낙화암)은, 백제가 羅唐(나당) 연합군에 의하여 패망하자, 3천 宮女(궁녀)가 이곳에서 꽃〔花〕처럼 떨어져서〔落〕 죽었다는 고사가 있어 지어진 이름이다. 그러므로 「낙화암」보다 「落花岩」으로 표기하는 것이 당시의 일을 생각하기 쉽다. 위에서 인명에서 두 예와 바위 이름에서 두 예를 들었거니와, 이러한 식으로 연상하면 많은 것들을 기억할 것이다.

(8) 英語(영어)와 알파벳문자 표기의 건물명 · 간판명 등의 문제

근래에 와서 아파트의 이름 등 건물의 이름이나 상점의 간판의 이름에__ 英語(영어)로 된 말이나 알파벳자로 표기된 것을 많이 볼 수 있다. 釜山(부산)의 광복동 거리에 가서 보면 마치 외국의 거리를 보는 느낌이 든다. 이와 같은 國籍(국적) 없는 거리를 예사로 보아 넘길 수 없으니, 그 문제성을 찾아서 고쳐야 할 것이다. 먼저 부산 시내의 아파트의 이름에서 그 문제성을 보기로 한다.

○ 센터빌 ○ 연산아이브 ○ 큐브아이 Cube-i ○ Castle city

00년간 남한에 그들의 식민지로서 任那(임나)가 있었다고 하나, 3세기 말에 지어진 중국의 「魏志東夷傳(위지동이전)」에 의하면, 당시 왜에 소와 말이 없었고, 쇠〔鐵〕가 귀하여 화살촉〔鏃〕에 骨鏃(골촉)과 鐵鏃(철촉)을 썼다고 한다. 이러한 빈약한 무기로써 어찌 환두대도를 사용하던 가야 지역을 지배할 수 있겠느냐 하는 것이다. 이 환두대도의 출토는 任那日本府(임나일본부)가 대마도에 있었다는 필자의 任那對馬島說(임나대마도설)[7]을 考古學的(고고학적)으로 뒷받침하는 좋은 자료가 된다.

(7) 한자의 장단음을 구별하고, 기억의 聯想(연상)을 도움

漢字(한자)에 平聲(평성), 上聲(상성), 去聲(거성), 入聲(입성)이 있었음은 다 아는 일이다. 그러나 오늘날 우리에게는 長音(장음)과 短音(단음)만이 남아 있다. 그런데 한자를 한글로 표기하여서는 이에 대한 구별을 할 수 없다. 그러한 예를 들면, '섭섭하다'를 뜻하는 遺憾(유감)의 「遺」는 짧은 음〔短音〕이고, '느낌이 있다'의 뜻을 가진 有感(유감)의 「有」는 긴 음〔長音〕이다. 그런데 이를 모두 「유감」으로 표기하여서는 그의 구별이 되지 않는다. 지명에서도 江原道(강원도)의 高城(고성)의 「高」는 짧은 음이고, 慶南(경남)의 固城(고성)의 「固」는 긴 음이다.

다음은 일반 한자어에서 長短音(장단음)을 보기로 한다.

開(短音) : 開會, 開墾, 開講, 開館, 開校, 開放, 開封, 開始, 開式, 開拓, 開通 등

改(長音) : 改正, 改憲, 改嫁, 改良, 改善, 改造, 改編, 改革, 改惡 등

---

7) 拙著, 『任那國과 對馬島』(1987) pp.508~525 참조.

즉 손잡이 부분이 고리처럼 두렷하게 생긴 것에서 지어진 이름이다. '環'은 '둥근 구슬 환', '고리 환'자이고, '頭'는 '머리 두'자이다. 환두부의 「부」는 '部'자의 표기로서 부분을 뜻한다. 「소환두」는 '小環頭'의 표기이다. 「인신부」는 '刃身部'의 표기이니, '刃'은 '날(칼날) 인'자이고, '身'은 '몸 신'자이다. 즉 인신부는 칼날의 몸 부분을 말한다. 「종방향」은 縱方向의 표기이니, 이는 세로〔縱〕의 방향을 말한다. 「목질」은 '木質'이니, 이는 大刀(대도)를 넣었던 칼집이 목질로 되었더라는 것이다. 「도신」은 '刀身'이니, 칼의 몸통을 말한다. '身'은 '몸 신'자이다. 「철봉」은 '鐵棒'의 표기이니, 이는 쇠의 몸둥이의 뜻이다. 「병부」는 '柄部'로, '柄'은 '자루 병'자이다. 「철심」은 '鐵心'이니, 칼을 만든 쇠의 중심부를 말한다.

위에서 본 바와 같이, 유물의 설명에서 모두 한글 一色(일색)으로 표기하여 독자들이 얼마나 이해할 수 있을 것인지 의문이다. 보내온 이 책자뿐만 아니라, 전시된 유물에 대한 설명에 있어서도 한글 전용 一色(일색)일 것이다. 이러한 책자와 전시물을 만드는 박물관원의 노력과 인쇄공의 수고와 종이값 등에 비하여 그 효과가 의심된다. 이는 한말로 하여, 부산시민의 血稅(혈세)의 浪費(낭비)이다. 이는 비단 부산박물관만의 문제만의 일이 아닐 것이다.

위에서 설명한 환두대도의 유물에 대한 가치에 대하여 一言(일언)하고자 한다. 이 環頭大刀(환두대도)는 5세기 말에서 6세기 초에 만들어진 것으로 보는데, 이는 일본 史家(사가)들이 주장하는 任那日本府說(임나일본부설) 즉 그들의 南韓植民地說(남한식민지설)을 부정하는 귀중한 자료가 된다. 일본 사가들은 4세기 중엽에서 6세기 중엽까지 약 2

수 있다. 이 바위의 이름은, 임진왜란 때에 晉州城(진주성)이 함락되고, 倭將(왜장)이 이 바위에서 酒宴(주연)을 베풀고 놀던 자리에서, 妓生(기생) 論介(논개)가 왜장의 목을 끼어안고 함께 강물에 빠져 죽었다는 故事(고사)가 있어, 논개가 義(의)롭게 죽었다고 하여 이 바위를 義岩(의암)이라 부르게 된 것이다. 그런데 이 바위를 「의암」으로 표기하여서는 그의 역사를 연상할 수 없다. 또 한 예로서, 忠南(충남) 扶餘(부여) 白馬江(백마강)에 있는 落花岩(낙화암)은, 백제가 羅唐(나당) 연합군에 의하여 패망하자, 3천 宮女(궁녀)가 이곳에서 꽃〔花〕처럼 떨어져서〔落〕 죽었다는 고사가 있어 지어진 이름이다. 그러므로 「낙화암」보다 「落花岩」으로 표기하는 것이 당시의 일을 생각하기 쉽다. 위에서 인명에서 두 예와 바위 이름에서 두 예를 들었거니와, 이러한 식으로 연상하면 많은 것들을 기억할 것이다.

(8) 英語(영어)와 알파벳문자 표기의 건물명·간판명 등의 문제

근래에 와서 아파트의 이름 등 건물의 이름이나 상점의 간판의 이름에— 英語(영어)로 된 말이나 알파벳자로 표기된 것을 많이 볼 수 있다. 釜山(부산)의 광복동 거리에 가서 보면 마치 외국의 거리를 보는 느낌이 든다. 이와 같은 國籍(국적) 없는 거리를 예사로 보아 넘길 수 없으니, 그 문제성을 찾아서 고쳐야 할 것이다. 먼저 부산 시내의 아파트의 이름에서 그 문제성을 보기로 한다.

○ 센터빌　○ 연산아이브　○ 큐브아이 Cube-i　○ Castle city

家(短音) : 家具, 家口, 家母, 家門, 家産, 家屋, 家庭, 家長, 家畜, 家宅 등
可(長音) : 可觀, 可決, 可能, 可否, 可恐, 可望, 可視圈 등
遺(短音) : 遺憾, 遺家族, 遺稿, 遺物, 遺腹子, 遺産, 遺書, 遺言, 遺跡地, 遺言 등
有(長音) : 有故, 有能, 有力者, 有利, 有名, 有別, 有夫人, 有史, 有事時, 有色人種, 有識, 有心, 有意 등

音韻論(음운론)이라는 학문에 있어서, 「音(음)」은 뜻을 辨別(변별)할 수 있는 子音(자음)과 母音(모음)을 말하고, 「韻(운)」은 뜻을 변별할 수 있는 음의 長短(장단)과 高低(고저)를 말한다. 그런데 한자어를 한글로만 표기하여서는, 音(음)의 長短(장단)에 의한 뜻의 변별력을 잃게 된다.

한자는 聯想(연상)에 의하여 기억력을 도운다. 聯想(연상)의 '聯'은 '이을 연(련)'자이고, '想'은 '생각 상'자로서, 연상은 한 觀念(관념)으로 말미암아 이와 관련된 다른 관념을 생각함을 말한다. 예를 들면, 開業(개업)을 생각하면 閉業(폐업)이나 罷業(파업)을 생각하는 것이다. 그런데 이를 한자로 표기하면, 그 語源(어원)을 생각하여 기억이 오래 지속된다. 이를 人名(인명)이나 역사적 故事(고사)가 남긴 이름에서 그 예를 들기로 한다. 먼저 인명에서 보면, 최영수보다 崔永壽로 표기하고, 김영복보다 金永福으로 표기하면, 그 이름을 기억하기가 쉽다. 즉 전자는 오래〔永〕 壽(수)하기를 바라는 뜻에서 지은 이름임을 생각하게 되고, 후자는 오래도록〔永〕 福(복) 받기를 바라고 지은 이름임을 쉽게 생각하게 된다. 壽와 福은 누구나 바라는 것이기 때문이다.

다음은 역사적 故事(고사)가 남긴 이름에서 그 예를 보기로 한다. 즉 晉州(진주)의 南江(남강)에 있는 義岩(의암)이라는 바위의 이름에서 볼

다음에는 머리나 손톱을 염색하는 여성의 美容室(미용실)의 이름을 보기로 한다.

○ 미담헤어 ○ Hair story ○ fox Nail ○ HALOA NAIL

위 미담헤어의 「미담」의 '美談'의 표기로 보이니, 이는 다음 예와 거의 같은 뜻으로 보이기 때문이다. 즉 다음의 Hair story는 '머리의 이야기'의 뜻이다. 다음의 fox Nail은 '여우〔狐〕의 발톱'의 뜻이고, HALOA NAIL의 HALOA는 고대 그리스의 축제의 이름이라고 한다. NAIL은 손톱의 뜻이다.

다음에는 커피숍이나 맥주 또는 국수 등을 파는 집의 간판을 보기로 한다.

○ COFFEE BAY ○ STAKBUCKS COFFEE ○ TOM N TOMS COFFEE
○ Cafe' Rony ○ PASATTI 파스아띠 PASTA&RISOTTO

위 첫째 예는 '커피를 판매한다'의 뜻이고, 둘째 예의 뜻은 알 수 없다. 그 다음의 TOM N TOMS COFFEE는 에스프레스 커피 판매 전문점의 체인의 이름이다. 그리고 Cafe는 음료수와 식사류를 판매하는 곳의 뜻이다. Rony는 뜻을 알 수 없다. 그 다음의 PASTA는 음식의 종류이니, 이는 이태리식 국수이고, RISOTTO는 밥과 같은 음식의 이름이다.

이 외에도 다음과 같은 간판을 볼 수 있다.

위 센터빌의 이름에서 「센터」는 '중심, 중앙'의 뜻이고, 「빌」은 Village '마을'에서 온 것이다. 전에는 이 아파트의 이름을 「蓮山(연산) 무지개타운」이라 하였다. 연산 무지개타운에서 「연산」은 이 아파트가 蓮山洞(연산동)에 있기 때문에 이 지명을 따서 붙인 것이다. 그런데 「무지개타운」의 이름이 村('촌)스럽다'고 하여 「센터빌」로 바꾸었다. 그 다음 예인 연산 아이브의 이름에서 「연산」은 이곳 지명이고, 「아이브」는 알 수 없다. 「큐브아이」는 이 아파트 입구에 한글과 알파벳자를 함께 표기하여 두었는데, 이는 正六面體(정육면체)로 된 아이들의 놀이감의 이름이다. 왜 이러한 이름을 붙였는지는 알 수 없다. 그리고 Castle city는 城(성)이라는 말과 도시라는 말이 복합된 것이다.

다음은 상점의 이름을 보기로 한다.

○ 무지개 스토아 ○ Grand Mart ○ 그린조이 GREENJOY
○ Wolsey ○ LOTTELIA 로테리아

위 무지개 스토아의 이름에서 「무지개」는 무지개타운(센터빌) 아파트의 가까이에 있기 때문에 붙인 것이고, 「스토아」는 '연쇄점, 체인점'의 뜻이다. Grand Mart는 '큰 상점'의 뜻이나, 이름만큼 큰 상점이 아니다. 그린조이는 양장점의 이름인데, 이 이름은 그곳에서 파는 상품의 이름이라 하였다. Wolsey의 이름도 간판에 크게 써붙였는데, 이는 「울시」로 읽는다고 하며, 이곳에서 파는 브랜드의 이름이라 하였다. 다음의 로테리아는 알파벳자와 한글을 함께 표기하였는데, 이곳은 아이스크림 등 음료수를 파는 집이었다.

○ 퍼피플레이존, 퍼플존
○ chilling for your time for your mind, Beer, whisky

위 퍼피플레이존의 「퍼피」는 강아지 등 愛玩犬(애완견)을 말하고, 「플레이」와 「존」은 '노는 공간' 즉 강아지의 목욕을 시키는 등 강아지를 놀게 하는 공간의 뜻이다. 「퍼플존」은 이를 줄인 말이다. 다음의 chilling은 '마음 느긋하게 휴식하다'의 뜻이다. 그 이하는 '당신의 그러한 시간과 그러한 마음의 여유를 위해 오는 곳으로, 비이루와 위스키를 파는 집'이라는 뜻이다. 이 외에 일본어로 적힌 것도 있다. 「스코시 すこし(초밥)」로 표기된 것을 볼 수 있다. すこし는 '조금'의 뜻인데, 이는 한글과 가나자를 함께 적었다. 또 「요우(よう 醉)」라는 일식 술집도 있다. 「요우」는 '취하다'의 뜻이다.

위에서 예를 든 건물이나 간판이 붙은 곳은 외국 관광객들이 올만한 곳도 아니다. 관광객을 위한 것이라면, 중국인 관광객을 위해 漢字(한자)를 써야 할 것이나, 한자로 된 것은 볼 수 없다. 아파트의 이름도 국어로 된 것은 '촌스럽다고' 하고, '영어로 된 이름을 붙여야 집값이 올라간다'는 것이다. 상품의 이름도 영어로 써야 외제로 인정받아 높은 값을 받을 수 있다는 것이다. 우리의 自尊心(자존심)은 아랑곳 없다. 이는 自己(자기) 貧困(빈곤)에서 온 것이요 자기 卑下(비하)이다. 이를 회복하기 위해서는 빨리 국력을 길러 선진국의 대열에 들어가야 한다. 다른 나라 국민들의 존경을 받을 만큼 道義心(도의심)을 길러야 한다. 우리는 지난날 한때 우리 스스로를 조롱[嘲]하는 自嘲(자조)와

自虐(자학) 風潮(풍조)가 있었다. 즉 "葉錢(엽전)이 하는 것이 다 그렇지 뭐, 되는 것이 무엇 있나?" 하는 것이었다. 일본인은 銅錢(동전)을 썼고, 우리는 엽전을 썼기 때문에, 여기에서 말하는 엽전이란 조선인을 가리키는 隱語(은어)이다. 그러다가 朴正熙(박정희) 대통령이 '漢江(한강)의 기적'을 이룰 만큼 경제적으로 성공한 이후부터, 우리도 할 수 있다는 자신감으로 이러한 말이 사라졌다.

위에서 본 바와 같이, 아파트의 이름이나 간판의 이름에서 英語(영어)나 알파벳자는 썼으나, 한자로 쓴 것은 볼 수 없다. 이는 한자 忌避症(기피증)이다. 이는 학교에서 영어는 많은 시간을 들여서 가르치면서, 한자는 폐지한 관계이다.

그리고 아파트나 건물의 이름에 한자가 사라진 또 하나의 이유는, 좋은 이름을 붙이고자 하여도, 한자 지식의 부족으로 좋은 이름을 찾지 못하며, 또 좋은 이름을 찾거나 지어서 붙여도 한글로 표기하여 그 뜻을 알지 못한 까닭이다. 아래에 한글로 표기된 한자어의 이름을 보기로 한다.

○ 삼익아파트　○ 쌍용아파트　○ 한신주택　○ 한성기린

위 삼익아파트의 「삼익」은 '三益'에서 온 것으로, 益은 '더할 익', '이익(利益) 익' 자이다. 셋〔三〕의 이익〔益〕이 무엇인지는 알 수 없다. 쌍용아파트의 「쌍용」은 '雙龍'의 표기로, 이는 두 마리의 龍〔용〕을 말한다. 이 이름은 雙龍會社(쌍용회사)에서 지은 관계로 命名(명명)된 듯하다. 龍(용)은 祥瑞(상서)로운 동물이다. 「한신주택」은 '韓信住宅'의 표기로, 韓信(한신)은 한국에서 믿〔信〕을 수 있는 住宅(주택)이란 뜻이다.

한성기린의 「한성」은 '漢城'의 표기로서, 한성은 서울을 뜻한다. 「기린」은 알 수 없으나, 이 아파트의 이름은, 이 아파트를 지은 회사의 이름에 의하여 지어진 것으로 생각된다.

다음에 또 몇 예를 들기로 한다.

○ 제세빌딩 ○ 제생한의원 ○ 박애병원 ○ 대성관 ○ 수궁탕

위 제세빌딩의 「제세」는 '濟世'의 표기로, '濟'는 '건널 제', '구제할 제'자이다. 濟世(제세)는 세상의 弊害(폐해)를 없애고 사람을 苦難(고난)으로부터 건져주다의 뜻이다. 苦海(고해)에서 衆生(중생)을 濟度(제도)한다는 佛敎(불교)의 用語(용어)이다. 제생한의원의 「제생」은 '濟生'의 표기로, 이는 生(생)을 구원해서 건져내다〔濟〕의 뜻이다. 韓醫院(한의원)에 어울리는 이름이다. 박애병원의 「박애」는 '博愛'의 표기로, 이는 세상 사람을 넓게〔博〕 사랑〔愛〕한다는 博愛精神(박애정신)에서 온 것이다. 「대성관」은 '大成館'의 표기이다. 요리집의 이름인데, 사업이 크게〔大〕 이루어〔成〕지기를 바라는 뜻으로 지은 이름이다. 「수궁탕」은 '水宮湯'의 표기로, 목욕탕의 이름이다. 水宮(수궁)은 고대 小說(소설) 『토끼전』에 나오는 것으로, 바다 속에 水宮(수궁, 宮은 '집 궁'자)이 있고, 여기에 龍王(용왕)이 있었다는 假想(가상)의 세계이다. 「수궁탕」은 『토끼전』에 나오는 「수궁」의 이름에서 찾은 것으로, 이는 목욕탕의 이름으로서는 매우 좋은 이름이다.

이상에서 고찰한 바, 아파트의 이름이나 상점 간판의 이름에 영어와 알파벳자가 늘어남은, 영어를 숭상하고, 한글 전용에 의해 한자를

폐지한 관계이다. 한자 폐지의 정책으로 한자가 물러나니, 그 자리에 영어와 알파벳자가 차지하였다. 건물의 이름이나 간판의 이름 등 '國籍(국적) 없는 거리'로 변해가고 있는 이 현실을 政府(정부)는 보고만 있어서는 안 될 것이다. 이를 바로잡기 위해서는 국력을 길러 우리의 自尊心(자존심)을 살리는 한편, 한자 교육을 강화하여 건물이나 간판의 이름에 한글과 한자를 함께 쓰도록 해야 할 것이다. 三益아파트, 韓信住宅, 濟生韓醫院, 大成館, 水宮湯 등 한자로 표기하여 그 이름이 지니는 뜻을 살려 쓰도록 해야 할 것이다.

이에 한 말 덧붙이고자 함은, 외래어의 남용 문제이다. 한자어가 물러난 자리에 외래어로 메워졌다. 새로운 외래어나, 생소한 외래어는 되도록 국립국어연구원이 중심이 되어 국어〔漢字語〕로 바꾸어야 할 것이다. 縮約(축약)된 한자어를 한글로 표기하여 그 뜻을 알기 어려운데, 외래어마저 섞여 있어서 문장의 뜻을 이해하기가 더욱 어렵기 때문이다. 지나친 외래어의 사용을 자제하여 국어를 醇化(순화)해야 할 것이다. 이에는 언론 媒體(매체)의 적극적인 협조가 필요하다.

2) 문화유산의 보존과 전통문화의 계승・발전을 위하여

우리의 전통문화는 중국의 漢(한)나라에서 들어온 儒敎(유교)문화라 할 수 있다. 우리의 문화를 儒敎(유교), 佛敎(불교), 禪敎(선교)의 三敎(삼교)로 말하기도 하나, 유교가 그 主宗(주종)을 이루었다. 유교문화가 들어오기 이전의 고유문화는 유교문화 혹은 불교문화와 融合(융합)하여 오늘에 이르렀을 것이다. 그런데 이러한 문화가 漢字(한자)・漢文(한문)

을 통하여 들어왔음은 더 말할 나위 없다. 檀君(단군) 시대에 加臨土(가림토) 문자가 있었다고 하나, 전하여진 것이 없다. 그러므로 전통문화를 계승하고 발전토록 하기 위해서는 조상들이 한자·한문을 통하여 유교문화와 불교문화를 어떻게 받아들였으며, 이것이 오늘날의 文籍(문적)이나 碑文(비문) 등에 어떻게 남아 있는가를 알아야 할 것이다. 과거를 몰라서는 미래도 내다볼 수 없기 때문이다. 그런데 이러한 귀중한 문적들이 젊은 세대의 한자 무식 속에 세월의 뒤안길에서 잊혀져감이 애석하여, 그 目錄(목록)만이라도 기록해 두고자 한다. 그리고 우리 학계에서 注目(주목)을 받고 있는, 단군에 대한 기록과 가림토 문자에 대한 기록과, 廣開土王(광개토왕) 비문과 관련하여 고대 對馬島(대마도)의 역사에 대한 기록이 올려 있는 『桓檀古記(환단고기)』에 대하여서도 간단히 고찰하고자 한다.

먼저 광개토왕 비문과 歷代(역대)의 文籍(문적)을, 그 내용과 함께 간단히 보기로 한다.

○ 廣開土王(광개토왕) 碑文(비문) - 이 비는 A.D. 414년에 高句麗(고구려) 광개토왕이 도읍한 滿洲(만주) 輯安縣(집안현)에 세워진 것으로, 이에는 광개토왕의 업적이 기록되어 있다. 이 기록에는 고구려 5만의 大軍(대군)이 倭兵(왜병)을 任那加羅(임나가라)에 뒤쫓아서 일본의 본토까지 정벌한 사실이 기록되어 있어 주목을 끈다[후술 3.5. p.206] 그런데 이 비문의 문장력과, A.D. 285년에 百濟(백제)의 王仁(왕인)이 일본에 『千字文(천자문)』 등을 전한 것과, B.C. 108년에 漢四郡(한사군)을 설치함을 보아서, 2천년 전에 漢字(한자)가 우리 나라에 들어왔다고

봄에 어려움이 없을 것이다.

○ 신라의 高僧(고승) 元曉大師(원효대사, 617~686)는 일찍이 唐(당)나라에 가다가 깨달은 바가 있어, 되돌아 와서 많은 著書(저서)를 남겼으니, 『金剛三昧經論疏(금강삼매경논소)』, 『十門和諍論(십문화쟁론)』, 『華音經疏(화음경소)』의 저서가 있다.

○ 신라의 학자인 薛聰(설총)은 원효대사의 아들이다. 그는 한문으로 九經(구경)을 우리말로 풀이하였는데, 이것이 吏讀(이두)의 시초라고 한다.

○ 신라의 高僧(고승) 慧超(혜초, 764~?)는 일찍이 바다로 南洋(남양)을 건너서 印度(인도)의 聖地(성지)를 순례하고 西域(서역)을 돌아 唐(당)으로 갔는데, 인도를 見聞(견문)한 기록인 『往五天竺國傳(왕오천축국전)』을 남겼다. 이는 파리 박물관에 보관되어 있는데, 이는 고대 인도 연구를 위해 세계적으로 유명하다고 한다.〔상술 2.1.6. p.112〕

○ 신라 말기의 학자인 崔致遠(최치원, 857~?)은 12세 때에 당에 유학하고, 28세 때에 귀국하여 眞聖王(진성왕)으로부터 阿飡(아찬)의 벼슬을 받았으나, 사퇴하고 『桂苑筆耕(계원필경)』을 남겼다〔上述 2.1.6. p.112〕.

○ 鄕札(향찰)은 신라의 鄕歌(향가)에서 보는 바와 같이 한자의 음과 뜻을 따서 우리의 말을 표기한 것이다. 신라 진성왕 때에 魏弘(위홍) 등이 수집한 鄕歌集(향가집) 『三代目(삼대목)』이 있었으나 전하지 못함이 아쉽다.

○ 『三國史記(삼국사기)』는 高麗(고려) 仁宗(인종)의 명을 받아서 金富軾(김부식) 등이 1145년에 편찬한 歷史書(역사서)이니, 신라 · 백제 · 고구려 삼국의 개국부터 멸망까지의 역사를 기록하였다.

○ 『三國遺事(삼국유사)』는 고려 忠烈王(충렬왕) 11년(1285)에 名僧(명승) 一然(일연)이 지은 책으로, 檀君(단군), 箕子(기자), 扶餘(부여)의 史蹟(사적)을 간단히 기록하고, 신라 · 백제 · 고구려 삼국의 사적을 주로 기록하였다. 특히 불교에 대한 기사가 많고, 神話(신화), 傳說(전설), 詩歌(시가) 등이 풍부하게 기록되어 있다.

○ 고려시대의 史書(사서)로서 『高麗史(고려사)』가 있다. 이 책은 世宗大王(세종대왕) 때에 鄭麟趾(정인지) 등이 지은 것으로, 139권이다.

○ 鄕歌(향가) 11수(首)가 올려 있는 『均如傳(균여전)』은 고려 光宗(광종) 때에 高僧(고승) 均如(균여)가 지은 것인데, 그는 15세 때에 出家(출가)하여 가야산 海印寺(해인사)의 僧侶(승려)가 되어 불교를 대중화 하는데 공적이 크다.

○ 고려시대의 문학자 李奎報(이규보)는 호가 白雲山人(백운산인)으로, 經典(경전), 史記(사기), 禪教(선교), 佛教(불교) 등에 博覽(박람)하였으며, 著書(저서)에 『東國李相國集(동국이상국집)』과 『白雲小說(백운소설)』이 있다.

○ 고려말의 학자 李穡(이색)이 지은 『牧隱集(목은집)』이 있다. 그의 호가 牧隱(목은)이다. 이 책의 내용은 詩稿(시고) 35권과 文稿(문고) 20권으로 되어 있다.

○ 『八萬大藏經(팔만대장경)』 - 이 대장경은 84,000의 法文(법문)이 들어 있으므로, 八萬四千大藏經(팔만사천대장경)이라 한다.

○ 『鷄林類事(계림유사)』는 宋(송)나라 孫穆(손목)이 지은 것으로, 그는 송나라에서 고려에 보낸 使臣(사신)의 書狀官(서장관)이었다. 이 책은 風土(풍토), 朝制(조제), 方言(방언)의 3부로 되어 있는데, 이 책의 이름에서 鷄林(계림)은 慶州(경주)의 옛 이름이다. 類事(유사)의 類는 닮을 류 자이니, 유사는 같은 일들을 모아서 기록한 것이라는 뜻이다.

○ 朝鮮朝(조선조) 世宗(세종) 때에 申叔舟(신숙주) 등이 지은 『海東諸國記(해동제국기)』에 대해서는 위〔2.1.6. p.112〕에서 말하였다.

○ 明宗(명종) 때의 性理學者(성리학자) 李彦迪(이언적)은 호가 晦齋(회재)로, 저서에 『晦齋集(회재집)』이 있다.

○ 朝鮮朝(조선조) 中期(중기)의 儒學者(유학자) 李滉(이황)은 호가 退溪(퇴계)로, 朱子(주자)의 학설을 주로 한 二氣說(이기설)을 주장하였으며, 저서에 『理學錄(이학록)』, 『朱子書節要(주자서절요)』, 『退溪集(퇴계집)』이 있다.

○ 宣祖(선조) 때 儒賢(유현)으로 알려진 李珥(이이)는 호가 栗谷(율곡)으로 당시의 黨爭(당쟁)의 조절에 힘썼으며, 『擊蒙要訣(격몽요결)』을 지어 후생들을 가르쳐 海東孔子(해동공자)의 칭호를 받았다. 壬辰倭亂(임진왜란)이 일어나기 전에 十萬養兵(십만양병)을 주장하였으나, 조정에서 받아들이지 않았다.

○ 朝鮮朝(조선조)의 정치가이자 학자인 宋時烈(송시열)은 호가 尤菴(우암)이다. 저서에 『朱子大全箚疑(주자대전차의)』, 『論孟問疑通考(논맹문의통고)』, 『尤庵集(우암집)』 등 100여 권이 있다.

○ 英祖(영조) 때의 학자인 李瀷(이익)은 호가 星湖(성호)로, 經學(경학)의 大家(대가)인 동시에, 實學派(실학파)로서 이름이 높다. 저서에 『星湖僿說(성호사설)』이 있다.

○ 朝鮮朝末(조선조말)의 학자인 丁若鏞(정약용)은 호가 茶山(다산)으로 經學(경학)과 實學(실학)과 문장에 뛰어난 학자이다. 저서에 『牧民心書(목민심서)』가 있다.

○ 正祖(정조) 때의 문장가이고 실학의 대가인 朴趾源(박지원)은 호가 燕巖(연암)으로, 일찍이 淸(청)나라에 다녀와서 『熱河日記(열하일기)』 26권을 저술하여 이름을 중국에까지 떨쳤으며, 문집에 『燕巖集(연암집)』이 있다.

이상에서 본 文籍(문적)들은 漢文(한문) 속에 담겨진 先人(선인)들의 정신적 財産(재산)이요, 文化遺産(문화유산)의 目錄(목록)이라 할 수 있다.

○『桓檀古記(환단고기)』는 단군시대에 加臨土(가림토) 문자가 있었다는 등 학계에 주목을 받고 있다. 먼저 이 책에 대한 書誌學的(서지학적) 설명부터 간단히 하기로 한다. 이 책은 麗末(여말)의 충신 李巖(이암)이 編述(편술)한『檀君世紀(단군세기)』와 朝鮮(조선) 中宗(중종) 때에 編修官(편수관)을 지낸 李陌(이맥)이 지은『太白逸史(태백일사)』를 1898년에 桂延壽(계연수)가 合編(합편)한 후, 거기에 다시 1911년에 신라시대 사람 安含老(안함로)의『三聖紀(삼성기)』, 그리고 范樟(범장)의『北夫餘紀(북부여기)』上下(상하) 및『迦葉原夫餘紀(가섭원부여기)』를 합편한 모두 5권으로 된 책이다.[8] 이 책은 일제 강점기에 그들의 魔手(마수)에서 다행히 살아남은 귀중한 책이다. 즉 朝鮮總督府(조선총독부)의 取調科(취조과)의 지시로 경찰을 앞세워 전국의 서점과 鄕校(향교), 書院(서원), 양반가의 書庫(서고)를 뒤져서 강탈한 史料(사료)를 분류하여 남길 만한 것은 남기고, 그들에게 필요한 것은 가져가고 나머지 중요한 사료들은 불태워 버렸는데, 광복 후 출판된『制憲國會史(제헌국회사)』에 의하면, 불태운 책이 20여만 권이라 한다.[9] 그런데 이『桓檀古記(환단고기)』는 옹기그릇에 담아서 땅속에 묻어 두어서 다행히도 그들의 魔手(마수)를 모면하였다고 한다.

다음에는 이 책의 문화유산의 가치 면에서 다음의 세 가지를 지적하고자 한다. 그 첫째로, 이 책에서는『三國史記(삼국사기)』나『三國遺

8) 金殷洙,『註解桓檀古記』(1989), 安耕田,『譯註 桓檀古記』(2021) 참조.
9) 田光培, 〈克服되지 않은 植民史觀」,『한글+漢字문화』 246호(2020. 1.) p.8 참조.

事(삼국유사)』와는 달리, 우리 민족의 위대하고 웅장한 모습을 정확한 典據(전거)와 뚜렷한 筆致(필치)로 살려 쓰고, 桓雄(환웅)과 檀君(단군)이 동아시아를 통일하였음을 기록하고 있다는 점이다. 그 둘째로, 단군 시대에 加臨土(가림토) 문자가 있었다는 것이니, 15세기에 지어진 訓民正音(훈민정음)은 이를 본따서 만든 것임을 의미한다. 그 셋째는 對馬島(대마도)에 任那加羅(임나가라)와 신라・백제・고구려가 있었다는 것이다. 이는 고대 대마도가 한국의 屬島(속도)로서, 일본 史家(사가)들의 歪曲(왜곡)된 고대 韓日關係史(한일관계사) 즉 남한에 그들의 식민지로서의 任那(임나)가 있었다고 함을 바로잡는 중요한 근거가 된다.

위 첫째 문제에 대하여서는, 이를 뒷받침할 여러 방법의 연구가 뒷따라야 할 것이다. 이러한 의미에서 檀君(단군)의 명칭과, 檀君朝鮮(단군조선)이 도읍한 阿斯達(아사달)의 語源(어원)에 대하여 조금 설명하기로 한다. 즉 檀君(단군)은 '박달검'의 표기이니, '檀'은 '박달나무 단'자이다. 이 '박달'은 '여러 尊者(존자) 중에서 어른〔長〕 또는 맏이〔伯〕가 되는 존자', '王(임금님)'과 같은 보통명사이다. 그리고 「박달검」의 「검」은 임금의 「금」과 같은 것이다. 이 「박달」은 발(長, 伯)+그(접미사)+달(존자)이 줄어져서 밝달 → 박달로 된 것이다. 즉 고대 국어에서 「발」은 '어른〔長〕' 또는 '맏이〔伯〕'의 뜻이고, 「달」은 '존자'의 뜻이다. 「발+그+달」에서 보는 접미사 「그 → ㄱ」은 돌(石)+ㄱ+섬 → 독섬(石島, 경상도 방언), 세(三)+ㄱ+섬 → 三石(석섬), 또 물〔水〕 → 묽으니, 묽다(濃의 반대), 불〔火〕 → 붉으니, 붉다〔赤〕의 「ㄱ」도 접미사에서 발달한 것이다. 「ㄹ」음은 「ㄱ, ㄷ, ㅂ」의 破裂音(파열음) 앞에서 쉽게 脫落(탈락)한다. 발그달 → 밝달 → 박달〔檀〕과 같이 구성된 말은, 각지에서 볼 수 있는 '가장 높고 큰 山嶺(산령)을 뜻하는 박달재〔嶺〕의 「박달」에서도 볼 수 있다. 이는 발(長, 伯)+그+달(山)에서 밝달 → 박달〔長山〕로 변한 것으로, 밝달 → 박달〔檀〕에서 보는 「달」(존자)과 밝달 → 박달(재)에서 보는 「달〔山〕」은 同音異義語(동음이의어)이다. 古代語(고대어)로 '산'을 「달」이라 하였다. 오늘날 단군이라 하면, 단군조선의 초대왕으로 알기 쉬우나, 이는 역대왕이 모두가 「박달검」으로 불렸다. 그러한 예로 「檀君世紀(단군세기)」에서 보는 바 「二世檀君扶婁(이세 단군부루), 三世檀君嘉勒(삼세단군가륵), 四世檀君烏斯丘(사세단군오사구), 五世檀君九乙(오세단군구을)」 등의 「단군」에서 볼 수 있다. 그리고 그 이하의 부루, 가륵, 오사구, 구을 등은 王名(왕명)으로 생각된다.

그리고 단군이 도읍한 阿斯達(아사달)은 '大城(대성)'을 뜻하는 말로, 이는 오늘날의 '서울〔京〕'과 같은 보통명사이다. 이 「아사달」의 어원은 아사〔大〕+달〔城〕 → 아사달로, 大成(대성)을 뜻한다. 古代語(고대어)에 '大'를 「아사」라 하였다. 그리고 '城'을 「달」이라 하였으니, 이는 新羅(신라)의 首都(수도) 경주의 月城(월성)의 「月(달)」과 백제의 王都(왕도) 半月城(반월성)의 「月(달)」에서 볼 수 있다. 月城(월성)의 城(성)은 「月(달)」이다. '城'임을 보이는 설명적 표기이다. 즉 아사달은 '대성(大城)'을 뜻하는 보통명사였으니, 도읍을 옮긴 곳도 아사달이라 하였다. 단군과 아사의 어원에 대한 보다 자세한 설명은 拙著[10]를 참조하기 바란다.

둘째 문제로서 단군시대에 가림토문자가 있었다고 함을 보기로 한다. 즉 『檀君世紀(단군세기)』에서, 삼세 단군때에 다음과 같은 기록이

---

10) 拙著, 『韓國古代國名地名研究』(1988) pp.58~61 참조.

있다.「三郞乙普勒에 命하여 正音 三十八字를 짓게 하니, 이를 加臨土文字라고 한다〔命三郞乙普勒 撰正音三十八字 是爲加臨土〕」라 하고, 38자를 보였는데, 그 字形(자형)이 훈민정음과 너무나 비슷하다.『蘇塗經典本訓(소도경전본훈)』에도 이 기록이 있는데, 여기에서는 加臨多文字(가림다문자)라고 하였다. 이 가림토문자에 대하여 미국 S.베일러 대학의 宋鎬洙(송호수) 명예교수(한국사상사 연구)는「한글은 世宗 이전에도 있었다」의 논문[11]에서 이를 역사적 사실로 인정하려 하였으나, 우리 학계에서는 쉽게 받아들이지 않고 있다. 그러나 아래와 같은 이유에서 훈민정음 이전에 가림토문자가 있었음을 인정하지 않을 수 없다. 紙面(지면) 관계로 이를 個條式(개조식)으로 간단히 적는다.

① 가림토문자가 있었다고 하는『檀君世紀(단군세기)』(1363)는 훈민정음이 반포(1443)되기 80년 전에 나온 책이다.

②『朝鮮王朝實錄(조선왕조실록)』권4, 543에 '諺文(언문)은 전조(前朝高麗朝) 때에 있었던 것을 빌어 쓴 借使諺文前朝有之(것)'라는 기록이 있다.

③『조선왕조실록』世宗實錄(세종실록) 24년 12월 조에 '이달에 상왕께서 친히 언문 28자를 만들었는데, 그 글자는 옛 篆字(전자)를 모방하였다〔是月上親制諺文二十八字其字倣古篆〕'이라는 기록이 있다.

④ 또 崔萬理(최만리)의 疏(소)에서도 '글자들이 비록 篆文(전문)을 모방하고, 글자를 합쳐서 소리내나, 모두 옛것과 반대이다〔字形倣古之篆文用音合字盡反於古〕'라고 하였다.

---

11) 宋鎬洙,「한글은 世宗 이전에도 있었다」『廣場』123호(1984. 1.) ~『同』(1984. 3.) 참조

⑤ 위 ③, ④에서 보는 「篆」 또는 「篆文」은 중국의 篆字體(전자체)의 「篆」이 아니고, 가림토문자를 뜻하는 「篆」이니, 이에 대해서는 『太白逸史(태백일사)』에 「단군 시대에 神誌(신지)의 篆文(전문)이 있었다.」는 기록이 있고, 『天符經(천부경)』에 「神誌篆字碑(신지전자비)」의 기록이 있고, 『檀典要義(단전요의)』에도 「太白山(태백산)에 단군의 篆碑(전비)가 있었으니, 孤雲(고운)이 번역하였다.」는 기록이 있고, 또 『正祖實錄(정조실록)』에도 天符經(천부경)은 보배로운 天符寶篆(천부보전)이라 하였다.

⑥ 훈민정음을 만드는데 가장 공이 큰 것으로 알려진 申叔舟(신숙주, 1417~1475)는 藏書閣(장서각)에서 古今(고금)의 책들을 다 읽었다고 하며, 일본의 本州(본주)와 九州(구주) 等地(등지)를 다니며 『海東諸國記(해동저국기)』를 저술하였으니, 아래 ⑧에서 보는 대마도의 아히루〔阿比留〕 문자를 알고 있었을 것이다. 따라서 위 ③에서 본 바 「字倣古篆」에 참여했을 것으로 생각된다.

⑦ 李太白(이태백)의 全書(전서)인 『玉塵叢談(옥진총담)』에 '渤海國(발해국)에 글자가 있어 唐(당)나라 조정에서 이를 해독하는 자가 없더니, 李太白(이태백)이 이를 해독하였다〔渤海國有書 於唐擧朝無鮮之者 李太白能解而答〕'라는 기록이 있다. 이는 위 ①의 기록을 뒷받침한다.

⑧ 對馬島(대마도)와 일본 九州(구주) 지방에서 많이 발견되는 아히루〔阿比留〕 문자는 한국에서 건나간 篆字(전자) 즉 加臨土(가림토)문자의 자취를 남긴 것이니, 대마도는 고대에 한국의 屬島(속도)였다.[12] 그리고 『桓檀古記(환단고기)』에 '仇州(九州, 구주)와 對馬島(대마도)는 三韓(삼

12) 拙著, 『任那國과 對馬島』(1987) p.123, 拙著, 『對馬島는 韓國의 屬島였다』(2005) 참조.

한)이 나누어 다스리던(分治한) 곳'이라고 하였다. 이 아히루〔阿比留〕 문자의 이름은 대마도의 아히루〔阿比留〕 家(가)에서 전해온 문자이기 때문에 붙여진 것이다. 아히루 가에 이 문자가 전해진 것은 고대에 對馬島(대마도)가 한국에 속해 있었기 때문이다. 그리고 이 문자의 모양이 한글과 거의 같고, 이 음을 표기한 일본 假名(가나)자를 통해 볼 때, 그 음도 오늘날의 한글과 같다.13)

⑨ 일본에서 말하는 神代文字(신대문자)도 한국에서 건너간 篆字(전자) 즉 가림토문자이다. 그런데 日王(일왕)의 始祖格(시조격)인 天照大神(천조대신)을 모신 伊勢神宮(이세신궁)에는 한글과 같은 글자의 기록물이 99점이나 전하고 있다고 한다. 그런데 이곳에 그와 같은 많은 문자가 남아 전하는 이유는, 일본 王家(왕가)의 發祥地(발상지)가 新羅(신라)로서, 천조대신은 신라의 女神(女人)이기 때문이다. 이 문자가 기록된 것이 일본 神社(신사) 즉 神體(신체)로서 모셔지기도 한다는데, 신체란 우리의 神柱(신주) 즉 位牌(위패)와 같은 것이다. 이 신체에는 칼〔刀〕, 銅鏡(동경, 거울), 曲玉(곡옥), 鍾(종), 돌〔石〕 등이 쓰여진다. 일본 王位(왕위)를 상징하는 세 가지 즉 '三種(삼종)의 神器(신기)'는 칼과 곡옥과 거울인데, 그 중의 하나인 거울〔銅鏡〕(八咫鏡, 야다노 카야미)에는 가림토문자와 같은 글자가 새겨져 있으며, 이 거울이 만들어진 연대는 훈민정음이 만들어진 연대보다 앞선다고 한다. 그리고 曲玉(곡옥, 옆으로 굽고 끝이 뾰족한 구슬)은 경주박물관에 있는 신라의 金冠(금관)에 달린 구슬〔曲玉〕과 같은 것이라 하니, 이는 일왕의 발상지가 신라임을

13) 김문길, 『독도는 한국땅 - 대마도는 조선 부속섬』(2020) p.101 참조.

뒷받침한다. 이를 보아서, 그들이 말하는 神代文字(신대문자)도 신라에서 간 것임을 알 수 있다.

⑩ 印度(인도)의 구자라트語에 한글과 같은 모양의 글자 즉 子音(자음) ㄱ ㄴ ㄷ ㄹ ㅁ ㅅ ㅇ(7자)와 母音(모음) ㅏ ㅑ ㅓ ㅕ ㅗ ㅛ ㅜ ㅠ ㅡ ㅣ(10자)와 받침까지도 한글과 비슷한 글자가 쓰이고 있다.(『新往五天竺國傳(신왕오천축국전)』 pp.200~201 참조) 이 구자라트 지방은 일찍이 신라의 高僧(고승) 慧超(혜초, 704~787)가 가서 우리의 가림토문자를 전한 것으로 생각된다.

이상에서 본 바로써 훈민정음은 고대 가림토문자를 본받아서〔倣〕 만든 것임을 알 수 있다.

다음에는 『桓檀古記(환단고기)』의 셋째 문제로서, 대마도에 任那(임나)와 함께 신라·백제·고구려가 있었다 함을 보기로 한다. 우리 학계에서는 이 『환단고기』를 僞書(위서, 거짓책)라고 하나,14) 이 책의 기록은 史實(사실)로 인정된다. 일본 史家(사가)들은 『日本書紀(일본서기)』에 나타나는 任那(임나)를 남한에 있었던 그들의 식민지였다 하고, 임나와 함께 倭(왜)에 朝貢(조공)하는 신라·백제·고려를 韓半島(한반도)의 三國(삼국)이라 하였다. 『일본서기』에는 임나에 관한 기사와, 임나·신라·백제·고려의 조공 기사가 『일본서기』(30권) 전체 분량의 거의 반을 차지하고, 任那(임나)가 210여회나 나타난다.

그러나 이 임나는 물론, 왜에 조공하는 신라·백제·고려도 대마도

14) 尹熙炳, 「古代史에 事大 얼룩 많다, 桓檀古記도 僞書로 규정」(서울신문, 1984. 12. 8.) 참조.

에 있었던 邑落(읍락) 즉 마을의 이름으로 보아야 한다. 그 이유에 대하여서는 뒤〔3.5. p.201, 208〕에 가서 보기로 하고, 여기에서는 대마도에 임나가 있었다고 하는 『환단고기』의 기록이 사실임을 보이기 위하여, 필자의 任那(임나) 對馬島說(대마도설)에 대한 연구와, 필자의 저서를 읽고 이에 同調(동조)한 일본 학자들의 反響(반향)을 보기로 한다.

필자는 졸저 『任那國(임나국)과 對馬島(대마도)』(1987)를 公刊(공간)하고, 이를 日譯(일역)한 『任那は對馬にあった』(임나는 대마에 있었다)(1989)를 일본의 저명한 학자와, 임나 관련 교과서의 집필자와, 전국 공공도서관 등에 약 1,300부를 기증하였으며, 韓日(한일) 고대지명을 비교 연구한 『日本古代地名硏究』(1996)를 일역한 『日本古代地名の硏究』(2000)도 일본의 저명한 학자와, 교과서 집필자와, 공공도서관 등에 약 1,500부를 기증하였다. 일역한 前者(전자)의 책(일역본)은 필자의 釜山商高(부산상고) 재직 시절의 제자 姜大龍(강대룡) 사장의 도움으로 부산에서 출판하였고, 後者(후자)의 책(일역본)은 필자가 받은 5·16 民族賞(민족상) 受賞金(수상금)으로 역시 부산에서 출판한 것인데, 후자의 책에도 임나가 대마도에 있었다는 글이 올려 있다. 이에 대하여 일본의 많은 학자들로부터 「종래의 通說(통설)(임나 남한설)을 뒤엎을 귀중한 연구」, 「十二分(십이분) 인정」, 「痛烈(통렬)한 울림〔響〕을 받음」 등 필자의 說(설)에 同調(동조)하는 편지가 왔다. 그리고 역사 교과서에서 임나 관계의 글은 모두 삭제하였다. 필자는 우리 학계의 公認(공인)을 받기 위해 편지를 보내준 분들의 양해를 얻어서 이를 번역하고, 그 원문을 影印(영인)한 것을 添附(첨부)하여 『任那日本府는 對馬島에 있었다(일본 讀者(독자)들의 書翰集(서한집)』(2006)의 이름으로 책을 내었다. 아래에 보이는 것은 일본의 사학계에서 한일관계사 연구의 제1인자라 할 수 있는 東北大學(동북대학)의 이노우에〔井上秀雄〕 명예교수가, 그곳 月刊誌(월간지)에 실은 필자의 『日本古代地名の研究』(2000)에 대한 '추천문'이다.

> 나는 이 책을 研究者(연구자)뿐만 아니고 한국의 역사와 문화에 관심이 있는 사람은 누구나 꼭 一讀(일독)하기를 권하고 싶습니다. 그것은 이 책이 언어학과 역사학에 새 바람을 불어 넣은 까닭입니다. 그의 自序(자서) -한국에 있어서 일본이란 무엇이냐-라고 한 視點(시점)을 堅持(견지)하고 있는 것에 있습니다. 그와 같은 입장을 명확하게 함으로써, 하나 하나의 事象(사상)을 밑뿌리부터 생각을 고치는 것이 歷史學(역사학)입니다. 이 책을 읽으면 우리 일본인은 역사학에 대한 태도를 바꾸게 될 것으로 생각됩니다.……특히 대마도의 지명을 추적함에 의하여 任那(임나)가 대마도에 있었다는 것을 解明(해명)하고 있습니다.
>
> 〈위 글은 필자의 『나의 스크랩북』에 실은 原文(원문) 影印(영인)한 것 참조〉

『任那日本府と倭』(임나일본부와 왜)(임나남한설 주장)의 저자이기도 한 이노우에 명예교수가 자기의 說(설)을 버리고 필자의 임나 대마도설을 인정하였음은 유의할 만하다. 그리고 일본 독자들에게 이 책을 읽기를 권하는 이유에 대하여, '이 책은 언어학과 역사학에 새 바람을 불어 넣은 까닭'이라 하고, 또 이 책을 읽으면 '우리 일본인의 역사학 즉 한일관계사에 대한 태도를 바꾸게 될 것'이라고 한 것도 유의할 만하다.

필자는 이 책에서 한일 양국의 고대 지명의 비교 연구로, 일본 지명의 뿌리가 한국이라 하고, 建國(건국) 用語(용어)도 한국과 같음을 보아서 일본의 고대 국가는 농경문화를 가진 한반도 사람들이 세운 것이라고 하였다. 또 일본어 '渡(건너가다)'를 뜻하는 「와다-루」라는 말의 語源(어원)이 한국어라 하였다. 즉 「와다」는 한국어 「바다〔海〕」에서 변한 것이고 「루」는 명사를 동사로 만드는 접미사로서, 이 「와다-루」(渡)라는 말과 함께 고대에 한국에서 많은 사람과 文物(문물)이 바다를 건너갔을 것이라고 하였다. 한국과 일본은 역사적으로 서양에서 英(영)·美(미) 관계와 같은 관계라 하였다.

그리고 『일본서기』 神話(신화)에서 나오는 소위 天孫降臨(천손강림)의 신화 즉 '일왕의 시조격인 天照大神(천신대조)의 손자〔天孫〕인 瓊瓊杵尊(경경저존)이 하늘에서 구름을 타고 일본 땅에 내려갔다'는 신화는, 그의 손자가 신라의 수도 慶州(경주)에서 일본 南九州(남구주)의 曾於(소오)의 땅에 이주한 사실을 신화로 만든 것이라고 하였다. 이곳에는 이미 신라인들이 「韓國(한국)」의 이름으로 나라를 세우고 농사를 짓고 살고 있었다(註 17의 拙稿 참조).

그리고 日本地名學硏究所(일본지명학연구소)의 이케다〔池田末則〕 소장은 위 拙著(졸저)에 대해 「일본 지명학의 紀念碑(기념비)」 또는 「世紀的(세기적) 待望(대망)의 書(서)」라고 높이 평하였다. 한 세기가 백년이니, 이 책은 백년에 하나 나올 수 있는 책이라는 뜻이다. 獨島(독도) 領有權(영유권) 자료 수집 등으로 자주 일본에 간 부산 외국어대학의 金文吉(김문길) 교수는 "현재 일본의 歷史科(역사과) 교수로서 필자의 이름을 모를 사람은 없을 것"이라고 하였다. 위와 같은 일본 학자들의 反響(반향)은, 필자가 일본 외무성 傘下(산하)의 日本國際交流基金(일본국제교류기금)의 초청(1년간) 등 8회 渡日(도일)하여, 일본 傳承(전승) 地名(지명)을 조사 연구하고, 대마도에도 네 번 가서 관련 지명을 조사(30

여일 체재)한 성과로 생각된다.

이상에서 한자·한문으로 기록된 문화유산을 살펴보았으며, 특히 고대에 가림토문자가 있었으며, 대마도에 임나가 있었다고 하는 『桓檀古記(환단고기)』의 기록을 역사적 사실로 인정해야 함을 말하였다.

다음에는 우리의 전통문화가 한자·한문을 통하여 오늘날 어떻게 전하고 있는가를 살펴보기로 한다. 오늘날 서양에서 들어온 과학문명은 物質文明(물질문명)임에 비하여 동양의 유교문화는 인간의 윤리와 도덕을 기반으로 하는 精神文化(정신문화)이다. 즉 유교문화는 인성교육을 위주로 하였는데, 이는 『論語(논어)』, 『孟子(맹자)』, 『大學(대학)』, 『中庸(중용)』 등 經書(경서)를 통하여 전해져 왔다. 그리고 그 기본은 三綱五倫(삼강오륜)이니, 三綱(삼강)은 세 가지의 벼리〔綱〕 즉 어버이와 자식, 임금과 신하, 남편과 아내의 사이에 마땅히 지켜야 할 도리를 말한다. 五倫(오륜)은 사람으로서의 지녀야 할 다섯 가지 인륜을 말하니, 즉 '어버이와 자식 사이에는 친함이 있어야 하고〔父子有親〕, 임금과 신하 사이에는 의리가 있어야 하고〔君臣有義〕, 부부의 사이에는 지켜야 할 분별이 있어야 하고〔夫婦有別〕, 어른과 아이 사이에서 次序(차서)가 있어야 하고〔長幼有序〕, 벗과 벗 사이에는 信義(신의)가 있어야 한다〔朋友有信〕.'라는 것이다. 오늘날은 민주주의 사회이니, 삼강과 오륜의 君臣(군신) 관계는 국가와 국민의 관계, 즉 忠(충, 충성심)으로 바꾸어 놓으면 될 것이다. 따라서 이 오륜의 정신은 아직도 살아 있다고 볼 수 있다.

이 오륜의 정신은 孝悌忠信(효제충신)으로 이어진다. 먼저 孝(효)에 대하여 보면, 이 글자는 老+子 자로 짜여 있다. 다만 老(늙을 로)의 「匕」이 생략되었다. 이 글자는 자식이 늙은 사람 즉 부모를 떠받치고 있음을 보이고 있다. 이 효의 정신은 우리의 가족 사회에 중심 사상이다. 부모가 조부모를 정성껏 모시고, 이를 본받은 아들이 또 부모를 모시는 것이 우리의 가족 사회의 중심 사상이다. 영국의 역사학자인 토인비는, 이와 같은 우리의 가족 사회에 대하여, 늙고 병들어도 안심하고 세상을 뜰 수 있는 인간의 理想型(이상형)이라 하였다.15) 부모에게 효도함을 反哺之孝(반포지효)라고도 한다. 이는 까마귀를 뜻하는 反哺之鳥(반포지조)에서 온 것인데, 이는 까마귀의 새끼가 자라서 늙은 어미 까마귀에 먹을 것을 물어다가 줌에서 온 말이다. '反'은 '도리어', '반대로'의 뜻이고, '哺'는 '먹일 포'자이다. 보잘 것 없는 날짐승(까마귀)도 부모에 은혜를 갚는데, 사람으로서는 말할 나위 없다는 것이다.

그리고 歸省(귀성)이란 말은 돌아가서〔歸〕 부모가 편안한지 어떠한지를 살핀다〔省〕의 뜻이다. 다음의 悌(제, 공경 제)를 보면, 「心(忄)+弟」로 되어 있다. 이는 형에게 아우(弟)가 마음〔心〕으로 공손히 한다는 뜻이다. 다음의 忠(충, 충성 충)은 中+心이니, 이는 마음〔心〕 가운데〔中〕서 나오는, 거짓이 아닌 진실을 뜻한다. 그리고 信(신, 믿을 신)은 人+言이니, 이는 사람과 사람 사이에서 말〔言〕을 지키는 것이 信(신)임을 뜻한다. 이와 같이 孝悌忠信은 인간의 윤리를 말하며, 이 중에서도 孝(효)는 百行之源(백행지원) 즉 백 가지 행실의 근원이라 하였다.

다음에는 이 효의 사상과 관련하여 몇 말 덧붙이고자 한다. 즉 人性(인성)에는 理(이, 이치)와 情(정)이 있는데, 理는 딱딱하고 情은 흐르기 쉽다. 그런데 公的(공적)인 일에 있어서는 理로 통해야 하고, 가족이나

---

15) 李應百, 「道義教育과 語文政策」『한글과 漢字는 國語의 두 날개』(2009) p.275 참조.

친구 간에는 정으로 통하는 일이 많다. 그러나 嚴父(엄부) 즉 엄한 아버지라는 말에서 보는 바와 같이, 엄하면서 질서가 있고, 그 속에 친함과 정이 있는 것이 부자 관계이다. 노부모가 자식을 기다리고 할아비가 손자를 기다리는 것은 사람의 常情(상정)이다. 그런데 우리는 부모의 死後(사후)에 제사를 지내고, 조상에게도 제사를 지낸다. 省墓(성묘)도 하고 時祭(시제)도 지낸다. 부모 또는 조상의 靈魂(영혼)이 있다고 생각하고 제사를 지낸다. 이것도 효의 사상에 의한 것이다. 그리고 어느 지방 없이 제사 床(상)에 복숭아〔桃〕를 올리지 않으며, 일본의 신화에 복숭아 나무로 귀신을 쫓았다 함을 보아서 신이 있는지도 모른다. 가정에 모시던 家廟(가묘)의 神柱(신주)는 반드시 밤나무〔栗〕로 만들었으니, 밤나무가 神(신)을 잘 타는 까닭인 듯하다.

이는 동물에서도 볼 수 있으니, '노루 고기를 먹으면 재수가 없다.' 하고, '노루 잡은 몽둥이 3代(대)를 우룬다(피해를 준다)'는 말도 있다. 朴正熙(박정희) 대통령 弑害(시해) 사건도 박 대통령이 지방의 순시에서 돌아와서 헬리콥터에서 내릴 때에, 헬리콥터에 노루가 치어 죽은 얼마 뒤에 생긴 일이다. 당시에 헬리콥터에 노루가 치어 죽은 사실을 신문 기사에서 읽고, 不吉(불길)한 징조라고 하였다. 서양에도 靈媒(영매)라는 말이 있으니, 이는 신령의 세계와 인간의 세계를 매개하는 사람을 말한다. 이러한 것들로 보아서 과학으로 알 수 없는 신령의 세계가 있는 것으로 생각된다. 어떻든 조상의 신령이 계신다고 생각하고 제사를 지내는 祖上(조상) 숭배의 정신은 좋은 일이다.

다음은 대마도에 가서 대마도 지명 연구의 제1인자라 할 수 있는 그곳의 후지이〔藤井勝男〕씨를 만났을 때의 이야기이다. 필자는 『日本書

紀(일본서기)』의 임나 기사에 나타난 지명을 대마도의 지명에서 찾기 위하여 대마도에 갈 때마다 그의 도움을 받았다. 그러나 임나에 관한 이야기는 일체 말하지 않았다. 협조해 주지 않을지 모르기 때문이다. 그러나 뒤에 이에 대한 拙著(졸저)를 기증하였더니, 필자의 임나 대마도설에 동감한다는 서신이 왔다〔후술 3.5. p.210〕 그는 喪妻(상처)를 하고 혼자 살고 있었는데, 한번은 "자식들이 찾아오지 않는다." 하고, 그의 외로움을 말하였다. 우리는 평소에도 하거니와, 설, 추석의 명절 제사에는 물론, 忌祭祀(기제사) 때도 자식들과 친척들이 모여 제사도 지내고 情談(정담)도 나눈다. 그러나 일본에는 이러한 제사가 없다.

한국은 유교문화의 나라임에 비하여, 일본은 불교문화의 나라이다. 집집마다 神壇(신단, 가미다나)이 있으나, 이에는 대개 日王(일왕)의 시조격인 天照大神(천조대신)을 모시고 있다. 이 천조대신은 앞에서도 말한 바와 같이 신라 慶州(경주)의 女人(여인)이다. 그런데 설날(양력 1월 1일)에도 그 지방에 있는 神社(신사)에 참배하고 고향에 있는 부모를 찾아갈 줄 모른다. 일본인이 세계에서 孤獨死(고독사)가 가장 많다고 하는데, 그 이유가 여기에 있다. 일본인은 사회의 公德心(공덕심), 질서의식, 근면성 등 좋은 점도 많으나, 이러한 의미에서 그들은 가장 불행한 삶을 살고 있다.

이에 비해 우리는 명절 때가 되면, 천리 길도 멀다 하지 않고 부모를 찾아간다. 필자는 일본 지명 조사차 渡日(도일)하여 일본 사회를 보고, 또 대마도의 후지이〔藤井勝男〕씨의 말을 들은 뒤로는, 우리는 얼마나 행복한 삶을 살고 있는가를 생각하게 되었다. 이러한 美風良俗(미풍양속)을 이어가기 위해서는, 유교문화가 오래 지속되어야 할 것이다.

3) 한자 문화권의 나라들과의 교류를 위하여

이 지구상의 인류의 문명은 크게 두 갈래로 발전하여 왔으니, 그 하나는 알파벳문자와 라틴문자를 기초로 하는 서양문명과, 그 다른 하나는 漢子(한자) 또는 漢字語(한자어)를 根幹(근간)으로 하는 동양문화가 그것이다. 그리고 인류의 문명은 地中海(지중해) 문화에서 大西洋(대서양) 문화권을 형성하였으나, 이제 太平洋(태평양) 문화권을 형성하고 있으며, 이 중에서도 우리는 일본, 중국, 臺灣(대만), 홍콩〔香港〕, 싱가폴 등 17억의 人口를 가지는 한자 문화권의 한 나라로서 살고 있다. 그러므로 한자는 이들 나라들과 架橋(가교)로서의 구실을 한다.

근래에 와서 정치·경제·외교·문화의 교류가 활발해지고, 정치인·기업인 또는 관광객의 내왕이 잦아졌다. 이와 같이 인적 교류가 활발해짐에 따라서, 서로의 의사 소통의 도구로서 漢字(한자)가 더욱 필요하게 되었다. 이는 필자에게 보내온 李明博(이명박) 전 대통령의 서신〔前述 1.1. p.22〕에서 볼 수 있다. 즉 「고등학교에서 한자를 철저히 배운 덕분에 전세계 여러 나라를 다니면서 기업 활동을 할 때, 중국어·일본어를 몰라도 대략의 뜻을 유추할 수 있어 큰 도움이 되었다.」는 말에서 볼 수 있다.

이와 반대로 한자를 배우지 않아서 따돌림을 받은 예를 權彛赫(권이혁) 전 교육부장관의 말에서 볼 수 있다. 즉 일본 도쿄〔東京〕에서 있었던 한·중·일 삼국의 대학생들의 親善(친선)을 위한 모임에서 중국과 일본의 대학생들은 한자로써 성명과 주소 등을 筆談(필담)으로 意思(의

사)를 소통하고 있었으나, 우리의 대학생들은 우두커니 앉아있더라는 말에서 볼 수 있다.

그리고 근래에 와서 정치인, 기업인들은 물론, 관광객의 내왕이 늘어남에 따라서 우리는 중국과 일본 등과 같은 한자 문화권의 나라들을 여행할 때에 공항 출입구의 入國(입국) 신고서에서 한자를 共用(공용)할 수 있어야 하며, 名啣(명함)도 한자로 통용하는 것이 편리할 것이다. 그리고 도로의 표지판이나 간판 등에 자기나라의 글자(우리는 한글)와 알파벳 자와 함께 한자 표기도 인정되어야 할 것이다. 그런데 이에 대해 우리의 정부는 매우 소극적이다. 그러한 예로서, 1988년 서울에서 개최된 올림픽대회를 앞두고 당시 문교부장관이었던 權彛赫(권이혁) 장관은 國務會議(국무회의)에서 慶州(경주)의 佛國寺(불국사) 등 관광객이 많이 찾을 만한 곳의 지명은 한자로 표기할 것을 제의하였으나, 모두 반대하여 이를 시행하지 못했다고 하였다. 관광객들이 한국에 올 때는 우리글(한글)을 배워서 오라는 것이다.

우리의 관광지나 도로명을 한자로 표기한 것은 1999년 金大中(김대중) 대통령 때의 일이다. 그러나 釜山(부산)에서는 이보다 10여년 앞선 1987년에 지하철역의 이름에 한글과 함께 한자로 표기하였으며, 현재 시내버스의 車體(차체)에도 行先地(행선지)의 지명을 한자로 표기한 것을 볼 수 있다.16)

16) 1987년 필자가 滯日(체일) 중에 일본의 古都(고도)인 나라〔奈良〕시의 지하철의 예를 보고 와서, 부산의 지하철 관리소에 전화를 내었더니, 관계자가 필자의 연구실에 찾아왔다. 일본에서 본 것을 말하여, 각 역마다 오늘날과 같이 「한글·한자·알파벳자」로 표시하게 되었다. 부산에서 지하철이 생긴 지 얼마 안 되어, 그때까지는 표지판 하나 없었다. 그리고 1981년에 渡日(도일)하였을 때에 그곳에서는 女(여)차

그리고 한자 문화권의 나라들 중에서도 한·중·일의 삼국 사이에는 공통된 用語(용어)가 많다. 國語(국어)의 70%가 한자어인데, 그 중에서는 우리나라에서 造語(조어)된 것과 중국에서 조어된 것도 있으나, 일본이 西歐(서구)의 문물을 먼저 받아들이면서, 일본에서 만든 것이 많다. 특히 學術語(학술어)에서 그러하니, 演繹(연역), 歸納(귀납), 絶對(절대), 先天(선천), 範疇(범주), 權利(권리), 現象(현상), 主觀(주관), 客觀(객관), 觀念(관념), 哲學(철학), 美術(미술), 物理(물리), 化學(화학), 神經(신경), 討論(토론), 元素(원소) 등은, 일본이 18세기 이래로 서양의 학문을 부지런히 받아들여 애써 만든 것이다. 이러한 한자어는 영어 등에 能(능)한 사람과 한자·한문에 능한 사람들이 같은 집에서 宿食(숙식)을 같이 하면서 만든 것이라 한다. 이러한 한자어를 일본의 학생들은 한자의 표기를 통하여 배우는데, 우리의 학생들은 한글 표기를 통하여 배우니, 그 理解(이해)의 깊이가 같을 수 없다.

위에서 보인 것뿐만 아니라, 會社(회사), 株式(주식), 食堂(식당), 最善(최선)을 다하다 등 일상생활에 쓰이는 말들도 그들이 만든 것이 많다. 우리는 일제 强占期(강점기)에 당한 侮辱(모욕)을 생각하고, 그들이 만든 말을 쓰는 것을 부담스럽게 생각할지 모르나, 그들에게 한자·한문을 가르쳐 준 것은 百濟人(백제인) 王仁(왕인)이다. 그러므로 한자·

장이 없고, 승객이 버스의 車體(차체)에 쓰인 번호를 보고 乘車(승차)하는 것을 보고 와서, 전국 각 도지사와 특별시장 등에 일본에서 본 것을 建議(건의) 형식으로 편지를 보냈다. 부산시에는 시장실에 비서로 근무하던 외종질과 함께 교통과장에게 직접 가서 설명하여, 부산시는 다른 道(도)와 市(시)보다 먼저 여차장 제도가 없어졌다. 그리고 지하철역에 한자를 쓴 것을 본따서, 현재 시내버스의 차체에도 行先地(행선지)의 번호와 함께 終着(종착) 정류소의 이름을 한자로 쓴 것을 볼 수 있다.

한문은 한·중·일 삼국의 共用(공용)의 문자라 생각하면 될 것이다.

한자 문화권 중에서도 우리는 일본과 중국과의 교류가 많다. 그들과 교류하고 경쟁하기 위해서는 그들을 알아야 하는데, 그들을 알기 위해서는 우선 신문을 읽을 수 있어야 한다. 신문은 국내 소식은 물론, 국제적 정보를 알려주는 눈과 귀의 구실을 하기 때문이다. 그러나 한자 지식이 부족한 젊은 세대는 한자도 잘 못 읽거니와, 한글로 표기된 한자어는 더욱 그 뜻을 모른다. 아래에 신문기사의 제목에서 몇 예를 들기로 한다.

ㄱ) 취업 너무 잘되어 공무원 지원 줄어, 일본은 지금 한국과 정반대의 고민(조선일보 2019.7.18.)

ㄴ) 11년 동안 日 출판 불황에도 - 年 매출 1,200만엔 찍은 이 서점(同 2016.6.25.)

ㄷ) 일본은 내일부터 '정년 70세' 시대 - 고령자 고용안정법 추후 의무화 추진(同 2021.3.31.)

ㄹ) 군사 대국 일본, 호위함 4척 개조해 세계 3대 항모國(同 2019.5.29.)

ㅁ) 日, 독도 출동 때 전투기 출격시사 - 국방백서에 자위대 동원 언급(同 2019.9.28.)

ㅂ) 中國 특허 출원 133만 건 - 美國의 2배 넘어(同 2019.1.1.)

ㅅ) 美 환대한 중국의 속내 - 너에게 배워서 너를 이긴다(同 2020.9.5.)

ㅇ) 네이처 "중국 과학 일대일로에 개도국 기술 종속 우려"(同 2019.5.24.)

ㅈ) 중국 경제 2028년 세계 1위? … "GDP 추월해도 패권국은 미국"(同 2021.4.1.)

ㅊ) 韓中 대륙붕 石油 공동 개발(同 2019.4.23.)

위 ㄱ)~ㄷ)에서 어려운 한자어는 없으나, 일본의 社會狀(사회상)을 잘 보여주고 있다. 즉 ㄱ)에서는 일본에서 젊은이들의 求職難(구직난)이 해결되어 가고 있다는 것이고, ㄴ)에서는 11년간이나 出版界(출판계)가 불황이던 중에서도, 이 서점에서는 1년간의 賣出額(매출액)이 1, 200만엔이 될 만큼 책이 많이 팔렸다는 것이다. 이는 일본인들이 그만큼 책을 많이 읽음을 의미한다. ㄷ)에서 일본은 정년을 늘린다고 하였으나, 우리는 「노조가 정년 연장 시도하자, 청년들이 막아섰다.」고 하였다(조선일보 2021.6.17. 1면 머릿기사). ㄹ)에서 일본이 헌법상으로 군대를 가질 수 없으나, 실질적으로 군사 대국임을 보인다. 「항모國」은 航空母艦國(항공모함국)을 줄인 말이다.

ㅁ)의 예에서 「출동」과 「출격」은 出動(출동)과 出擊(출격)의 표기로, '出(출)'은 '날 출'자이고, '動'은 '움직일 동'자이고, '擊'은 '칠 격'자이다. 「시사」는 '示唆'의 표기로, 이는 미리 그 뜻을 알리는 것을 말한다. '示'는 '볼 시'자이고, '唆'는 '꾀어서 시킬 사'자이다. 「국방백서」는 '國防白書'의 표기어다. '白'은 '흰 백', '書'는 '글 서'자로, 이 白書(백서)의 유래는 영국의 공식 문서에 흰 표지로 한 것에서 온 것이다. 이는 정부가 발표하는 공식적 實情(실정)의 보고서를 말한다. 아베〔安倍晋三〕정부는 獨島(독도)를 일본의 영토라 하고 自衛隊(자위대)의 출동까지 언급하였다. 그러나 이는 큰 잘못이다. 나카소네〔中曽根康弘〕 전 총리와 에다〔江田五月〕 전 參議院(참의원) 議長(의장)은 필자의 독도의 한국 領有權(영유권) 주장에 同調(동조)하였다.[17] 그런데, 일본에서 교

---

17) 필자는 獨島(독도)가 한국의 영토임을 고증한 논문 「獨島(竹島)の領有權問題」(46쪽 분량)을, 2000년부터 2017년까지 일본의 정부 고위인사, 국회의원 전원과 東京都,

과서에 독도를 그들의 영토라고 가르치고 있으니, 장차 이를 배운 어린이들이 成人(성인)이 되어, 독도(일본명 竹島(죽도)) 영유권을 주장할 때에, 우리의 젊은이들이 「독도」는 읽어도 한자로 표기된 「獨島」를 읽지 못한다면 독도를 어찌 지켜낼 것인가? 또 독도가 한국 영토임을 밝혀낸 기성세대의 논문이나 자료를 읽지 못한다면, 어찌 독도를 지켜낼 수 있을 것인가 하는 것이다.

ㅂ)에서 「특허출원」은 特許出願의 표기로, 이는 業績(업적)이나 새 發明(발명)을 特許局(특허국)의 原簿(원부)에 올려서 그 권리를 인정 받기 위해, 願書(원서)를 내는 것을 말한다. 그런데 그 출원의 件數(건수)가 중국이 미국의 2배를 넘어섰다는 것이다.

ㅅ)에서 「환대」는 '歡待'의 표기로, 이는 반겨서 후하게 대접하다의 뜻이다. 중국의 「너에게 배워서 너를 이긴다」는 속내는 원자탄의 기술도 미국에게 배워와서 미국과 대립하고 있는데서도 볼 수 있다.

ㅇ) 네이처는 영국의 과학기술자의 이름이다. 그는 중국의 기술이 일대일로(一帶一路, 육해상 실크로드)로 발전하여, 개발도상국이 장차 중국의 기술종속국이 될 염려가 있다고 하였다. 「개도국」은 開發途上國(개발도상국)이 줄어진 말이다. ㅈ)에서는 중국이 2028년에는 세계 경제의 1위가 될 것이라 보았다. 그러나 세계의 패권국은 미국으로 보

大板府, 島根縣(일본은 독도가 이 현에 속한다고 함)의 知事(지사)와 都, 府, 縣 의회 의원 전원과 언론사 등에 5,500부를 기증하였다(한국일보, 2017. 3. 20. 참조). 나카소네〔中曾根康弘〕 전 총리는 이 논문을 읽고 보내온 회답에서 「대단히 참고가 되었으며, 흥미 깊게 拜讀(배독)하였습니다」라고 하였으며, 에다〔江田五月〕 당시 參議院(참의원) 의장은, 「이 문제는 대단히 어려운 문제이기는 하나, 하는 일에 돌에 걸려서 넘어지는 일(일본어 つまつきの石)이 없기를 바랍니다」라고 하였다. 졸저, 『나의 스크랩북 -왜곡된 古代韓日關史 바로잡기 60년-』(2015) pp.110~112 참조.

았다. 「패권국」은 '霸權國'의 표기로, '霸權(패권)'은 首領(수령)이나 勝者(승자)가 가지는 권리를 말한다. ㅊ)에서 「대륙붕」은 '大陸棚'의 표기로, '棚'은 '사다리 붕'자이다. 대륙붕은 육지의 주위를 둘러싸고 있는, 길이 약 200m 되는 곳의 느린 경사면을 말한다. 한·중 양국이 이곳의 石油(석유)를 공동으로 개발한다는 것이다.

현재 우리는 「사람 수 줄고 일자리 줄고 地方(지방)은 소멸 위기」라고 한다(2021.4.3. KBS뉴스). 이러한 어려운 형편에 한자 지식마저 부족하여, 일본·중국 등 이웃나라에 대한 정보마저 몰라서는 안 될 것이다.

싱가포르의 리관유〔李光耀〕 전 총리가 2006년에 來韓(내한)하여 한 講演(강연)에서 한·중 양국 관계를 두고, "현재 한국이 하고 있는 일을 앞으로는 중국이 하게 될 것"이라 하여 警告(경고)하였다. 즉 현재 한국을 먹여 살리고 있는 主力産業(주력산업)이 모두 중국으로 넘어갈 것이라는 것이다. 또 지금은 한국의 기업이 중국에 진출하고 있으나 앞으로는 중국의 기업이 한국에 投資(투자)하는 세상이 올 것이니, 그때는 한국인이 중국인의 社長(사장) 밑에서 「머슴살이」를 하게 될 것이라는 것이다(조선일보 2006.5.20. 社說(사설) 참조). 우리는 高句麗史(고구려사)와 渤海史(발해사)를 中國史(중국사)의 일부에 넣고 있는 중국의 동북 工程(공정)을 예사로 보아 넘겨서는 안 될 것이다. 우리는 일본과 함께 중국도 경계해야 할 것이다.

4) 大院君(대원군)의 鎖國政策(쇄국정책)과 오늘의 문자 쇄국주의 - 불행한 역사의 前轍(전철)을 밟지 않기 위하여 -

朝鮮朝末(조선조말), 興宣大院君(흥선대원군)은 외세는 모두 敵(적)으로 알고 서양에서 들어온 文物(문물)은 모두 배척하였다. 이에 비해, 이와 같은 시기에 일본은 개방 정책으로 서양에서 많은 文物(문물)을 받아들였다. 그리고 서양에 유학생을 보내어 많은 것을 배워 왔다. 그 결과 우리는 일본에 뒤떨어지게 되어 마침내 나라마저 빼앗겼다. 아래에 한・일 양국의 對外(대외)관계를 비교하여, 당시의 일을 돌이켜 보기로 한다.

먼저 대원군의 閉鎖(폐쇄) 정책부터 보기로 한다. 아래에 보이는 事件(사건)들은 高宗(고종) 在任時(재임시)의 일이기는 하나, 고종이 12세에 大統(대통)을 이어받은 관계로 대원군이 執權(집권)하였으며, 고종 10년(1873)년부터 고종이 직접 정치를 하였다.

고종 3년(1866) 1월에 天主敎人(천주교인) 南鍾三(남종삼) 및 프랑스인 베르네 등 선교사 9명을 처형함

同年(동년) 2월, 독일인 옵펠트는 미국 商船(상선)을 타고 와서 通商(통상)을 청함.

동년 7월, 옵펠트는 다시 와서 통상을 청함.

동년 7월, 미국 상선 제네랄셔어맨 호가 平壤(평양)에서 軍民(군민)의 공격을 받아서 불탐.

동년 7월, 斥邪綸音(척사윤음)을 頒布(반포)함.

동년 9월, 프랑스 艦隊(함대)가 再侵(재침)하여 江華島(강화도)를 격침함.

동년 10월, 鼎足山城(정족산성)에서 프랑스 軍(군)을 격파함(丙寅洋擾(병인양요))

고종 8년(1971) 2월, 淸(청)나라에 駐在(주재)한 미국 公使(공사)가 通商(통상)을 청함.

동년 4월, 청나라에 駐在(주재)한 미국 공사, 軍艦(군함) 5척을 거느리고 와서

통상을 요구함. 미국, 강화도를 점령함(辛未洋擾(신미양요))

위 고종 3년의 斥邪綸音(척사윤음)의 척사는 외세를 배척한다는 뜻이니, '邪'는 '간사할 사', '邪惡(사악)할 사'자이다. 윤음은 임금이 내린 말을 뜻한다. 동 3년 10월의 丙寅洋擾(병인양요)는 병인년(1866)년에 일어난, 서양인에 의한 騷擾(소요) 사태를 말하고, 동 8년 4월에 일어난 辛未洋擾(신미양요)는 신미년(1871)에 일어난 洋擾(양요)이다. 洋(양)은 西洋(서양)을 뜻하며, '擾'는 '요란할 요'자로서 소요함을 뜻한다.

이와 같은 시기의 일본 정부의 대외 정책을 보기로 한다.

孝明(효명) 2년(1866) 7월, 이타리아와 通商條約(통상조약)을 체결함.
同年(동년) 9월, 霜館奉行(상관봉행) 小出秀實(소출수실)을 러시아에 파견함.
동년 10월, 外同奉行(외동봉행) 向山一履(향산일리)를 프랑스에 駐在(주재)케 함.
동년 12월, 덴마크와 通商條約(통상조약)을 체결함.
明治(명치) 2년(1867), 日獨修好通商條約(일독수호통상조약) 調印(조인).
明治(명치) 4년(1871) 7월, 美(미) · 하와이와 통상조약 조인.
明治(명치) 6년(1873) 8월, 베루우와 通商航海(통상항해) 假條約(가조약) 조인.
明治(명치) 7년(1874) 6월, 美合衆國(미합중국)과 郵便(우편) 교환 조약 체결.
明治(명치) 12년(1879) 7월, 美 전 대통령 구란트 來朝(내조).

위에서 본 바와 같이, 우리는 서양인을 배척하고 그들과의 통상을 거부하는 등 서양의 문물을 받아들이지 않는데 비하여, 일본은 이타리아, 러시아, 프랑스, 덴마크, 독일, 美合衆國(미합중국) 등과 통상하여 서양의 문물을 받아 들였으며, 또 많은 사람들을 서양에 보내어 그들로부터 새로운 지식을 배워오게 하였다. 그들은 영국과 프랑스인들이 다른 나라를 지배하여 그들을 植民地(식민지)로 만든 것도 보고 왔을 것이다.

이 무렵 일본에서는 『日本書紀(일본서기)』에 나타나는 任那(임나)가, 古代(고대) 南韓(남한)에 있었던 그들의 식민지였다는 侵略史觀(침략사관)이 유행하여, 한국 지배에 대한 野心(야심)이 커져가고 있었다. 이때에 우리는 高宗(고종) 31년(1894)에 全羅道(전라도) 古阜郡(고부군)에서 東學亂(동학란)이 일어났다. 정부는 약 1,000명의 政府軍(정부군)을 보내었으나 이를 鎭壓(진압)하는 데 실패하자, 정부는 청나라에 請兵(청병)하였다. 그런데 일본은 청병도 하지 않았는데 군대를 보내왔다. 동학란은 진압되었으나, 청과 일본은 韓半島(한반도)를 서로 지배하겠다고 하여 淸日戰爭(청일전쟁, 1894~1895)이 일어났고, 이에 승리한 일본은 러시아와 한반도를 서루 지배하겠다고 하여 露日戰爭(노일전쟁, 1904~1905)이 일어났고, 일본이 이에 이겨, 우리는 1910년에 國權(국권)을 일본에 빼앗기게 되었다.

위에서 본 바, 대원군의 쇄국정책 → 治安力(치안력)의 부족에 의한 동학란 진압의 실패 → 淸(청)나라에의 請兵(청병) → 일본의 派兵(파병)으로 이어지니, 이는 우리의 弱點(약점)으로 禍(화)를 스스로 불러들인 것이나 다름 없다. 이로써 보면, 오늘날 우리는 문자 쇄국정책에 의한 한자 폐지정책으로 또 하나의 약점을 만들고 있는 것이다.

위에서 본 바와 같은 대원군의 폐쇄정책은 壬辰倭亂(임진왜란, 1592) 당시에도 볼 수 있다. 임진왜란에서 海戰(해전)에서는 우리가 크게 이겼으나, 陸戰(육전)에서는 패하였다. 육전에서 일본이 이긴 이유는 그들이 銃(총)을 가졌기 때문이다. 그들이 총을 가진 내력은, 1543년에 南九州(남구주)의 가고시마〔鹿兒島〕縣(현)의 다네가시마〔種子島〕에 漂着(표착)한 포르트갈인으로부터 이곳 島主(도주)가 조총(鳥銃, 새를 잡는 총) 두 자루를 얻어서, 이를 改良(개량)하고 量産(양산)하여 壬辰亂(임진란)에 쓰게 되었다고 한다.

그런데 이 무렵에 우리에게도 西洋人(서양인)들이 다녀간 기록이 남아 있다. 즉 『宣祖實錄(선조실록)』 31년(1598) 5월 條(조)와 9월 조에 「海鬼三人(해귀삼인)」과 「海鬼獺者(해귀달자)」의 기록이 있다. 여기서 「海鬼(해귀)」라 함은, 서양인들의 눈알이 푸르고 코가 높은 것을 보고, '바다〔海〕를 건너온 귀신〔鬼〕'이라 생각한 것이다. 獺者(달자)의 '獺'은 '물개 달'자이니, 그들을 「獺者」로 표기한 이유는, '그들이 바다를 헤엄쳐 온 물개와 같다'고 생각한 것이다. 그들을 「海鬼」 또는 「獺者」로 표기함을 보아서, 그들을 卑下(비하)하여 인간적인 접촉이 없었음을 알 수 있다. 이를 보아서 가령 그들이 조총(또는 총)을 가지고 있었다고 하더라도 이를 얻지 못했을 것이다.

그리고 孝宗(효종) 4년(1653) 8월에 네덜란드인 하멜 등 30여 명이 濟州道(제주도)에 漂着(표착)한 일이 있었다. 그들은 이듬해에 서울에 送置(송치)되어 訓練都監(훈련도감)에 예속되었다. 하멜은 14년간의 억류생활을 하다가 1666년 9월에 동료 7명과 함께 탈출에 성공하여 일본의 나가사키〔長埼〕를 거쳐서 본국으로 돌아갔는데, 그가 쓴 『하멜표류기』에 의해 한국의 이름이 구라파에 처음으로 알려지게 되었다고 한다. 그런데 그들 중에는 총과 대포를 만드는 기술을 가지고 있었다고 한다. 그러나 우리의 정부에서는 그들로부터 아무런 것도 얻지 못하였다. 異

國人(이국인)을 비하하고 배척했던 까닭이다. 우리는 孔子(공자)와 孟子(맹자)의 道(도)가 아니면 모두 「異端(이단)」이라 하여 배척하였다.

우리의 배척 意識(의식)과 일본의 受容(수용) 정신에 대한 이야기를 하나 더 하기로 한다. 임진왜란이 끝나고 일본에 붙들려 간 陶瓷器工(도자기공)들의 마을에 가서 본 이야기이다. 필자는 1983년 2월에 일본 南九州(남구주)의 地名(지명) 조사로 간 기회에 남구주의 苗代川(묘대천)에 있는 壬亂遺民(임란유민) 沈壽官(심수관) 家(가)를 찾아갔다. 이 심수관 가는 1代(대) 심수관의 이름을 따서 대대로 심수관 2대, 3대로 불러왔는데, 필자가 찾은 심수관은 14대였다. 그가 사는 이 마을은 임란 직후 陶工(도공) 80여 명이 붙들려 왔는데, 이제 250여 戶(호)가 된다고 하였다. 혼인도 같은 마을의 陶工(도공)끼리 하였다고 한다.

필자는 14대 심수관씨의 안내로 그 마을에서 모시는 檀君神社(단군신사, 현재 그곳의 지명을 따서 玉山神社(옥산신사)라 부름)에 참배하였다. 14대 심수관은 『日本の陶器(薩摩篇)』의 著者(저자)로, 일본 도자기 문화의 방송에도 여러 번 출연하는 등, 그의 이름이 전국적으로 널리 알려져 있다. 그의 집에는 歷代(역대) 조상들이 만든 陶藝品(도예품)이 전시되어 있었으며, 12대 심수관 때에는 프랑스 巴里(파리) 萬國博覽會(만국박람회)에 도예품을 출품하여 銅賞(동상)을 받았다고 하였다. 일본 정부는 도공들을 데리고 가서 그들이 만든 도예품을 외국에 수출하는 등, 오늘날 그들은 잘 살고 있었다.[18] 불행 중 다행이었다. 필자는 이를 보고, 만일에 그들이 폐쇄적인 우리의 사회에 있었더라면, 오늘날

18) 拙著, 『知日은 克日의 길, 日本을 바로 알자』(2003) pp.37~44 참조.

그들은 어떠한 모습이었을까 하고 생각하여 보았다.

이상에서 우리는 폐쇄적인 思考(사고)로 남을 배척함에 비하여, 일본은 개방적인 사고로 남의 것을 수용함을 보았다. 이는 과거의 일로만 볼 수 없다. 오늘날 우리는 한글이 우리 글이고 한자가 남의 글이라는 이유에서 한자를 배척하고 한글 전용의 길을 가고 있다. 이에 비하여 일본은 한자를 수용하여, 이로써 國力(국력)을 기르고 있다. 우리의 爲政者(위정자)들도 한글 전용정책의 폐쇄적 사고를 버리고, 한자를 수용하여 국가의 경쟁력을 길러야 할 것이다. 다시 말하여, 大院君(대원군)의 閉鎖(폐쇄)정책에서 보는 바와 같은, 불행한 역사의 轉轍(전철)을 밟지 않아야 할 것이다.

3. 중국・일본 및 북한의 한자 교육과 우리의 한자 교육 문제

우리는 방대한 국토와 인구를 가지는 중국과, 높은 기술력과 자본력을 가지는 일본과 隣接(인접)하고 있다. 이 두 나라와 우리는 地政學(지정학)적으로나 역사적으로 같은 운명의 유대를 가지고 있다. 그러므로 그들과 소통하고 교류하는 다리〔架橋〕의 구실을 하는 한자를 몰라서는 안 된다. 이와 함께 이들 나라에서 한자를 몇 자나 가르치고 있는지도 알아야 할 것이다. 그리고 北韓(북한)에서 한자를 몇 자나 가르치고 있으며, 또 어떠한 식으로 가르치고 있는지도 알아야 할 것이다.

1) 한・중・일의 한자 교육의 現況(현황)과 國漢文(국한문) 혼용의 교과서로 가르치는 北韓(북한)

먼저 중국의 경우를 보기로 한다. 중국에서는 현재 常用字(상용자) 2,500자와 次常用者(차상용자) 1,000자를 합하여 3,500자를 가르치고 있다. 『康熙字典(강희자전)』에 올려 있는 5만 개에 가까운 한자에서 그 사용의 빈도가 높은 것을 뽑아서 초・중등학교까지 3,500자를 가르치고 있다. 1981년에 중국 정부가 정보처리용 표준 한자(GB2312-80) 6,763자를 公布(공포)하였는데, 그 중 출현 빈도가 높은 950자만 알고 있으면, 일반 읽을거리의 90%를 이해할 수 있고, 2,400자를 알고 있으면 99%를 이해할 수 있다고 한다. 그리고 한자 2,000자로써 日常生活(일상생활)에 쓰이는 거의 모든 한자어가 만들어진다는 것이다.[19)]

다음에는 일본에 있어서의 한자 교육을 보기로 한다. 일본에 있어서는 常用漢字(상용한자) 1,945자와 人名用(인명용용) 한자 284자를 가르치고 있다. 상용한자를 하필이면 1,945자로 한 것은, 2차 세계대전에서 1945년 8월 15일에 降服(항복)한 것을 잊지 말자는 것이다. 그들은 소학교(초등학교)에서 1,006자를 가르치고 중학교까지 2,136자를 가르치는데, 이로써 문자 해독율(解讀率)이 거의 100%에 이르며, 소학교만 졸업하여도 한자 투성이의 신문을 읽어갈 수 있다고 한다.

또 고등학교에서는 한자 쓰기를 시험 문제에 내어 한자를 외어 쓰며, 대학생들은 글씨도 達筆(달필)이라 한다. 즉 짜임새 있게 잘 쓴다고 한다. 소학교부터 모든 교과서에 한자와 가나(假名)자를 혼용하고 있다. 한자를 괄호에 넣어 숨기는 것이 아니고, 이를 露出(노출)시켜 눈에 익힘으로써 글을 速讀(속독)할 수 있고, 또 많은 책을 쉽게 읽을 수 있도록 하고 있다.

그리고 가나(假名)자에는 히라가나(平假名)와 가다가나(片假名)자가 있어, 보통의 글에서 히라가나(平假)자를 쓴다. 그러나 外來語(외래어)는 가다가나(片假)자를 써서 시각성이 있어 글 읽기가 더 편리하다. 그리하여 그들의 문자 표기에는 漢字(한자)·히라가나(平假名)·가다가나(片假名)·算數字(산수자) 등 4種(종)으로 되어 있다. 우리는 한글과 산수자와 외래어의 경우, 알파벳자를 쓰고 있다. 꼭 써야 할 한자는 거의 쓰지

19) 申昌淳, 『二十一世紀의 國語文法』(2019) p.207 참조.

않는다. 그들은 4종의 표기를 하는 만큼 노력을 더하나, 그만큼 문자생활이 편리하다. 즉 글을 읽는 속도도 빠르고 뜻의 전달도 정확하다.

다음에는 우리의 경우를 보기로 한다. 우리는 아직 常用漢字(상용한자)를 제정한 일이 없다. 해방 이후 한글 전용의 정책으로 이를 만들지 안한 까닭이다. 다만, 朴正熙(박정희) 정부 때에 閔寬植(민관식) 교육부장관의 노력으로, 漢文教育用(한문교육용) 基礎漢字(기초한자) 1,800자를 제정한 일이 있다. 이는 중・고등학교에서 선택과목으로나마 한문을 가르치고 있기 때문이다. 그러나 한문 과목은 한문에 대한 기초지식을 익히기 위한 것으로, 한문 시간에 가르치는 교재 역시 일상생활에 쓰이는 말과는 거리가 있다. 즉

談虎虎至 談人人至(호랑이를 말하면 호랑이가 오고, 사람을 말하면 사람이 온다.)
天下難得者 兄弟 易求者 田地(세상에 얻기 어려운 것은 형제이고, 얻기 쉬운 것은 밭과 땅이다.)

에서 보는 바와 같이 일상생활에 자주 쓰이는 글이나 말이 아니다. 즉 한문을 가르치는 목적을, 「한문에 대한 기초적 지식을 익혀, 한문 해독과 언어생활에 활용하는 능력을 기르며……先人(선인)들의 삶과 지혜를 익히고, 傳統文化(전통문화)를 바르게 이해시키는 데 있다.」고 하였다. 이는 북한에서 한문교과 시간에 일상생활에 쓰이는 말을 가르치고 있는 것과는 대조를 이룬다.

우리의 한문교과는 중학교와 고등학교에서 선택과목으로 가르치고 있어, 학교에서 선택으로 이 과목을 개설하여도, 학생이 이를 선택할

수도 있고, 안 할 수도 있다. 우리는 2009년, 즉 李明博(이명박) 정부 때에 학교장의 재량이기는 하나 초등학교에서 '창의적 체험활동' 시간에 한자를 가르치고 있어, 그나마 다행이었다. 이 시간에 수업을 받는 학생이 얼마나 되는지, 이에 대한 통계조사가 없으나, 閔賢植(민현식) 교수의 조사에 의하면, 해당 학년의 56%에 지나지 않는다고 한다. 학교장의 재량이므로 한자를 가르치지 아니한 학교도 있다고 한다.

대학 入試(입시)인 修能(수능) 시험에서는 한문을 제2외국어에 넣고 있어, 한자 한 자 모르고도 대학에 들어갈 수 있다. 대학에서도 1990년 전반기 경부터 한글 전용의 교재로 가르치고 있어, 초등학교부터 고등학교까지 12년을 공부하고 또 대학까지 16년을 공부하고도 한자가 섞인 신문 제목을 읽지 못하며, 한글 전용의 신문이라 하더라도 한자어의 뜻을 잘 알지 못한다. 一言(일언)으로 하여 '절름발이 교육'을 해온 것이다.

다음에는 북한에서의 한자 교육의 실태를 보기로 한다. 북한에서는 교육용 한자 3,000자를 가르치고 있다. 즉 1964년과 1966년, 두 차례에 걸친 金日成(김일성) 主席(주석)의 教示(교시)에 의하여 1968년부터 한자 교육을 부활하고 한문 시간에 國漢文(국한문) 混用讀本(혼용독본)에 의하여 한자 교육을 하고 있다. 高等中學教(고등중학교) 1학년 즉 우리의 초등학교 5학년부터 중학교 2학년까지 1,500자를 가르치고, 대학까지 3,000자를 가르치고 있다. 1983년 3월의 북한 人民學校(인민학교) 高等中學校(고등중학교) 課程案(과정안)에 의하면, 고등중학교 1학년부터 국한혼용독본으로 한자를 가르치고 있다고 한다. 즉 우리의 초등학교 5학년에서 1학기에는 週(주) 2시간, 2학기에는 주 1시간씩

가르치고 있는 것으로 보인다.[20]

김일성 주석의 교시는 해방 후 약 20년이 지난 뒤에 있었던 일인데, 그의 교시가 있기 전까지, 북한에서는 철저히 固有語(고유어)로 조어하여 썼다. 즉 아이스크림을 「얼음보숭이」라 하고, 火山(화산)을 「불산」, 群島(군도)를 「떼섬」이라 하였다. 이에는 柳烈(류열) 씨 등 남한에서 넘어간 한글학회 회원들의 생각이 많이 반영되었을 것이다.

북한에서는 위에서 말한 바 「국한혼용독본」 뿐만 아니라, 생활용어도 한자어로 되돌아가는 사업이 벌어졌다. 즉 1964년~1985년까지 약 20년간, 國語醇化(국어순화) 사업을 하게 되니, 느낌도 → 感度(감도), 해논옷 → 旣成服(기성복)과 같이 한자어로 復歸(복귀)하는 사업을 하였다. 그리하여 1986년에 국어사전위원회가 펴낸 『다듬은말』에 따르면 그간 5만여 語彙(어휘) 중에서 그 절반에 해당하는 2만5천여개를 한자어와 외래어로 환원시켰다. 이는 1992년에 발간한 『조선말대사전』에 나타난다.[21] 북한에서 이와 같은 국가적 사업을 하게 된 이유는, 토박이말의 강조와 한글 전용으로 한자를 배척하여서는 얻는 것보다 잃는 것이 더 많음을 알게 된 까닭이다.

다음에는 북한에서 가르치고 있는 『國漢混用讀本(국한혼용독본)』 즉 한문 시간에 가르치고 있는 국한문 혼용의 교과서의 한 예를 보기로 한다. 북한에서는 1968년 이후로 내용상으로 조금씩 바뀐 것은 있으나, 지금도 국한문 혼용의 교과서로 가르치고 있다. 북한은 人民學校

20) 南廣祐, 「國民學校 漢字敎育의 당위성」 『한글과 漢字는 國語의 두 날개』(韓國語文會, 2009) p.78 참조

21) 金敏洙, 「北韓, 漢字語·外來語 다시 쓴다 -남·북한 언어의 차이-」 『한글과 漢字는 國語의 두 날개』(韓國語文會, 2009) p.309 참조.

(인민학교)가 4년제이므로, 아래에 보이는 중학교 5학년용 교과서는 남한의 중학교 3학년용 교과서에 해당된다.[22)]

第十四課 우리 나라의 山林

山을 綜合的으로 利用하고 山林資源을 不斷히 增大시키며 그것을 保護管理하는 事業을 强化할 데 對한 우리 黨의 正確한 山林保護政策에 依하여 우리 나라의 多種多樣한 植物은 훌륭히 保護增殖되여 茂盛한 森林資源을 이루고 있다.

그리하여 過去 半世紀間의 日帝의 掠奪的亂伐의 後果를 가시면서 到處에 自然保護區를 設定하고 國家的으로 保護하는 한편 全群衆的運動으로 油脂林, 纖維製紙林, 특수用材木 等 經濟林이 造成됨으로써 나라의 人民經濟發展에 크게 寄與하고 있다.

한편 護岸林, 土沙防止林, 海岸防風林, 衛生風致林을 비롯한 各種 保護林造成에 經濟的價値가 높은 油脂, 纖維製紙, 山果實나무들이 栽培됨으로써 一擧兩得의 效果를 얻고 있다. 卽 강기슭에는 護岸林을 造成하여 洪水의 氾濫을 막고 사태流失이 憂慮되는 곳에는 土沙防止林을, 바람의 被害가 甚한 地帶에는 黑松, 프풀라, 아까시아, 버드나무, 뽕나무 等 多種多樣한 나무들로써 防風林을 造成하고 있는 것이다. 實로 森林은 木材資源을 얻는다는 점에서뿐만아니라 土地를 保護하고 나라의 面貌를 一新케 하는 等 國土管理의 側面에서도 매우 意義가 큰 것이다. 그런데 七百餘萬町步의 山林地를 가지고있는 共和國南半部地域의 山林은 米帝와 그 走狗들의 掠奪的인 採伐과 害蟲被害로 말미암아 大部分이 荒廢化되어버렸다.

排水施設이 되어있지 않아 自然水害를 막을수 없는 것은 當然한 일이다.

---

22) 아래에 보이는 교과서의 예는 전국한자교육추진총연합회의 陳泰夏(진태하) 이사장이 러시아의 모스크바의 도서관에서 복사해 와서, 학회 발표 때에 여러 회원들에게 나누어 준 것이다.

日帝掠奪의 傷處를 가시지 않은데다가 八.一五 解放後의 소위 '遊擊隊討伐作戰'과 戰時와 戰後時期의 亂伐과 盜伐 等으로 말미암아 南朝鮮 全體森林이 荒廢化된 것이다.

하나의 實例로서 自然原始林을 자랑하던 溫帶南部植物區에 屬하는 五百里둘레의 지리산은 南朝鮮에서도 보기드문 原始林으로 뒤덮인 深山이였다. 그런데 오늘 이 산은 다만 봉우리에 얼마간의 古木이 남아있을 따름이다. 그러니 여기서 太白, 老嶺 山脈의 山林形便이 어떠한가에 對하여서는 더 말할 必要가 없다.

이와 같이 오늘 南朝鮮의 森林資源은 保護增殖되고 있는 것이 아니라 亂伐과 病蟲害로 荒廢化되고 있다(이하 생략).

새 漢字

亂 脂 纖 維 沙 値 裁 培 森 側

荒 廢 排 屬 驅 逐 涉 勉

課題

一. 다음 單語들의 每 漢字의 뜻과 音을 말하시오.

纖維-纖細 沙土-砂糖 森林-森嚴

側面-右側 荒廢-撤廢-荒野

排水-排斥

二. 다음 漢字들의 뜻과 音을 말하고 서로 結合하여 單語를 만드시오.

油 伐 脂 林 亂 値 培 屬 逐 裁 隸

行 驅 遂 價 勉 勤

三. 다음 홑자들을 結合하여 겹자를 만들고 뜻과 音을 말하시오.

志 白 言 鬼 區 木 靑 馬 爭

위에서 본 바와 같이, 북한에서는 일상생활에 필요한 한자어를 한자로 표기하여 가르치고 있다. 한자를 괄호 안에 倂記(병기)하여 漢字(한자)를 감추려는 우리와는 다르다. 그리고 각 單元(단원)마다 「새로 나온 한자」와 「課題(과제)」 등을 통하여 한자의 音(음)과 뜻을 알게 하고, 造語(조어)하는 힘까지 기르고 있다. 우리는 國漢文(국한문) 혼용을 해야 할 이유〔전술 2. p.81〕에서 말한 바, '文字(문자) 생활의 효율성' 등 뿐만 아니라, 南北韓(남북한) 통일에 대비해서라도 漢字(한자) 교육을 강화해야 한다.

위에서 중국과 일본, 그리고 북한에서 가르치고 있는 한자수를 말하였다. 아래에 이를 다시 정리하여 우리와 비교하기로 한다.

중국	○ 常用字	2,500자
	○ 次常用字	1,000자
일본	○ 常用漢字	1,945자, 이외에 人名用漢字 284자
한국	○ 한문교육용 기초한자	1,800자
	○ 상용한자	未定
북한	○ 교육용한자	3,000자

위에서 한・중・일 삼국은 東北亞(동북아)의 중심 국가로서 地政學(지정학)적으로나 역사적으로 공동 운명을 가진다고 하였다. 그리고 서로 소통하고 교류하는데 있어서 한자는 그 다리〔架橋〕의 구실을 한다고 하였다. 따라서 이 삼국 간에 있어서 공통된 상용한자의 필요성을 느끼게 되었다. 그런데 2013년 7월 8일, 민간 단체이기는 하나, '한・중・일 30인회'가 중심이 되어, 한・중・일 삼국에서 많이 쓰이는 한자를 뽑아서, 三國共通常用漢字(삼국공통상용한자) 800자를 선정한

일이 있었다. 이때에 한국 측의 대표로 참석한 李御寧(이어령) 전 문화부장관은 중앙일보 기자와의 인터뷰에서 다음과 같이 말하였다. 즉 "이는 단순히 글자 800자를 선정한 것이 아니라, 한자 문화권을 선언한 것"이라 하고, "세계의 중심이 아시아로 온다는 건 오래된 이야기이다. 앞으로 아시아 경제 공동체가 유럽연합(EU)처럼 될지는 몰라도, 아시아의 Thinking tool(사고의 도구)로서 알파벳자와 같은 강력한 문화권 하나를 만들어 보자는 것이며, 그렇게 되면 아시아에 강력한 문화적 連帶(연대)가 되지 않겠는가. 이건 세계의 축이 아시아로 옮겨오는 기반이 되는 것"이라 하였다.

그리고 일본의 후쿠다〔福田康夫〕 전 총리는 "삼국은 때로는 다투고, 으르렁거릴 때도 있었지마는, 지리 · 역사 · 민족적으로 운명의 유대를 가지고 있다"고 하고, "한 · 중 · 일의 공통의 말을 갖는다는 것은 상호 이해를 하는데 절대적으로 중요하다"고 하였다.[23)]

우리는 동북아 공동체를 위하고, 동북아 공동체의 한 軸(축)이 되기 위하여 한자 교육을 강화해야 할 것이다.

2) 우리의 한자 교육 문제에 대한 외국인 碩學(석학)들의 애정 어린 충고의 말〔忠言〕

해방 이후, 우리는 문자 기능에 대한 지식도 없이, 다만 해방의 감격으로 시작된 한글 전용, 즉 한자 폐지 정책으로 많은 문제를 가져왔

23) 중앙일보(2013. 7. 9. 특별취재) 「한 · 중 · 일 공동 한자 800자 발표, 미래세계 소통할 발판 만들었다」 참조.

다. 이에 대해 다수 국민의 문제 제기에도 불구하고, 정부 당국자는 左顧右眄(좌고우면)하여, 이 정책을 바꿀 생각을 하지 않았다. 이에 대해 한국에 와서 있는 외국인 碩學(석학)들의 객관적이고 애정 어린 충고의 말〔忠言〕을 듣기로 한다.

먼저 미국인으로서 서울대학교 사범대학 국어교육과 교수로 와서 있는 로버트 파우저 교수의 말을 듣기로 한다. 그는 『중앙 SUNDAY』 제311호(2013.2.24.)에 실은 「한자를 초등생부터 가르치자」의 寄稿文(기고문)에서 한글 전용 정책에 대해 다음과 같이 비판하였다.

> 한글은 民族(민족)의 상징이지만……역사의 흐름에 따라서 이에 대한 시대적 요구는 달라진다. 20세기의 한국은 일제 시대와 한국 전쟁 등 힘든 시기를 겪었다. 따라서 아픈 역사와 斷絶(단절)이 필요했고, 강한 민족적 자부심을 심어줄 필요가 생겼다. 이러한 시대적 요구를 한글 전용 정책이 채운 것이다. 그러나 20세기말에 와서는 경제가 발전하고 민주주의가 이루어졌으며 시대적 요구도 달라졌다. 지금은 열린 자세로 문화를 교류하면서 동시에 自國(자국)에 대해 깊이 이해하는 것이 요구되는 시대가 되었다. 그렇다면 더더욱 한국어의 문자에서 한자를 빼낼 이유가 없다. 한자는 한국문화에 영향을 많이 미친 중국 문명과 架橋(가교)로서 깊은 教養(교양)을 담은 문자이다. 동시에 경제적, 인적 교류가 많은 일본과의 가교가 될 수 있다. 한글을 우선하면서 한자의 가치를 인정하고 이를 문자 정책에 반영하는 것이 바람직하다. 그 첫걸음은 초등학교부터 국어 시간에 한자 교육을 포함시키는 것이다.

라고 하였다. 위에서 "한글은 민족의 상징이지만……문자에 대한 요구도 역사의 흐름에 따라서 달라진다 하고, 초등학교부터 국어 시간에 한자 교육을 포함시키는 것이 바람직하다."라고 하였다. 유의할 말이다.

다음에는 慶熙大學校(경희대학교) 國際大學院(국제대학원)의 미국인 페스트 라이쉬 교수의 말을 듣기로 한다. 그는 예일대학 중문과를 졸업하고 대만 국립대학 교환학생으로 1년간 있었고, 동경대학에서 석사학위를 받았고, 하바드대학에서 「韓日(한일)의 中國通俗小說(중국통속소설) 受容課程(수용과정) 비교연구」로 박사학위를 받았다. 그는 "한국에 대한 관심이 많아서 마지막으로 한국에 定着(정착)하게 되었다." 하고 다음과 같이 말하였다.

저는 學部(학부) 시절부터 동북아를 중심으로 아시아가 세계의 중심이 될 것이라는 막연한 느낌이 있었습니다. 오늘날 韓流(한류)라는 흐름 속에 전 세계 사람들의 한국 탐험에 대한 욕구가 늘어났습니다. 제가 중국과 일본의 문화에 대한 탐구를 거쳐서 최종적으로 한국에 닻을 내린 것도 바로 이것 때문입니다.

라고 하였다. 그리고 그는 한국의 傳統文化(전통문화)를 높이 評價(평가)하고, 한자 교육의 중요성을 말하였다. 그는 특히 '널리 人間(인간)을 이(利)롭게 한다.'는 한국의 「弘益人間(홍익인간)」의 정신을 重視(중시)하여 한국의 교육 이념은 海外(해외)의 다른 나라의 모범이 될 수 있다고 하였다. 그리고 한국의 전통문화에 대하여 다음과 같이 말하였다.

한국은 固有性(고유성)과 普遍性(보편성)을 동시에 가지는 독특한 전통문화를 가지고 있습니다. 얼마든지 전통문화 속에서 보편적인 素材(소재)를 개발하여 세계화시킬 수 있습니다. 노래, 춤, 화장품 위주의 韓流(한류)보다 한국의 전통문화를 주요 콘텐츠로 하는 '知識(지식) 한류'를 이루게 하는 것이 더욱 좋습니다. 한류가 비전과 희망을 제시해 줄 때, 그 지속성과 파급력이 더

클 것입니다. 새로운 未來(미래)로 나아가려면 과거를 돌아보아야 합니다.

라고 하였다. 그리고

'사무라이' 등 武士道(무사도)는 세계적으로 일본을 상징하는 것이지마는, 한국에는 그러한 것이 없습니다. 하나의 상징으로 '선비 精神(정신)'으로 한국의 正體性(정체성)을 알리고, 한류를 발전시키는 데 커다란 役割(역할)을 할 것입니다.

라고 하였다. 그리고 지금은 國際(국제) 公用語(공용어)로서 英語(영어)가 유일하지마는, 얼마 후에는 영어와 中國語(중국어)로 兩分(양분)될 것이라 하였다. 한국 사람은 영어가 영원할 것이라고 생각하나, 얼마 후에는 逆轉(역전)되어, 중국어가 영어를 이길 것이라 하였다. 그는 "한국의 가장 뛰어난 思想家(사상가)인 退溪(퇴계)와 栗谷(율곡), 그리고 茶山(다산)의 모든 업적은 漢字(한자)·漢文(한문)으로 되어 있다." 하고, "한국은 한글 전용을 하여 한자와 한문을 무시하였으나, 조선시대에 한문을 빼면 『洪吉童傳(홍길동전)』, 『春香傳(춘향전)』 밖에 남지 않을 것"이라 하였다.

그는 『세계인의 석학들, 한국의 미래를 말한다』, 『한국인만 모르는 다른 대한민국』, 『인생은 속도가 아니라 방향이다』 등의 著書(저서)가 있으며, 朴燕巖(박연암)의 단편소설을 英文(영문)으로 번역하기도 하였다.[24)]

다음에는 漢陽大學校(한양대학교) 席座(석좌)교수였던 독일인 베르너 사세 교수의 말을 듣기로 한다. 그는 독일 보훔대학에서 「『鷄林類事

24) 『한글+漢字문화』 178호(2014. 5.) pp.11~14 참조.

(계림유사)』에 나타난 高麗方言(고려방언)」이라는 논문으로 박사 학위를 받았으며, 『月印千江之曲(월인천강지곡)』을 독일어로 번역하는 등, 50년 넘어 한국과 인연을 맺고 있다. 그는 조선일보 기자와의 인터뷰에서 "한국은 한글 國粹主義(국수주의)에 빠지지 말 것"을 助言(조언)하고, "한국인이 자기 문화를 알기 위해서는 한자와 한문 교육을 해야 한다"고 하면서, 아래와 같이 말하였다.

> 외국인들에게 15분만 '우리', '우리' 하면 도망가요. 한국의 역사를 소개할 때는 '우리'를 너무 강조하면 안돼요. 韓食(한식), 韓屋(한옥), 한글 모두 훌륭하지만, '세계에서 유일하다'고 선전하면, 國家(국가) 주의로 傾倒(경도)된 듯 보입니다. 한국 제일보다, 한국 문화도 동아시아, 나아가 전세계 다른 문화들처럼 어떤 특색을 가진 똑같은 문화란 걸 인정해야 합니다. 한국인의 과도한 國粹主義(국수주의)가 문제입니다. 마흔 이하 젊은이들은 한자를 몰라서 意思(의사) 소통에 오해가 많아요. 한자는 1,500년 이상 한국 문화 속에 있었으니까, 외국어가 아니라 한국어의 큰 範疇(범주)로 보아야 해요. 자기 문화를 알게 하려면 한자와 한문 교육을 해야 합니다.

라고 하였다.25)

다음에는 독일인 라이너 도멜스 박사의 말을 듣기로 한다. 그는 한국에 유학을 와서 석사 학위를 받고, 독일 함부르크대학에서 朝鮮(조선) 世宗(세종) 때의 『洪武正韻譯訓(홍무정운역훈)』에 대한 연구로 한국학의 박사 학위를 받았다. 그는 『月刊朝鮮(월간조선)』의 기자와의 인터뷰에서 다음과 같이 말하였다. 즉 "世宗大王(세종대왕)은 한글 전용을

25) 조선일보(2013. 10. 9.) 「韓國 널리 알리려면 '우리', '제일', 이 말부터 빼세요」 참조.

바랐던 것은 아닐까요?" 하는 기자의 질문에 대하여

나는 아니라고 봅니다. 내가 알기로는, 세종대왕은 한글 전용을 위해 한글을 창제한 것이 아닙니다. 세종대왕은 한자를 잘 읽을 수 있도록 도와준 분이니, 한자를 반대한 적이 없기 때문입니다.

라고 대답하였다. 그리고 그는
"한자 倂記(병기)에 대해 어떻게 생각합니까?"
하는 질문에 대하여,

해야죠. 지금 세종대왕이 살아 계신다면, 한글 전용에 반대하였을 것이 분명합니다. 言語學(언어학)의 大家(대가)이기도 했던 세종대왕 스스로가 한글 전용으로 된 책들을 높게 評價(평가)하지 않았을 것입니다.……한국 사람들은 너무 순수한 것만을 고집하고 있는 것 같아요. 독일어도 분석해보면, 여러 言語群(언어군)으로부터 영향을 받아왔고, 지금도 불편 없이 잘 쓰고 있어요. 그렇다고 우리가 못난 민족이라 생각해본 적이 없습니다. 일본이 한자를 그토록 많이 쓰지만, 서양에서 비웃지 않습니다.

라고 하였다.[26] 그는 또

한글 전용은 한자라는 뿌리를 잘라버린 꽃다발이며, 한글 전용은 한국어를 약화시킬 것이다.

---

26) 「인터뷰 / 한글 창제 연구」「독일인 라이너 도멜스 박사……저승의 세종대왕은 한글전용을 개탄할 것」『月刊朝鮮』 1999년 12월호 참조.

라고 하였다(조선일보 2014.2.3.).

다음에는 프랑스인 한국학 교수인 오랑주씨의 말을 듣기로 한다. 그는 콜레즈 드 프랑스 韓國硏究所(한국연구소) 소장으로 있으며, 『박씨부인전』 연구로 박사 학위를 받았다. 그는 조선일보 기자와의 인터뷰에서 한국의 한글 전용에 대하여 다음과 같이 말하였다.

> 한국에서 한자를 버리면, 앞으로 몇십년 내에 한국문화의 상당한 부분을 잃어버릴 것입니다. 프랑스에서도 라틴어를 공부하는 학생이 佛語(불어)를 가장 잘 알고, 醫大(의대) 학생들도 라틴어를 해야 실력이 붙습니다. 한국에서 한자를 버리는 것은 대단히 유감이 아닐 수 없습니다.

라고 하였다(조선일보 1999.9.24.) 위에서 "한국에서 한자를 버리면, 한국 문화의 상당한 부분을 잃게 될 것"이라 함에, 유의해야 할 것이다.

다음에는 러시아인으로서 한국에 歸化(귀화)한 朴露子(박로자) 교수(노르웨이 오슬로 국립대학 교수)의 말을 듣기로 한다. 그는 『한겨레21』에 寄稿(기고)한 「한자를 포기할 수 있을까」라는 글에서 다음과 같이 말하였다. 즉

> 한자어는 유럽 언어에서 보기 드문 의미의 壓縮力(압축력)을 지닌 '지혜의 건전지'라 할 수 있다. 언어란 '섞임의 土壤(토양)'에서 자라는 것인데, 순 우리말 고집은 對人(대인) 忌避症(기피증)과 같은 것이다.……학생 때에 나는 이런 압축적 표현력을 가진 한 · 중 · 일의 언어가 끝없이 부럽기만 했다.…… 나는 한국 속의 한자어를 익혔기에 일본어를 따로 배울 일도 없이, '요야쿠가

> 무료데스'를 들으면, '豫約(예약)이 無料(무료)'인줄로 당장 눈치챌 수가 있었다. 과연 '토종 한국인들'이 한자를 '국어 속의 異質(이질)적인 요소', '남의 글'로 배척하기만 해야 하는가? 대중적인 글에서 한자를 남용할 일은 없지만, 국내 인구보다 30배나 많은 이웃 나라들의 인구에게 통하는 '코드'가 이미 우리 언어 속에 內在(내재)되어 있다는 것을 굳이 나쁘게만 볼 것인가?

라고 하였다.[27] 위에서 의미의 압축력을 지닌 한자어를 '지혜의 건전지'라고 표현하였다. 이는 앞[2.1.8. p.102]에서 말한 한자어의 뜻의 含蓄性(함축성)을 말하는 듯하다. 이는 유럽 언어에서 볼 수 없는 것이라 하였다. 이는 한자어가 알파벳 자와 같은 表音文字(표음문자)가 아니고, 表意文字(표의문자)이기 때문에 가능한 것이다. 그리고 "우리의 국내 인구보다 30배나 많은 이웃 나라 사람들과 통하는 '코드'가 우리 언어 속에 內在(내재)하고 있는데, 이를 나쁘게만 생각할 수 있는가?" 하는 말도 유의할 만한 말이다.

다음에는 세브란스병원 國際診療(국제진료) 센터 소장으로 있는 印曜翰(인요한) 교수의 말을 듣기로 한다. 인요한 교수는 이 진료소의 소장이자 延世大(연세대) 교수로, 전라북도 全州(전주)에서 태어났다. 원래 美國(미국)에서 와서 4대째 한국에 살면서 한국의 국적을 취득하였다. 따라서 한국에 대해 보다 잘 알고 있다. 그는 한국에서 살고 있는 이유에 대하여, 한국 사람은 끈끈한 情(정)의 문화가 있다고 하였다. 그는 또 "한국은 儒敎文化(유교문화) 속의 紀綱(기강)의 확립을 통해, 자신을 制御(제어)하고 고통도 堪耐(감내)하며, 지금의 발전을 이룩할 수

---

27) 朴露子, 「한자를 포기할 수 있을까」 『한겨레 21』 630호(2006. 10. 13.) 참조.

있었다"고 하였다. 그리고 그는 기자의 질문에 다음과 같이 말하였다.

> 우리 韓國語(한국어)는 대부분 한자어로 이루어져 있기 때문에, 한자 지식이 굉장히 필요합니다. 한자를 많이 알수록, 많이 공부할수록 우리말이 쉬워집니다. 한자는 하나를 알면 둘을 알게 되고, 그러다 보면 그 뜻을 알게 됩니다. 한국을 조금 사랑하면 한자를 버려야 하지마는, 한국을 엄청나게 사랑하면 한자를 배워야 합니다. 한자를 모르고는 한국을 제대로 사랑할 수 없기 때문입니다.

라고 하였다. 그리고 그는 한국의 문화와 風俗(풍속)에 대하여서도 잘 알고 있었다. 近來(근래)에 와서 世代間(세대간)의 소통이 잘 안 되고 있음에 대하여서도 다음과 같이 말하였다. 즉

> 전에는 어른과 젊은이들, 또는 할아버지와 손자들이 추운 겨울밤, 온돌방에서 對話(대화)를 통하여 知識(지식)과 知慧(지혜)를 가르치고, 어른들의 언어를 배우고, 嚴(엄)한 가운데서 親(친)함을 배워, 儒敎的(유교적)인 예의와 道德(도덕)과 秩序(질서)의 문화가 자연스럽게 이루어졌는데, 이제 중앙 집중의 煖房(난방)이 되어 각자의 방에서 각각 TV를 보고 인터넷을 만지는 등, 疏通(소통)이 잘 안 되고 있다.

고 하였으며, 이와 같은 세대간의 소통 문화를 위하여 한자를 가르쳐야 한다고 하였다. 그리고 또 그는 한국 사람들은 서양문화를 過大評價(과대평가)하고 있으며, 자신의 문화를 過小評價(과소평가)한다고 하였다. 그리고 일본과 중국을 뛰어 넘어 세계화할 것을 다음과 같이 말하였다.

> 일본과 중국을 克服(극복)하고 이기려면, 한자를 공부해야 합니다. 어떤 나라를 征服(정복)하고자 할 때는 그 나라 언어를 먼저 정복해야 합니다. 한자를 사용하고 있는 중국과 일본을 뛰어넘어 세계를 휘잡으려면, 한자는 필수적입니다.

라고 하였다.28)

위 印曜翰(인요한) 교수의 말에서 "한국을 조금 사랑하면 한자를 버려야 하나, 한국을 엄청나게 사랑하면 한자를 배워야 한다"는 말에 유의해야 할 것이다. 해방 직후 한글 전용을 말해야 愛國者(애국자)처럼 보였고, 지금도 한글 전용을 주장함으로써 자기가 애국자임을 誇示(과시)하려는 사람이 있을지 모르기 때문이다. 이러한 사람들은, 한자 교육을 주장하는 사람들이 자기들보다 더 애국하는 사람들임을 알아야 할 것이다.

다음에는 경희대학교 명예교수로 있는 吳鹿(오록, Kovin O`Rourke) 교수의 말을 듣기로 한다. 그는 아이랜드인으로, 연세대 韓國語學堂(한국어학당)에서 한국어를 배워 國文學(국문학)으로 석사와 박사 학위를 취득하고, 30년 넘어 경희대의 講壇(강단)에 섰다. 그는 "한국인의 어문생활에 대하여 느낀 것이 있다면, 어떠한 것이 있느냐"고 한 기자 질문에 대하여 다음과 같이 말하였다. 즉

> 한국인은 英語圈(영어권)에서 생활하는 사람보다 많은 語彙(어휘)를 사용하

---

28) 『한글+漢字문화』 174호(2014. 1.) pp.10~12 참조.

고 있는데, 이는 한자로 된 한자어입니다. 그 많은 어휘를 한국인이 國語辭典(국어사전)을 찾아 보는 것을 볼 수 없습니다. 한국어를 한평생 공부해 온 교수인 저도 신문을 읽을 때에, 사전을 옆에 두고 찾아가면서 읽는데, 그 어휘에 대해 얼마나 정확하게 알고 있는가 하는 懷疑(회의)가 듭니다. 그 많은 한자어를 한자를 모르고 어떻게 알 수 있을까요? 어휘의 槪念(개념)이 模糊(모호)하기 때문에 대화가 抽象的(추상적)일 수 밖에 없습니다.

라고 하였다. 그리고 "한국인들의 한자 교육에 대하여 어떻게 생각하느냐" 하는 질문에 대하여 다음과 같이 말하였다. 즉

한자는 로마자보다 偉大(위대)합니다. 한자는 그 자체가 그림이며 象徵(상징)입니다. 머리 속에 있는 것, 가슴 속에 있는 것을 표현할 때, 한계가 있을 수밖에 없는데, 뜻을 전하는 媒介體(매개체)로서 가장 뛰어난 문자는 한자입니다. 속뜻을 상징으로 표현하는 문자는 한자밖에 없습니다. 이러한 한자를 남의 것이라고 멀리하고 있는 한국인들은 지나친 國粹主義(국수주의)에 매여 있는 것입니다.

라고 하였다. 그리고 그는 漢字(한자) · 漢文(한문)과 國文學(국문학)과의 관계에 대하여서는 松江(송강) 鄭澈(정철)과 孤山(고산) 尹善道(윤선도)의 漢詩(한시)를 높이 평가하고, 李奎報(이규보)는 중국의 杜甫(두보)와 蘇東坡(소동파)를 능가하는 훌륭한 詩人(시인)이라 평하였다. 그리고 요즘 한국에서 國際化(국제화)니 글로벌화니 하는데 대한 見解(견해)를 묻자, 그는 한국인의 閉鎖性(폐쇄성)에 대하여 다음과 같이 말하였다.

> 한국 사람은 겉으로는 세계화를 외치지만, 한국 사람들 마음에는 외국인을 異邦人(이방인)으로 보는 경향이 있는 것 같습니다. 마치 외국과 내국의 사이에 커다란 다리가 놓여 있는 것 같지요. 그래서 한국 사람들은 외국인을 배제한 채 '우리끼리 잘하면 세계화할 수 있다'고 생각하는 것 같습니다. 일본이나 중국은 100년 전부터 그들의 문화를 세계에 알리기 시작했습니다. 외국의 명문대학에 가면 어디든 日本學과 中國學을 배울 수 있습니다.……세계화를 위해서는 무엇보다 외국과 내국의 거리를 좁혀야 합니다.

라고 하였다.[29] 그리고 또 그는 "한자를 등한시하여서는 많은 것을 잃게 될 것이다"고 하였다.

그는 崔仁勳(최인훈)의 『廣場(광장)』, 『김삿갓 詩選集(시선집)』 등 小說(소설)과 詩集(시집) 등 20여권을 번역하여 한국문화를 외국에 알렸다. 그는 한국의 '선비 精神(정신)'을 重視(중시)하여, 저서 『나의 韓國(한국) : 갓없는 40년』을 刊行(간행)하였다. 이 책의 이름에서 「나의 한국」이라 함은 1964년 이후 한국에 살았으며, 그의 이름을 「吳鹿(오록)」으로 바꿀만큼 한국에 친근감을 가졌기 때문이다. 「갓없는 40년」에서 「갓」은 한국의 '선비'를 상징하는 것으로, "한국에서 선비로 인정받고 싶어서 붙인 것"이라 했다.

이상에서 본 바, 우리는 우리 자신에 대해 미처 알지 못했던 것까지 외국인 碩學(석학)들로부터 많은 깨우침을 받았다. 우리는 우리 자신을 알고, 效率的(효율적)인 文字生活(문자생활)과 나라의 발전을 위하여 한자·한문을 버릴 수 없다.

---

29) 『한글+漢字문화』 179호(2014. 6.) pp.6~9 참조.

3) 한자는 국한문 혼용의 교과서로 道具敎科(도구교과)인 국어시간에 가르칠 것

다음에는 한자를 언제부터 몇자 정도를 어느 敎科(교과) 시간에 가르칠 것인가 하는 것이 문제된다. 먼저 한자를 가르칠 시기부터 보기로 하니, 이에 대하여서는 국민의 대다수가 초등학교부터서의 早期(조기) 교육을 바라고 있다. 이를 국민의 意識(의식) 조사에서 볼 수 있으니, 國立國語院(국립국어원)에서 2010년 발표한 '국민의 언어 의식 조사'에 의하면, 다음과 같다. 즉 '바람직한 한자 교육의 실시 시기는 언제인가'라는 질문에 대하여 국민의 45.7%가 '초등학교 저학년'이라 하고, 23.2%가 '초등학교 고학년'이라고 답하였다. 그리고 중학교는 14.1%이고, 취학 전인 5~6세는 13.5%이고 고등학교는 1.1%이고, 필요 없다는 2.8%로, 국민의 82%가 초등학교 또는 그 이전에 한자 교육을 하는 것이 좋다는 견해가 우세하였다. 이 조사 비율은 조사 당시의 한글 世代(세대)인 20대(80.5%)와 30대(83%)와 큰 차이가 없었다고 한다.(조선일보 2014년 「한자문맹 벗어나자」 한자교육 어휘력 향상 12 참조)

일본에서는 '한자에 의한 재능의 개발'이라 하여 幼稚園(유치원)부터 한자를 가르쳐서 刮目(괄목)할 교육적 효과를 거두고 있다고 한다.30) 즉 兒童(아동)의 기억력이 2~3세 때에 가장 좋으므로, 幼稚園(유치원) 때부터 한자를 가르쳐서 초등학교에 입학할 때까지 1,000자 정도를 가르칠 수 있다는 것이다. 최근의 연구에 의하면, 표음문자인 한글은

---

30) 吳之湖, 『國語에 對한 重大한 誤解』(1992) p.39 참조.

좌뇌만이 활동하는데 비하여, 漢字(한자)는 좌뇌와 우뇌가 함께 활동한다고 하니, 한자의 조기교육은 어린이들의 두뇌를 현저히 향상시킨다고 한다. 教育學(교육학)이 전공인 鄭元植(정원식) 前(전) 國務總理(국무총리)는 한자 교육이 인간 知能(지능)의 早期(조기) 成熟(성숙)에 크게 기여한다고 하였다.[31] 위에서 본 바와 같이 한자 교육의 시기는 유치원 또는 초등학교 1학년부터 시작하는 것이 效果的(효과적)일 것으로 생각된다.

그리고 가르쳐야 할 한자 數(수)는 常用漢字(상용한자)를 제정하여, 초등학교에서 1,000자 중・고등학교에서 1,000자 내지 1,500자를 가르치는 것이 좋을 것이다. 이 숫자는 북한에서 교육용한자 3,000자를 가르치고, 중국에서 상용자 2,500자를 가르치고, 일본에서 상용한자 1,945자와 인명용 한자 284자를 가르치고 있음을 감안한 것이다. 초등학교 6년간에 1,000자 정도 가르치기란 크게 어려운 문제가 아니니, 지난날 傳統式(전통식) 교육에서 어릴 때에 웬만하면 『千字文(천자문)』은 다 배웠다. 『千字文(천자문)』은 「天地玄黃(천지현황) 宇宙洪荒(우주홍황)」과 같이 4자가 한 句(구)로 되어 있어, 하루에 4자씩 배우면 8개월 남짓하면 책 한 권을 다 배울 수가 있다. 필자 역시 국민학교 입학하기 전에 祖父(조부)님으로부터 『千字文(천자문)』과 『抽句(추구)』를 배웠고, 書堂(서당)에 가서 『通鑑(통감)』을 조금 배웠으니, 국민학교에 입학하기 전에 1,500자 이상 배운 셈이다.

다음에는 국한문 혼용의 교과서로 가르쳐야 할 이유를 말하기로 한

---

31) 『한글+漢字문화』 237호(2019. 8.) 참조.

다. 즉 한글 전용의 책으로는, 한글의 글자 꼴이 비슷하고, 글자에 뜻이 없어 읽기가 답답하고, 읽어도 그 뜻을 잘 알 수 없는데 비하여, 한자는 글자 모양이 多樣(다양)하여 글자가 눈에 잘 뜨일 뿐만 아니라, 音(음)과 뜻을 가진 表語文字(표어문자)로서, 글자를 딱 보는 순간 그 뜻을 떠올릴 수 있다. 또 한자의 뜻을 앎음으로써 이로써 造語(조어)된 한자어의 뜻을 보다 明晳(명석)하게 알 수 있다. 그리하여 한자가 혼용된 글은 한자의 視覺性(시각성)과 表意性(표의성)으로 문장의 뜻을 정확하게 이해할 수 있고 또 빠르게 읽을 수 있어, 讀書(독서)의 양(量)을 늘리고 思考力(사고력)을 도운다. 그러므로 초등학교부터 국한문 혼용의 교과서로 가르쳐서 한자의 이러한 장점을 배우게 해야 한다. 그런데 현재 학교에서는 한글 전용으로 한자의 이러한 장점을 모르게 하고 있으니, 애석한 마음을 금할 수 없다. 아래에 그러한 몇 예를 보기로 한다. 즉 조선일보(2010.11.1.)의 「글자는 겨우 읽지마는 문장은 이해 못해 - '활자이탈(活字離脫) 세대'의 학습, 의사 소통 비상」이라 題(제)한 글에서 다음과 같이 말하였다.

> 어린이와 청년들이 글과 책에서 멀어지면서 자기 생각을 전달하는 작문은 물론, 남의 글을 읽고 이해하는 독해 능력이 급속히 떨어지고, 창의력과 사고 능력, 정서에도 악영향이 나타나고 있다.

이는 초등학교 4학년 107명을 대상으로 평가한 것인데, 그 절반이 地文(지문)의 뜻을 파악하지 못하며, 글씨도 문제라고 하였다. 그리고 글짓기〔作文〕와 문장 분석 능력에 대해서도 다음과 같이 말하였다.

> 문장을 제대로 쓰지 못한 학생이 58명, 문단 나누기의 능력이 없는 학생이 94명, 주어와 술어의 호응이 안 되는 글을 쓴 학생도 많았다.

라고 하였다. 초등학교 4학년 교과서에도 한자어가 나오는데, 이를 모두 한글로 표기하여, 어찌 그 뜻을 잘 알 수 있을 것인가 하는 것이다. 즉 한자어는 한자로 표기하여 한자의 뜻을 앎으로써 그 뜻을 보다 잘 알 수 있을 것이니, 「植物(식물), 動物(동물), 木炭(목탄), 石炭(석탄)」과 같은 具體語(구체어)에 있어서도 한자로 표기하여 '풀〔草〕과 나무〔木〕는 심는〔植〕 물건〔物〕이기 때문에 植物(식물)이라 하다' 또는 '개〔犬〕와 소〔牛〕는 움직이는〔動〕 물건〔物〕이기 때문에 動物(동물)이라 한다', 그리고 '木炭(목탄)은 나무〔木〕로 된 숯〔炭〕'이고, '石炭(석탄)은 돌〔石〕과 같이 딴딴한 숯〔炭〕'이기 때문에 石炭(석탄)이라고 한다와 같이 가르치면, 보다 확실하게 이해될 것이다. 그리고 「正直(정직), 博愛(박애)」와 같은 추상적인 말도 '正直(정직)은 바르고〔正〕 곧게〔直〕하는 것이고', '博愛(박애)는 세상 사람들을 넓게〔博〕 사랑〔愛〕한다는 뜻'이라고 가르치면, 思考(사고)가 보다 明晳(명석)해질 것이다. 한자어를 한글로 표기하여 그 音相(음상)만으로는 그 뜻을 喚起(환기)하기 어렵다. 主語(주어)와 述語(술어)의 呼應(호응) 관계를 모르는 학생이 많다고 하니, 문장을 구성하는 한자어의 뜻을 몰라서는 마치 안개 속을 헤매는 것과 같다고 할 수 있을 것이다.

다음에는 한자를 道具(도구) 교과인 국어 교과 시간에 가르쳐야 함을 말하고자 한다. 여기서 도구 교과라 함은 이름 그대로 다른 교과

학습의 성과를 올릴 수 있도록 도와주는 도구의 노릇을 하는 교과라는 뜻이다. 즉 다른 교과 시간에 낱말의 뜻이나 문장 구성을 설명해가며 그 교과 내용을 가르쳐서는 수업의 성과를 거둘 수가 없기 때문에 국어 교과 시간에 낱말의 뜻이나 難語句(난어구) 지도 또는 문장의 이해력을 길러서 다른 교과 학습에 도움이 되게 하는 것이다.

그리고 국어 교육의 목적은 理解力(이해력)과 表現力(표현력)을 가르는데 있으니, 이해력이란 남의 글을 읽거나 말을 듣고 그 뜻을 이해함을 말하는 것이고, 표현력이란 나의 생각을 글로서나 말로서 잘 표현함을 말하는 것이다.

理解(이해)			表現(표현)
	읽기	짓기	
	듣기	말하기	

그런데 지금까지의 국어 수업은 읽기가 중심이 되어왔다. 왜냐하면 국어의 70%가 한자어이므로 낱말의 뜻이나 難語句(난어구) 지도와 문장의 이해력을 기르는데 많은 시간이 소요되었기 때문이다. 그리고 大意(대의)와 主題(주제) 파악, 文段(문단) 나누기, 주어와 술어의 호응관계 또는 反對語(반대어)와 同音異義語(동음이의어), 등 어휘력을 기르기 위해서도 많은 시간이 소요되었다. 그런데 이와 같은 문제도 국한문 혼용으로, 즉 한자어는 한자로 표기해야 學習(학습)의 효과를 올릴 수가 있다.

다음에는 표현력에서 글짓기〔作文〕에 대하여 一言(일언)하고자 한다. 작문은 많이 지어보고〔多作〕, 남의 비판을 많이 받아 보고, 남의 글을 많이 읽고〔多讀〕, 또 많이 생각〔多商量〕해야 한다고 하는데, 현재 일선 학교에서 작문 수업은 거의 안하고 있는 실정이다. 읽기 중심의 수업이 되고 있기 때문이다. 그러므로 초등학교와 중학교에서 한 학기 동안 每週(매주) 한 시간씩 작문 시간을 따로 두어서 필수과목으로 가르쳐야 할 것이다. 이에 대하여서는 앞〔1.3.2. p.48〕에서 말하였다.

다음에는 한자의 쓰기(書寫(서사)), 붓글씨 쓰기(書道(서도), 書藝(서예))에 대하여 한 말 하고자 한다. 지금까지의 국어 교과 시간에 이에 대하여 문제삼지 않았다. 한글을 전용하고 있기 때문이다. 그러나 한자를 배워야 하는 이상, 이에 대한 외어쓰기와 筆順(필순), 作字(작자) 등 글자의 짜임새도 배워야 한다. 해방 후 한글 전용 論者(논자) 중에는 “한자는 읽을 줄만 알고 쓸 줄은 몰라도 된다”고 하였다. 이는 ‘한자를 쓸 줄 모르면, 언젠가는 한글 전용의 세상이 온다’는 속셈〔心算〕에서 나온 것이다.

한자를 외워 쓰기 위해서는 192개의 部首(부수)를 익히고 500개 정도의 原字(원자)를 알면, 이를 바탕으로 2,000자 내지 3,000자 정도의 한자를 외어 쓸 수 있다고 한다. 事物(사물)의 모양을 본따서 만든 象形文字(상형문자)가 약 400자인데, 이 400자에 뜻을 더하거나 소리를 더하여 만든 形聲相益(형성상익)의 방법에 의하여 오늘날의 한자가 만들어졌는데, 그 중 85% 이상이 뜻에다가 소리를 더하여 만든 形聲字(형성자)라고 한다. 따라서 약 400개의 기본자만 배우면 대부분의 형성자는 類推作用(유추작용)으로 쉽게 알 수 있다.[32] 그리고 학생들이

32) 陳泰夏, 「夏·殷나라는 東夷族의 歷史, -漢字는 東夷族이 만들었다-」『한글+漢字 문화』 198호(2016. 1.) 참조.

우선 배우기 쉬운 山(산), 川(천), 木(목), 林(임), 日(일), 月(월), 明(명), 旦(단), 東(동) 등 흥미 중심으로 가르칠 것이며, 동시에 한자를 눈에 익히도록 해야 할 것이다.

글씨 書寫(쓰기(서사))도 매우 중요하다. 이는 중학교 혹은 고등학교 때에 市中(시중) 書店(서점)에서 팔고 있는 『펜 習字(습자)』 教本(교본)을 사도록 하여 宿題(숙제)로 내어주는 것도 하나의 방법이다. 그리고 붓글씨도 생각할 수 있다. 알파벳자를 쓰고 있는 서양에서는 그렇지 않으나, 한자를 쓰고 있는 동양권에서는 옛날부터 붓글씨 쓰기에 관심이 많았다. 우리도 韓石峯(한석봉)과 金正喜(김정희) 등의 名筆(명필)이 있었다. 이를 書道(서도) 또는 書藝(서예)라 하였는데, 서도는 이를 하나의 「道(도)」로 인정한 것이고, 서예는 이를 하나의 「예술」로 인정한 것이다. 장차 教壇生活(교단생활)을 할 사람은 글씨를 꼭 배워야 한다. 板書(판서) 등 학생들에게 영향을 줄 것이기 때문이다. 그러므로 教育大學(교육대학)이나 師範大學(사범대학)에서는 한 學期(학기) 동안 매주 1시간씩 붓글씨를 필수과목으로 가르쳐야 할 것이다.

이상에서 한자를 全科目(전과목)에서 국한문 혼용의 교과서로 가르치되 특히 이를 道具教科(도구교과)인 국어 교과시간에 가르쳐야 함을 말하였다. 그런데 이를 가르칠 교사 또한 문제이다. 해방 이후 70여년의 세월이 흘렀으니, 이를 가르쳐야 할 40대 내지 50대가 '한글 전용의 희생 세대'이기 때문이다. 그러므로 교육부에서는 이를 위한 재교육 등에 마음을 쓰지 않아서는 안 될 것이다.

4) 國會(국회)에서 '한자교육 기본법'을 서둘러서 만들기를 바람 - 漢字(한자) 교육은 국민 다수의 공통된 생각으로, 國會(국회)의 立法通過(입법통과)만 남았다. -

오늘날 시행하고 있는 한글 전용의 정책은 8·15 해방의 감격에 의한 것이다. 日帝(일제)가 '國語(국어), 즉 日語(일어) 常用(상용)'과 創氏改名(창씨개명) 등 우리의 문화를 말살하려 할 때, 우리는 世宗大王(세종대왕)이 지은 우수한 한글이 있음을 내세워 민족의 자존심을 지켜 왔다. 해방을 맞이하여서는 '이제 우리의 말과 우리의 글(한글)로써 새 나라를 세우자'는 것이 당시의 시대적, 사회적 분위기였다. 따라서 한자는 남의 글자이니 이를 폐지하고, 말도 될수록이면 순수한 固有語(토박이말)로 지어서 쓰자는 것이었다. 즉 飛行機(비행기)도 「날틀」로 하자, 梨花女子大學(이화여자대학)도 「배꽃계집 큰 배움집」으로 하자는 것이었다. 한글 전용의 정책도 이와 같은 國粹主義(국수주의)적이고 感性的(감성적) 분위기 속에서 이루어졌다. 당시는 '글자란 뜻을 전달하는 기능을 한다'는 지식을 가질 겨를도 없이, 한글이 우리 글이고, 한자는 남의 글인 동시에 배우기 어렵다는 이유로, 모든 교과서에서 한자의 폐지부터 하였다. 어려운 한자어에는 괄호를 하고 한자를 倂記(병기)하기도 하였으나 한자를 모르면 이는 무의미하다. 그리하여 해를 거듭할수록 漢盲者(한맹자)가 늘어났다. 그러한 예로 서울의 一流(일류) 대학인 延大(연대)·高大(고대)·成均館大(성균관대)·梨花女大(이화여대)의 한자 검정 2, 3급 자격증을 가진 4학년 학생 100명 중에서 제 부모의 이름을 한자로 정확하게 쓴 학생이 31명이고, 「大韓民國」을 제대로 쓴 학생이 46명이었다고 하였다.(조선일보 2010.8.4.) 학생들의 한자 실력이 떨어짐에 따라서 교육의 질이 떨어짐은 말할 나위 없다.

8 · 15 해방 당시에는 한글이면 모든 것이 다 될 줄 알았다. 즉 「學校, 書店, 會社, 民主主義」를 「학교, 서점, 회사, 민주주의」로 표기하여도 그 뜻을 알 수 있는 것과 같이, 「博愛, 克己, 鎖國, 事必歸正」 등의 觀念語(관념어)도 「박애, 극기, 쇄국, 사필귀정」으로 표기하고, 「音節, 同音異義語, 內房歌辭, 共時論的 研究」 등 學術語(학술어)도 「음절, 동음이의어, 내방가사, 공시론적 연구」로 표기하여도 그 뜻을 알 수 있다고 생각하였는지 모른다. 그러나 이는 큰 착각이었으니, 이러한 한자어로 표기하여 한자의 뜻을 알고 그 말의 뜻을 이해하는 것과, 이를 한글로 표기하여 한자의 뜻을 모르고 이 말을 이해하는 것과는, 그 이해의 정도가 같을 수 없다.

중학교와 고등학교에서 선택과목으로 한문을 가르치고 있어 이 시간에 한자를 배울 수 있으나, 한문시간에 배우는 글은 古典(고전)에 나오는 글이 많아서 위에 보인 觀念語(관념어)와는 거리가 멀다. 그나마 한문시간에 한자를 배울 수 있었으나, 이는 선택과목이며, 대학 入試(입시)인 修能(수능) 시험에서 한문을 제2외국어에 넣고 있어, 학생들의 관심조차 멀어졌다. 「修能(수능)」이란 대학에 들어가서 '學問(학문)을 닦을〔修〕 수 있는 능력〔能〕'을 말하는 것이다. 대학의 교재에는 한자어가 많아서 한자를 몰라서는 교재 내용을 잘 알 수 없는데, 수능 시험에서 한문을 제2외국어에 넣고 있음은 이해할 수 없는 일이다.

앞에서 말한 바와 같이, 해방 이후 한글 전용은 國粹主義(국수주의) 사상에 의하여 시작되었다. 그리하여 한글과 한자의 기능상의 차이도 잘 알지 못하였다. 즉 한글은 세종대왕이 지은 우수한 글이라는 것만 알았을 뿐, 한글이 音(소리)를 표기하는 表音文字(표음문자)로서, 그의 한계가 있음을 생각하지 못하였다. 즉 한글은 소리〔音〕만을 표기한데 비하여, 한자는 소리〔音〕와 뜻〔意〕을 함께 가지는 말〔語〕을 표기하는 表語文字(표어문자)로서, 이는 세계에서 그 類例(유례)를 볼 수 없는 우수한 문자〔전술 2.1. p.84〕임을 알지 못했다. 우선 그 예를 보면,

ㄱ) 美 성장률 또 올렸다(조선일보 2021.5.8.).
ㄴ) 미얀마軍 궁지 몰리나(同上)

위 ㄱ)에서 「美」는 '아름다울 미'자이나 ,여기에서는 '美國(미국)'을 뜻하며, ㄴ)에서 「軍」은 '軍事(군사) 군'자로서 '군대'를 뜻한다. 「美」와 「軍」은 글자를 딱 보는 순간 그 뜻을 알 수 있다. 즉 「미 성장률」보다 「美 성장률」의 「美」와, 「미얀마군」보다 「미얀마軍」의 「軍」이 눈에 잘 뜨이고 뜻을 빨리 알 수 있다. 이는 한자가 본래 뜻〔意〕을 가지고 있는 글자이기 때문이다. 이는 한자 만이 가지는 長點(장점)이다. 그러므로 한자의 이 장점을 살려야 하니, 문장속에 한자가 몇 자씩 섞여 있음으로써 글을 빨리 읽을 수 있고, 뜻의 이해도 정확하다. 그러므로 국한문의 혼용이냐, 한글 전용이냐에 따라서 문장에 대한 理解(이해)와 국민의 讀書(독서)의 양이 크게 달라진다.

일본은 국민 1인당 1년간 평균 독서의 양이 3,000쪽임에 비하여, 우리는 1인당 1년간 평균 독서의 양이 60쪽이라 하니, 그들은 초등학교 1학년부터 한자와 가나자 혼용의 교과서로 가르쳐서, 한자가 눈에

익어, 한자의 장점을 잘 이용하고 있는 까닭이다.

한자에 비하여 한글은 글자의 꼴이 비슷하고 글자 획수도 거의 같으며, 글자에 뜻이 없어 눈에 잘 뜨이지 않아, 글을 읽기가 답답하다. 국어의 70%가 한자어인데, 이를 모두 한글 전용으로 하여서는 읽기도 답답하고, 뜻의 전달이 불확실하다. 일상생활에 쓰이는 말은 뜻의 전달이 가능하나, 앞에서 보인 觀念語(관념어)나 學術語(학술어)를 한글 전용으로 표기하고 한자를 몰라서는 그 뜻을 잘 알 수 없다. 우리의 대부분의 젊은이들은 이 불확실한 語義(어의)로 국어 생활을 해 왔다. 우리의 문장에 대한 식별력 즉 文識力(글의 이해능력)이 OECD 국가 중에서 최하위권에 속한다고 하니〔前述 1.3.2. p.49〕 이는 한자어에 대한 이해력의 부족에서 온 것이다.

그리고 한자어의 한글 표기에 의한 이해력의 부족은 독서의 양을 줄이게 하였다. 왜냐하면 책이나 신문 등을 읽어도 그 뜻을 잘 알지 못하니, 이를 읽을 흥미와 의욕을 잃은 까닭이다. 그리고 독서의 양의 감소는 思考力(사고력)과 판단력 등 知的(지적) 활동을 떨어뜨린다. 이는 崔鉉培(최현배) 교수의 「 채점경험담」에서도 볼 수 있다〔전술 2.1.2. p.92〕. 한글 전용, 즉 한자 폐지가 잘못된 것임은 해방 직후 軍政(군정) 당시, 한글 전용법의 母胎(모태)인 「한자 폐지 결의안」을 主導的(주도)하여 만든 崔鉉培(최현배) 교수가, 뒷날에 한자 교육의 필요성을 인정한 데서도 볼 수 있다.〔전술 1.4. p.77〕

한글 전용으로 한자 문맹자가 늘어나자, 한자 교육을 바라는 국민의 소리가 높아졌다〔전술 1.5. p.78〕. 그 중에서도 주목할 만한 것은 다음과 같다. 즉 2009년, 李明博(이명박) 정부 때에 정부 기관인 한국

교육과정평가원에서 약 1년간에 걸쳐서 학부모와 교사 5,222명을 대상으로 조사한 바에 의하면, 학부모의 89.1%(약 90%)가 '초등학교 교육과정에 한자교육을 넣어야 한다'고 하였다.

이에 앞서, 2002년 김대중 정부 때에는 역대 문교·교육부장관을 지낸 13명이 초등학교 한자 교육을 촉구하는 건의서에 署名(서명)하여 청와대에 올린 바 있었고, 2009년 이명박 정부 때에는 역대 국무총리를 지낸 23명 모두가 같은 내용의 건의서에 서명하여 청와대에 건의한 바 있었다. 그러나, 한글 단체의 반대를 의식하였는지 정부의 한글 전용 정책에는 큰 변화가 없었다. 다수 국민의 의견을 존중하는 것이 民主主義(민주주의)인데, 한글 전용의 정책은 非民主的(비민주적) 정책이다.

다음에는 民意(민의)를 대변하는 國會議員(국회의원)들의 한자 교육 활성화를 위한 노력을 보기로 한다. 즉 2003년 이후 與野(여야) 의원들이 공동으로 주최한 公聽會(공청회) 등, 4번의 모임이 있었다. 이에 대해 간단히 설명하기로 한다. 그 첫 번째는 2003년 10월 21일에 朴源弘(박원홍) 의원의 發議(발의)로 국회의원회관 소회의실에서 '한자 교육의 振興法(진흥법)을 위한 공청회'가 열렸다. 이에 약 300명이 참석하였다.

다음 번은 2011년 2월 24일, 李康來(이강래) 의원(민주당)과 金光琳(김광림) 의원(한나라당)의 공동 주최로 국회도서관에서 '한자 교육의 활성화를 위한 공청회'가 열렸다. 與野(여야) 국회의원이 공동주최로 한 이러한 모임은 史上(사상) 初有(초유)의 일이었다.

이 공청회에는 朴禧太(박희태) 國會議長(국회의장), 洪在馨(홍재형) 國會副議長(국회부의장), 朴智元(박지원) 민주당 院內代表(원내대표) 등 국회의원 20여 명과 일반 청중 등 500여 명이 참석하였다. 이 공청회에서 李康來(이강래) 의원은 "세종대왕이 創製(창제)한 한글이 세계적으로 우수하지마는, 일상적으로 쓰는 말의 상당수가 한자어인데, 한글로서는 連敗(연패)와 連霸(연패)의 구별이 안 되고, 「사기」를 辭典(사전)에 검색하면, 이와 같은 말이 스무개가 넘는다."고 하여, 한자어의 정확한 이해와 사용을 위해 한자 교육이 필요하다고 하였다. 김광림 의원은 "우리의 문자가 없었던 시대부터 한글 창제 이후에도, 先祖(선조)들은 한자로 자신의 感情(감정)과 思想(사상)을 표현해 온 만큼, 한자와 우리는 떼려야 뗄 수 없다"고 하였다. 그리고 박희태 국회의장은 "이제는 한자 교육에 관한 이러한 공청회가 필요 없을 정도로, 전국민의 의견이 통일된 것으로 본다." 하고, "이제는 국회에서 법안을 만들어서 통과시키는 일만 남아 있다고 생각한다."고 하였다. 그리고 박지원 민주당 원내대표는 "제가 法司委(법사위)에 소속되어 있어, 제가 반대하면 모든 법안이 곤란해지나, 한자 교육에 관한 법은 제가 책임지고 통과시키도록 여러분들께 약속합니다"라고 하여, 청중들의 박수를 받았다.33)

그 다음번은 2011년 6월 7일에 여야 三黨(삼당) 국회의원 즉 自由先進黨(자유선진당) 趙舜衡(조순형) 의원, 민주당 金星坤(김성곤) 의원, 한나라당 金世淵(김세연) 의원의 공동 주최와 전국한자교육추진총연합회의 주관으로 국회의원 대회의실에서 '한자교육 기본법 제정을 위한 공청회'가 열렸다. 이 공청회에는 박희태 국회의장, 卞在一(변재일) 교육과학기술위원회 위원장 및 국회의원 20여 명과 주관측의 白樂晥(백

---

33) 『한글+漢字문화』 140호(2011. 3.) pp.12~12 참조.

락환) 회장 등 500여 명이 참석하였다. 김세연 의원의 사회로 열린 이 공청회에서 김성곤 의원은 "우리말의 상당수가 한자어로 이루어져 있는데, 한자어에 대한 이해 부족으로 의미상의 혼란을 불러일으키고 있다" 하고 한자 교육의 필요성을 말하였다. 백락환 연합회 회장은 "여야 삼당의 합동으로 이러한 공청회를 가지게 되어 교육의 百年大計(백년대계)를 위해 온 국민이 雙手(쌍수)로 환영할 것이다"고 하였다. 박희태 국회의장도 그의 祝辭(축사)에서 "한자교육 기본법 제정은 매우 필요하다고 본다" 하고, "여야의원의 화합된 분위기에서 이 일을 추진하고 있어, 좋은 모습을 볼 수 있다"고 하였다.34)

다음번은 2013년 4월 16일 盧英敏(노영민) 의원(민주통합당), 沈載權(심재권) 의원(민주통합당), 朴仁淑(박인숙) 의원(새누리당), 李利在(이이재) 의원(새누리당)의 공동 주최와 전국한자교육추진총연합회의 주관으로 國會憲政紀念館(국회헌정기념관) 대강당에서 한자 교육 활성화를 위한 정책 토론회가 열렸다. 이 토론회에는 국회의원 10여 명과 주관한 연합회 회원 약 500명이 참석하였다. 이 토론회에서 박인숙 의원은 "한자어가 우리말의 70%를 차지하는데, 학생들의 한자에 대한 認識(인식)이 매우 낮아, 한자를 교과서에 倂記(병기)할 수 있도록 「초・중등교육법 일부개정법률안」을 發議(발의)하였다"고 하였다. 노영민 의원은 "요즘 대학생들이 現在(현재)를 「헨재」로, 財産(재산)을 「제산」으로 쓸만큼 한자 지식이 부족하다" 하고, "한자는 반드시 배워야 한다"고 하였다. 심재권 의원은 "한국・중국・일본・대만 등 한자 문화권의 인구가 약

34) 『한글+漢字문화』 144호(2011. 7.) pp.12~14 참조.

20억으로, 이들과 소통하고 아시아 태평양 시대에 효과적으로 대응하기 위하여 한자 교육의 활성화가 필요하다"고 하였다. 이이재 의원은 "우리말의 정확한 이해와 驅使力(구사력)을 기르기 위해 한자를 가르쳐야 한다"고 하였다. 그리고 徐相箕(서상기) 국회정보통신회 위원장은 "초 · 중등학생들의 人性(인성) 교육을 위하여 한자 교육이 필요하다"고 하였다.35)

위에서 본 바 공청회에 참석한 의원의 수가 많지 않으나, 다수 의원들이 한자 교육의 필요성을 인정하고 있음은 다음에서 볼 수 있다. 즉 2009년 8월에 성균관대학의 이병학 학장과 김세연 국회의원이 함께 18대 국회의원을 대상으로 '초등학교 한자 교육 시행에 대한 설문조사'를 실시한 결과, 설문에 응한 161명 가운데서, 90.1%인 145명이 '초등학교 한자 교육이 필요하다'고 답하였다.

위에서 본 바와 같이 한자 교육의 강화를 바라는 역대 문교 · 교육부장관 및 역대 국무총리들의 건의와, 국회의들의 공청회 개최, 그리고 초등학교부터 정규시간에 한자 교육을 바라는, 90%에 달하는 다수 학부모들의 높은 支持度(지지도)에도 불구하고, 왜 政府(정부)는 한글 전용의 정책을 바꾸지 못한 것일까? 아래에 그 이유와 함께 이를 비판하기로 한다.

첫째, 한글은 세종대왕이 지은 우수한 우리 글이니, 한글을 전용하는 것이 愛國(애국)하는 것이고, 이것이 우리의 自尊心(자존심)을 살리는 것이라고 생각한 것이다. 그러나 한글은 세종대왕이 獨創的(독창적)

35) 『한글+漢字문화』 166호(2013. 5.) pp.12~15 참조.

으로 지은 것이 아니고, 그 이전부터 전해오던 加臨土(가림토) 문자를 본따서 만든 것으로 보아야 한다.〔전술 2.2. p.137〕 그리고 한글이 우수한 글자이기는 하나, 表音文字(표음문자)로서의 한계가 있음을 생각하지 못하였다. 즉 한글은 소리〔音〕를 표기하는 표음문자임에 비하여, 한자는 소리〔音〕와 뜻〔意〕을 함께 가지는 말〔語〕을 표기한 表語文字(표어문자)이니, 이로써 문자 생활의 효율성을 높이고, 이러한 한자의 장점을 살려, 국가경쟁력을 높이는 것이 더 애국하는 것임을 미처 생각하지 못하였다. 국력이 커지면 자존심도 함께 커지는 것이다. 국력이 없는 자존심이란 생각할 수 없다. 그리고 한자・한문이 들어온 지 2천년이나 되었으며, 우리는 이로써 높은 문화를 쌓았으니, 이제 와서 남의 글자라 하여 배척할 것이 아니다. 이제 한자는 큰 範疇(범주)에서 우리의 문자라 해도 좋을 것이다.

둘째, 오늘날 우리는 國際化(국제화)의 시대에 살고 있다. 현재 우리는 일본, 중국, 대만, 홍콩, 싱가폴 등 17억의 인구를 가지는 한자 문화권의 한 나라로서 살고 있으며, 특히 일본・중국과의 교류가 활발하여졌다. 한자는 우리의 傳統文化(전통문화)의 계승・발전과 함께 이러한 한자 문화권의 나라들과 소통하고 교류하는 架橋(가교, 다리)로서 필요하다. 그러나 정부는 한글 전용 논자의 주장에 끌리어 이에 대한 인식이 부족하였다. 러시아인으로서 한국에 歸化(귀화)한 朴露子(박노자) 교수는 한글 전용에 대하여 "한자를 남의 글자라 하여 배척해야 하는가? 국내 인구보다 30배나 많은 이웃나라(한자 문화권의 나라) 인구와 통하는 '코드'가 이미 內在(내재)하고 있는데, 이를 굳이 나쁘다고만 할 것인가?" 하고 충고하였다〔前述 3.2. p.175〕.

셋째, 한글 전용 論者(논자)의 잘못된 인식과, 한자 교육에 대한 반대이다. 한글 전용 논자는 '한자가 살면 한글이 죽는다'고 생각하였다〔前述 1.1. p.26, 28〕. 그러나 '한자가 살아야 한글도 같이 산다.' 즉 한자어를 모두 한글로만 표기하여서는 그의 뜻이 죽으니, 한글도 따라서 죽는다. 그러므로 한자와 한글은 새의 두 날개와 같이 서로 도우는 관계에 있다. 또 한글 전용 논자 중에는 세종대왕이 한글 전용을 위해 訓民正音(훈민정음)을 지은 것처럼, 세종대왕을 한글 전용을 상징하는 인물로 만들려 하였다. 그러나 세종대왕이 한글 전용을 위해 훈민정음을 지은 것이 아님은 훈민정음 解例本(해례본)의 序文(서문)에 잘 나타나 있다. 즉 훈민정음을 지은 목적은 한자를 모르는 어리석은 백성〔愚民〕을 위해 지은 것이다〔前述 2.1.1. p.81〕. 세종대왕은 한자를 잘 읽도록 도와준 분이니, 이는 申叔舟(신숙주), 成三問(성삼문)들을 시켜 만든 『洪武正韻譯訓(홍무정운역훈)』에서 볼 수 있다. 즉 이 책은 한글로써 한자음을 정확하게 읽을 수 있도록 음을 표기한 것이다. 그리고 세종대왕이 지은 『月印千江之曲(월인천강지곡)』은 國漢文(국한문) 혼용으로 되어 있다.

그럼에도 불구하고, 서울시 종로구 세종로에 세워진 세종대왕의 銅像(동상)에 새겨진 훈민정음 해례본 서문에는 본래 한자가 섞여 있었는데 이를 빼고 한글 전용으로 새겨져 있다. 세종대왕을 한글 전용 논자로 보이기 위한 것으로 생각된다. 이는 세종대왕의 本意(본의)가 아니다. 이에 대해 沈在箕(심재기) 서울대학교 명예교수는 「훈민정음의 受難(수난)」이라고 비판하였다.36) 그리고 이따금 이와 같이 한자를 뺀

---

36) 沈在箕, 『한국인의 文字생활』(2013) pp.267~272 「訓民正音의 受難」, 『한글+漢字문화』 129호(2014. 4.) p.119 참조.

훈민정음의 서문의 병풍을 만들어서 남의 눈에 잘 뜨이는 곳에 둘러 세워, 자기가 한글 전용을 주장하는 애국자인 것처럼 보이려고 함을 볼 수 있다. 해방 후에도 한글 전용을 말해야 애국자처럼 보였다.

전쟁에 이기기 위해서는 좋은 무기가 필요하듯이, 우리는 한자 문화권의 나라들과 경쟁하고 세계 列强國(열강국)과 힘을 겨루기 위해서는 國漢文(국한문) 혼용의 길로 가야 한다. 즉 초등학교 저학년부터 한자가 혼용된 교과서로 가르쳐야 한다. 북한에서도 한자가 혼용된 교과서로 한자 3,000자를 가르치고 있다〔前述 3.1. p.165〕.

앞에서 말한 바와 같이 한글은 音(음)을 표기하는 표음문자로서, 글자 한 글자 한 글자를 같은 속도로 다 읽고 그 속에 담긴 뜻을 떠올려야 하며, 또 한글은 글자에 뜻이 없어 漢字(한자)만큼 눈에 잘 뜨이지 않는다. 즉 視覺性(시각성)과 表意性(표의성)이 없어 읽기가 답답하다. 이에 비하여 한자는 글자마다 뜻이 있어, 글자를 딱 보는 순간 글자의 뜻을 알 수 있는 장점이 있다. 이는 표의문자 또는 표어문자로서 한자만이 갖는 장점이다. 따라서 한자가 눈에 익을수록 많은 양의 글을 읽을 수 있고, 뜻도 잘 알 수 있다. 즉 효율적인 문자생활을 할 수 있다. 그러므로 한글의 우수성과 한자의 표의문자 혹은 포어문자의 장점을 살려, 효율적인 문자 생활로 국력을 기르는 것이 더 愛國(애국)하는 것이다.

그리고 해방 이후 70여 년간, 한글 전용으로 한자를 제대로 배우지 못한 젊은 세대는 한자를 보면 거부감을 느끼고, 한자에 익은 기성 세대는 한글 전용의 글이 시각성과 표의성이 없어 잘 읽지 못하니, 두 세대간에 큰 격차를 가져 오게 되었다. 국회의원 여러분은 한자 교육의 필요성에 대한 확고한 신념으로, 초등학교 저학년부터 한자 2,000

자 내지 2,500자 정도를 가르칠 수 있는 법적 뒷받침으로서 한자교육 기본법을 만들어서, 한자 교육의 강화로 국력을 기르고, 세대간의 격차에서 오는 불행한 歷史(역사)를 바로잡아 주기를 바란다.

5) 학술 연구를 위해 한자 · 한문 지식은 필수적이다

-필자의 '任那日本府(임나일본부)는 對馬島(대마도)에 있었다.' 연구의 뒷이야기-

人類(인류)가 살아온 긴 歷史(역사)에 비하면 이것이 기록에 남아 전하는 歷史時代(역사시대)란 길지 못하다. 우리의 역사를 되돌아 볼 때, 檀君時代(단군시대)에 加臨土(가림토) 문자가 있었다고 하나, 이로써 기록된 史料(사료)가 없다. 훈민정음은 世宗(세종) 25년(1443)에 지어진 것인데, 훈민정음이 지어진 이후에도 중요한 문헌은 한문으로 기록되어 있다. 우리의 역사가 中國(중국) 史書(사서)에 처음으로 오른 것은 司馬遷(사마천)의 『史記(사기)』의 「朝鮮列傳(조선열전)」으로서, 이 책은 黃帝(황제)로부터 漢武帝(무제) 元狩(원수) 元年(원년, B.C. 122)까지의 역사를 기록한 것이다. 이에 비하면 우리의 『三國史記(삼국사기)』는 A.D. 1145년에, 『三國遺事(삼국유사)』는 A.D. 1285년에 지어진 것이다. 百濟(백제)의 王仁(왕인)이 『論語(논어)』 10권과 『千字文(천자문)』 1권을 일본에 전한 것은 일본 應神(응신) 王朝(왕조)의 일로, 일본 年表(연표)에 의하면 A.D. 285년의 일이다. 그리고 일본의 『古事記(고사기)』는 A.D. 712년에 지어졌고, 『日本書紀(일본서기)』는 A.D. 720년에 지어졌다. 그런데 우리가 살아온 역사를 알기 위해서는 이러한 史書(사서)를 읽지 않을 수 없으며, 또 올바른 역사를 알기 위해서는 이러한 史書(사서)를 정확하게 解讀(해독)할 수 있어야 하니, 한자・한문의 지식이 필요하다. 그리고 지난날의 역사를 올바로 알아야 앞으로의 역사가 올바른 방향으로 나아갈 수 있다.

지난날 일본 史家(사가)들은 古代(고대) 韓日關係史(한일관계사)를 왜곡하였으니, 그들은 4세기 중엽에서 6세기 중엽에 이르기까지 약 200년간 南韓(남한)에 그들의 식민지로서 任那(임나)가 있었으며, 그 통치기구로서 任那日本府(임나일본부)가 있었다고 하였다. 그리고 이 임나와 함께 倭(왜)에 朝貢(조공)하는 신라・백제・고려를 韓半島(한반도)의 신라・백제・고구려로 알고, 일본은 역사적으로 한국의 上國(상국)이라하여, 우리를 卑下(비하)하였다. 그리하여 지난 36년간 일본이 한국을 지배함은, 역사의 必然的(필연적)인 결과라 하고, 한국 침략을 合理化(합리화)하였다. 필자는 일본 史家(사가)들의 이러한 주장을 비판하고, 임나가 對馬島(대마도)에 있었다고 하였다〔拙著(졸저), 『任那國과 對馬島』, 1987 참조〕. 그러나 우리 史學界(사학계)의 일부 史學者(사학자)는 任那(임나)가 일본의 지배 하에 있었던 것은 아니나, 남한에 있었다고 하여, 필자와 論爭(논쟁)한 일이 있었다. 이 論考(논고)에서는 필자의 임나 연구와 그 뒷이야기들을 통하여, 學問(학문)을 하는 데 있어서 한자・한문의 지식이 필수적임을 말하고자 한다.

『日本書紀(일본서기)』에서 任那(임나)가 처음으로 나타나는 것은 崇神(숭신) 65年紀(년기)이다. 여기에서 임나국이 使臣(사신)을 보내왔다 하고, 그 위치에 대하여 다음과 같이 기록하였다.

任那者去筑紫國二千餘里北阻海以在雞林之西南

이와 같이 연결된 문장을 어디서 끊어 읽어야 하며, 어떻게 해석해야 할 것인가 함이 문제이다. 이를 바로 해석하면 다음과 같다.

> 任那는 筑紫國을 떠나기 二千餘里이며, (任那의) 北에 바다로 막혀 있어(北阻海), 이로써 鷄林(慶州)의 西南에 있다.

위에서 「筑紫國」은 北九州(북구주)에 있는 지명이고, 「去」는 '갈 거' 자로서 떠나가다의 뜻이다. 「阻海」는 바다로 隔(격)해 있다 즉 바다로 막혀 있다의 뜻이다. 「阻」는 '물막힐 조'자이니, 『康熙字典(강희자전)』에 水隔曰阻라 하였다.

그런데 日本(일본) 史家(사가)들은 다음과 같이 해석하였다.

> 任那는 筑紫國을 떠나서 二千餘里의 北에 있으며, (筑紫國에서 볼 때) 바다를 隔하여, 雞林(慶州)의 西南에 있다.

라고 하였다. 일본 사가들이 이와 같이 해석한 것은, 廣開土王(광개토왕) 碑文(비문)에 「任那加羅(임나가라)」가 나타나므로, 임나가라의 「加羅(가라)」를 金海(김해) 지역의 六伽倻(육가야)의 「伽倻(가야)」 (←加羅)로 알고, 임나가 이곳에 있었다고 생각하고 해석한 것이다. 그러나 위 原文(원문)에서 보는 「去」는 二千餘里까지로 보아야 하며, 「北阻海」는 임나의 북에 바다로 막혀 있다(격해 있다)로 보아야 한다. 이 문장에서 主語(주어)는 任那者이기 때문이다. 임나가 北九州(북구주)의 筑紫國(축자국)

에서 2천여리의 거리에 있는 對馬島(대마도)에 있었음은, 중국의 기록을 통해서도 알 수 있다. 즉 『三國志(삼국지)』의 「魏志東夷傳(위지동이전)」과 『梁書(양서)』의 「倭傳(왜전)」에서 고대 중국인이 狗邪(耶)韓國(金海)에서 倭(왜)에 가는 길을 다음과 같이 설명하였다. 즉 狗邪(耶)韓國(金海) — 對馬國 — 一支國(壹岐島) — 末盧國(北九州) 사이를 각각 千(천)여리라 설명하였다. 이를 보아서 임나는 북구주의 축자국에서 2천여 리의 거리에 있는 대마도에 있었음을 알 수 있다. 일본 史家(사가)들은 임나가 계림의 서남에 있다고 하니, 이를 김해의 金官伽倻(금관가야)에 比定(비정)하였다. 그러나 대마도도 남에 치우치기는 하나, 계림 즉 경주의 서남에 위치한다. 『일본서기』에서 임나의 위치를 축자국에서 2천여리에 있다는 거리와, 임나의 북에 바다로 막혀 있다는 환경과, 계림의 서남에 있다는 방향의 세 가지로 설명하였다. 그리고 『일본서기』 推古(추고) 31年紀(년기)에 「任那小國天皇附庸」 즉 '임나는 작은나라이나, 천황의 속국'이라는 기록이 있음을 보아서, 일본 史家(사가)들은 김해 등 남한 땅이 그들의 植民的(식민적) 領域(영역)이라 하였다. 그러나 금관가야는 六伽倻(육가야) 중에서도 宗主國(종주국)이고, 高靈伽倻(고령가야)는 大伽倻(대가야)이니, 이들은 「小國(소국)」이 아니다.

임나가 대마도에 있었다 함은 『桓檀古記(환단고기)』에서도 볼 수 있다.

> 任那者本在對馬島西北界 北阻海 云云 後對馬二島 遂爲任那所制 故自是 任那乃對島全稱也

이는 다음과 같이 해석된다.

任那는 본래 對馬島의 西北界(서북계)에 있었으며, 北으로 바다에 막혀 있다.……뒤에 對馬(대마)의 二島(이도)는 드디어 任那(임나)의 制御(제어)한 바가 되었다. 그리하여 이로부터 任那(임나)는 對馬島(대마도) 모두를 稱(칭)하게 되었다.

이 기록에서도 위 『日本書紀(일본서기)』에서와 같이, 「北阻海」가 나타난다. 「對馬二島」는 對馬(대마) 上下(상하)의 二島(2도)를 말하는 것이고, 「對島全稱」에서 보는 「對島」는 對馬島(대마도)의 「馬」가 생략된 것이다. 앞에서 對馬島(대마도)가 나왔으므로 이를 생략한 것이다. 고대인은 이와 같은 생략법을 예사로 썼다. 이를 보아서도, 일본 史家(사가)들이 『日本書紀(일본서기)』 崇神(숭신) 65年紀(년기)에 나타난 임나 위치에 대한 기록을 잘못 해석하였음을 알 수 있다.

그런데 우리의 史學界(사학계)에서는 대체로 위 『桓檀古記(환단고기)』를 僞書(위서)라 보고 있는 것 같다. '僞'는 '거짓 위'자이니, 僞書(위서)는 거짓책, 가짜책이라는 뜻이다. 이 책을 위서로 보는 이유는 아래 기록에서 보는 바와 같이 대마도에 임나와 함께 新羅(신라) · 百濟(백제) · 高句麗(고구려)가 있었다 하고, 또 이 섬을 고구려가 直割(직할)했다는 기록이 있기 때문이다. 그러나 이는 사실을 기록한 것으로 보아야 하니, 『桓檀古記(환단고기)』가 위서가 아님을 보이기 위하여, 아래에 대마도의 역사에 대한 기록을 함께 보기로 한다.

任那又分爲三加羅 所謂加羅者首邑之稱也 自是三汗相爭 歲久不解 佐護加羅屬新羅 仁位加羅屬高句麗 雞知加羅屬百濟是也 永樂十年三加羅盡歸我 自是

海陸諸倭悉統於任那 分治十國 號爲聯政 然直割於高句麗 非烈帝所命 不得自專也

이는 다음과 같이 해석된다.

任那(임나)는 또 三加羅(삼가라)로 나뉘니, 이른바 加羅(가라)는 首邑(수읍)을 칭하는 것이다. 이로부터 三汗(삼한)은(즉 三加羅는) 서로 다투어 해가 오래되어도 和解(화해)하지 아니 하니, 佐護加羅(좌호가라)는 新羅(신라)에 속하고, 仁位加羅(인위가라)는 高句麗(고구려)에 속하고, 雞知加羅(계지가라)는 百濟(백제)에 속하게 된 것이 이것이다. 永樂(영락) 10년에 三加羅(삼가라)가 모두 고구려에 歸屬(귀속)되었다. 이로부터 陸地(육지)와 바다의 여러 倭(왜)가 모두 任那(임나)에 통합되어 十國(십국)으로 나누어 다스리게 되어, 聯政(연정)을 하게 되었다. 그러나 고구려에 直割(직할)되어, 烈帝(열제)의 명령한 바가 아니면 스스로 專行(전행)할 수 없었다.

위에서 「加羅」는 '首邑'을 뜻하는 보통명사라 함에 유의할 것이다. 三汗(삼한)의 「汗」의 現行音(현행음)이 han(한)이나, 古代音(고대음)은 *kan으로서, 韻尾(운미) -n이 外破音化(외파음화)하여 kan-a 〉 kara로 변하여, 「汗」은 「加羅」와 같은 語形(어형) kara를 표기한 것이다. 汗(*kan)의 韻尾(운미) -n이 外破音化(외파음화)한 이유는 古代國語(고대국어)가 開音節語(개음절어)였기 때문이다. 그리고 韓半島(한반도)의 三韓(삼한) 즉 馬韓(마한)・弁韓(변한)・辰韓(진한)의 「韓」도 고대음이 *kan으로서, kan-a 〉 kara로 변한 것이다. 즉 韓(한)은 고대 國名(국명)・地名(지명)에 있어서 kara를 표기한 것으로 보고자 한다. 일본에서 고대 한국의 「韓」을 kara로 읽었다. 따라서 「加羅・汗・韓」은 한가지로

'首邑'을 뜻하는 *kara의 표기로 생각된다. 위에서 「三加羅」를 「三汗」으로 표기한 것은 한반도의 「三韓」과 구별하기 위한 것이다. 『일본서기』에서 대마도를 韓鄕之島(한향지도)라 하였는데, 이 「韓」도 三韓(삼한)의 「韓」과 같은 것이고, 「鄕」은 대마도 十鄕의 「鄕」이다. 고대 대마도는 한국의 屬島(속도)였다. 그리고 김해 지역의 「伽倻(가야)」 國名(국명)도 弁韓(변한)의 「韓」(*kara)와 같은 「加羅」에서 변한 것이다(가라 → 가랴 → 가야). 三韓(삼한)의 「韓」과 오늘날의 한국의 「韓」의 語源(어원)도 '首邑(수읍)' 또는 '首城(수성)'을 뜻하는 말이 곧 국명이 된 것이다.

위 『桓檀古記(환단고기)』의 기록에서 永樂(영락)은 고구려의 年號(연호)이니, 영락 10년은 A.D. 400년이다. 또 대마도가 고구려에 귀속되니, 고구려는 이를 「十國(십국)」으로 나누어 다스렸다고 하였다. 이 「十國」은 대마도 「十鄕(십향)」을 말하는 것으로, 이 「十鄕(십향)」은 그 뒤에 「八鄕(팔향)」 또는 「八郡(팔군)」이 되었다. 즉 『倭名類聚抄(왜명유취초)』에 대마도의 九鄕(구향)의 이름이 나타난다. 이에 與良鄕(여량향)이 빠져 있으니, 이를 넣으면 十鄕(십향)이 된다. 그리고 申叔舟(신숙주) 등이 지은 『海東諸國記(해동제국기)』에는 대마도에 八郡(팔군)의 이름이 나타난다. 이는 그 뒤 1699년(일본 元祿(원록) 12)에는 二郡八鄕(이군팔향)으로 나타난다. 『일본서기』 欽明(흠명) 23년기에 보이는 「任那十國(임나십국)」은 대마도의 十鄕(십향)을 말하는 것이니, 「鄕(향)」과 「國(국)」을 일본에서는 한가지로 '「구니」(나라'의 뜻)라 읽는다. 즉 『환단고기』에 보이는 「分治十國(분치십국)」의 「十國(십국)」과 『일본서기』에 보이는 「任那十國(임나십국)」의 十國(십국)은 같은 것으로, 이는 「대마도의 十鄕(십향)」과 같은 것이다. 위에서 본 바와 같이, 桓檀古記(환단고기)가 僞書(위서)가 아님은 앞〔前述 2.2. p.140〕에서도 말하였다.

廣開土王(광개토왕) 碑文(비문)에 「任那加羅(임나가라)」가 나타나는데, 이 「加羅」는 대마도에 있었던 「加羅」를 말한다. 『환단고기』에서 任那(즉 對馬島)에 佐護加羅(좌호가라)·仁位加羅(인위가라)·雞知加羅(계지가라)가 있다고 하였는데, 이는 대마도를 대표하는 세 곳의 首邑(수읍)의 이름이다. 이 지명은 현재에도 남아 있으니, 佐護(사고)·仁位(니이)·雞知(게찌)로 불려지고 있다. 桂延壽(계연수), 李觀楫(이관집) 두 분이 寫出(사출)한 광개토왕 비문에는, 아래에서 보는 바 고구려 5만의 대군이 영락 10년에 「追至任那加羅」 즉 倭兵(왜병)을 뒤쫓아〔追〕 任那加羅(임나가라)에 이르러〔至〕, 그곳의 왜병을 치고 일본 本土(본토)의 武藏(무사시)까지 정벌한 기사가 있다.

> 十年庚子教步騎五萬云云 急追至任那加羅云云 官兵先制直取卓淳而左軍由淡路島 到但島 右軍經難波至武藏 王直到竺斯 諸賊悉自潰 遂分爲郡

이를 아래에 해석한다.

> (永樂) 10년 庚子年(경자년)에 步兵(보병)과 騎兵(기병) 5萬(만)을 시켜서……급히 뒤쫓아 任那加羅(임나가라)에 이르러……官兵(관병)이 먼저 倭兵(왜병)을 制御(제어)하여 卓淳〔다쿠쓰노〕를 빼앗았다. 그리고 左軍(좌군)은 淡路〔아와지〕 섬〔島〕을 경유하여 但島〔다시마〕에 이르고, 右軍(우군)은 難波〔나니하〕를 경유하여 武藏〔무사시〕에 이르고, 王(왕)은 바로 竺斯〔쓰쿠시〕에 도착하니, 諸倭(제왜)가 모두 무너졌다. 드디어 이를 (고구려)의 郡으로 삼았다.

위에 나타난 지명에서 「卓淳(탁순)」은 「卓(탁)」과 「淳(순)」의 韻尾(운미)의 外破音化(외파음화)에 의한 「다쿠쓰노」의 표기이다. 이는 대마도에 있는 지명으로, 일본의 『萬葉集(만엽집)』에 보이는 「栲角乃新羅(다쿠쓰노 노 시라기)」(즉 '栲角의 新羅')의 「栲角」와 같은 지명이다. 表記(표기)의 차이가 있을 뿐이다. 그리고 淡路〔아와지〕는 瀨戶〔세토〕 內海(내해)의 東部(동부)에 위치하고, 但馬〔다시마〕는 兵庫〔효고〕 縣(현)의 北部(북부)에 위치하고, 難波〔나니하〕는 大阪〔오오사카〕를 말한다. 武藏〔무사시〕는 奈良〔나라〕 市(시)에서 가까운, 奈良〔나라〕 현의 天理市(천리시)의 武藏〔무사시〕 町(정)에 比定(비정)된다.[37] 竺斯〔쓰쿠시〕는 알 수 없다.

위 비문의 원문에서 加點(가점)한 부분은 일본 육군참보본부의 사코오〔酒句景信〕 등이 의도적으로 비문을 깎아낸 부분이다. 비문에 일본 본토의 지명이 나타나니, 고구려군이 일본 본토까지 정벌해 갔음을 숨기기 위해 의도적으로 깎아낸 것이다. 참모본부에서는 비가 넘어져서 그곳의 글자가 지워졌다고 하나 이는 거짓말이니, 일본의 양심적인 학자도 튼튼하게 세워진 비가 넘어졌을 턱이 없다고 하였다.

이 碑文(비문)의 加點(가점)한 부분은 桂延壽(계연수), 李觀楫(이관집) 두 분이 육군참모본부에서 이 비문을 깎아내기 이전에 베껴낸 것인데, 우리 사학계에서는 이를 인정하지 않고, 이 비문에 나타난 「任那加羅(임나가라)」를 김해의 金官伽倻(금관가야)로 보았다. 임나가 일본의 植民地(식민지)는 아니나, 김해 지역에 있었다고 하였다. 그리하여 고구려 5만의 대군이 대마도를 정벌한 것이 아니고, 김해의 금관가야를 정벌한 것이라 하였다. 이를 1999년 2월 20일, KBS의 '歷史(역사) 스페셜' 「伽倻(가야) 흥망의 블랙박스」(60분간) 방송에서 볼 수 있다. 즉

37) 拙著, 『對馬島는 韓國의 屬島였다』(2006) pp.108~423 참조.

이 방송의 내용에서 고구려의 대군이 A.D. 400년에 왜와 연합한 금관가야를 공격하였다 하고, 금관가야는 이때에 고구려 군에 의하여 멸망되었다고 하였다. 그러나 이는 A.D. 532년(法興王(법흥왕) 19)에 가야국이 멸망하였다고 하는 『三國史記(삼국사기)』의 기록과 맞지 않는다. 『삼국사기』에는, 법흥왕 19년에 金官國(금관국)의 仇亥王(구해왕)이 그의 妃(비)와 세 아들과 더불어 國帑(국노) 즉 나라 금고의 보물을 바치고 항복하였다고 기록되어 있다.38)

그런데 대마도의 역사를 기록한 『對州編年略(대주편년약)』에 다음과 같은 기록이 있다.

> 山家要約記云 對馬島高麗國之牧 新羅住之 開化天皇代 從此島襲來 仲哀天皇 豊浦宮 行對馬島征伐新羅

이는 다음과 같이 해석된다.

> 山家要約記(산가요약기)에 말하기를 對馬島(대마도)는 高麗國(고려국)의 牧場(목장)이요, 新羅人(신라인)이 살았다. 開化天皇(개화천황)의 代(대)에 이 섬으로부터 습격해 왔으므로, 仲哀天皇(중애천황)이 豊浦宮(풍포궁)으로부터 對馬島(대마도)에 가서 新羅(신라)를 정벌하였다.

위에서 대마도가 고려국의 목장이었다고 하였는데, 고려는 고구려를 말한다. 『日本書紀(일본서기)』 등 일본에서 고구려를 고려라 하였다. 대마도가 섬으로서 말이 도망할 염려가 없어 목장으로서 적합하다. 이

---

38) 拙稿, 「廣開土王 碑文의 '任那加羅'考 - KBS 歷史스페셜 '伽倻 흥망의 블랙박스'를 비판함」 『對馬島는 韓國의 屬島였다』(2006) pp.115~118 참조.

는 제주도가 말의 산지로서 유명한 것과 비교된다. 대마도가 고구려의 목장이었음은 현재 대마도에 있는 조랑말에서 그 자취를 찾아볼 수 있다. 즉 현재 대마도에 있는 이 조랑말은 작은 키에 粗食(조식)하고, 즉 무엇이든 잘 먹고 오르막길에 오르는 힘이 강하다고 하는데, 이는 「魏志東夷傳(위지동이전)」 고구려 條(조)에 보이는 조랑말과 같은 것이다. 즉 이 책에서 「其馬皆小 便登山」(그 말이 다 작으나, 곧잘 산에 오른다)고 하였다. 이를 보아서 오늘날 대마도의 조랑말은, 대마도가 고구려의 목장이었을 당시의 고구려의 조랑말의 種子(종자)임을 알 수 있다.

그리고 현재 대마도의 지명에서 신라와 고려(고구려)의 자취를 볼 수 있다. 현재 대마도의 首邑(수읍)인 이즈하라〔嚴原〕 동편에 시라기 야마〔白木山〕(新羅山의 뜻)가 있다. 이곳에 신라가 있었기 때문에 新羅(시라기)의 지명이 남아 있다. 또 이곳에 시라코〔白子〕(新羅를 뜻함)라는 큰 마을이 있으니, 이곳의 구다〔久田〕를 보통 시라코〔白子〕라 부른다. 대마도에서 시라코〔白子〕의 지명은 이곳 외에 4곳 이상 있다. 일본에서 「新羅(신라)」를 「시라키」 혹은 「시라기」 또는 「시라코」라 부르는데, 「시라」는 '新羅(신라)'이고, 「키(기)」와 「코」는 接尾辭(접미사)이다. 대마도에는 慶州(경주) 즉 신라의 首都(수도) 「徐羅伐(서라벌)」과 같은 「소라바루」 지명도 있다. 이 지방에서 이를 通常(통상) 「徐羅伐」로 표기한다고 하였다. 그리고 對馬(대마) 上島(상도)에 「高麗山(고려산)」의 지명도 있다.

위에서 考察(고찰)한 바로써, 대마도에 임나와 함께 신라 · 백제 · 고구려가 있었으며, 永樂(영락) 10년에 고구려가 대마도를 정벌하여, 「分治十國(분치십국)」 즉 十國(십국)으로 나누어 다스렸다고 한 『桓檀古記(환단고기)』의 기록이 역사적 사실임을 알 수 있다 그리고 광개토왕

비문에 영락 10년에 대마도의 任那加羅(임나가라)를 정벌하고, 일본 본토까지 정벌한 기록도 역사적 사실임을 알 수 있다. 고대에 대마도가 한국에 속해 있었음은, 최근에 부산외국어대학의 金文吉(김문길) 명예교수가 펴낸 『독도는 한국땅 - 대마도는 조선부속섬』(2020)에 실은 古地圖(고지도)에서도 볼 수 있다.39)

필자는 任那(임나) 對馬島說(대마도설)을 주장한 『任那國(임나국)과 對馬島(대마도)』(1987)를 日譯(일역)한 『任那は對馬にあった』(任那는 대마에 있었다)(1989)를 일본의 저명한 학자들과 역사 교과서 집필자와 전국 공공도서관 등에 약 1,300부를 寄贈(기증)하고, 이 대마도설에 同調(동조)한 많은 학자들로부터 書信(서신)을 받았다〔前述 2.2.p.140〕. 그리고 그후 그들의 역사 교과서에서 「南韓(남한)의 任那(임나) 식민지 지배」 또는 「任那日本府(임나일본부)」 등은 모두 삭제하게 되었다. 이에 대마도의 향토 사학자이며 대마도 지명 연구의 제 一人者(일인자)인 후지이〔藤井勝男〕씨의 서신을 공개한다.

지난번 후쿠오카〔福岡〕로부터 부친 『任那は對馬にあった』의 귀중한 연구는 매일 拜讀(배독)하고 있습니다. 참으로 흥미 깊은 주장에 同感(동감)하고 있습니다. 특히 대마도의 신라·고려·백제·임나의 지명 추정에 대하여

39) 金文吉 교수가 펴낸 이 책에는 일본인, 중국인, 서양 선교사들이 제작한 古代韓國地圖(고대한국지도)에 對馬島를 한국의 영역에 넣어서 제작한 지도 19매가 들어있다. 김 교수는 위 저서 외에도 『일본군 위안부성노예, 유괴·연행』(2020) 등이 있다. 김 교수는 이와 같은 古地圖(고지도)외에, 독도에 관한 자료, 위안부에 관한 일본 군부 비밀문서, 임진왜란 때의 귀무덤〔耳塚〕·코무덤〔鼻塚〕, 阿比留(아히루)문자 등, 일본 전국의 도서관과 박물관 등에서 한국의 역사 자료를 찾아낸 공적은 높이 평가된다.

동감하고 있습니다.(이하 생략)

〈위 서신은 필자의 『나의 스크랩북 – 왜곡된 古代 韓日關係史 바로잡기 60년』(2016) – p.76에 실은 이 글의 原文(원문) 影印(영인) 참조 바람.〉

다음은 1984년 3주간(6.25-7.16) 서울신문사가 주간한 壹岐(일기)·對馬(대마) 兩島(양도)의 종합학술조사 때의 일이다. 이때의 조사위원으로서 민속학의 조사에 任東權(임동권) 교수(중앙대), 역사학에는 崔永禧(최영희) 교수(한림대), 불교미술에는 鄭永鎬(정영호) 교수(단국대), 언어학(방언·지명)에는 필자(부산대), 물질문화에는 金光彦(김광언) 교수(인하대), 고고학에는 崔夢龍(최몽룡) 교수(서울대)의 전문위원 6명과, 이 조사를 돕기 위한 신문사측의 潘永煥(반영환) 편집부국장 등 4명이 참가하였다. 이 조사의 목적은, 대마도와 일기도의 두 섬은 고대 한반도의 문화가 일본 本土(본토)로 건너간 징검돌〔渡石〕 구실을 하였을 것으로 보고, 이 두 섬에서 그 자취를 찾는데 있었다.

당시에 필자는 任那(임나)의 對馬島(대마도) 比定(비정) 문제에 대한 많은 관심을 가지고 있었다. 그리하여 한번은 조사위원 모두가 모인 자리에서 "고대 임나가 아마 대마도에 있었던 것으로 보이니, 이러한 관점에서 대마도의 역사를 생각해 보는 것이 좋겠다"고 하였다. 그후 얼마 지나서 정영호 교수는, 필자에게 "그러한 말 함부로 하지 마시오" 하고 충고하였다. 왜냐하면 자기들끼리 모인 자리에서 최영희 교수가 "이는 상식 이하의 말"이라 하고, 필자를 "한국으로 돌려보내자"고 하였다는 것이다. 일본 땅에 와서 그러한 소리를 함부로 해서는 자기들의 체면이 깎인다는 생각이었다. 그후 필자는 이에 대해 일체 말하지 않았다.

그러다가 이에 대한 연구가 끝나고, 일본 학자들도 필자의 임나 대마설을 인정한 뒤에, 이에 대한 필자의 저서를 최영희 교수에게도 기증하고자 하여, 정영호 교수에게 전화를 내어 최 교수의 주소를 물었다. 그러나 그는 이미 故人(고인)이 되었다고 하였다. 이 이야기는 학문을 하는 사람으로서 부끄러운 이야기이다. 그러나 10년간이나 국사편찬위원회 위원장을 지낸 최 교수의 말이 너무나 실망스러워 이를 공개한다.

위에서 최영희 교수의 이야기를 공개하였거니와, 우리의 사학계의 원로 교수들은 임나가 남한 땅에 있었던 것으로 알고 있다. 일본 史家(사가)들이 말한 바와 같은, 그들의 식민지 지배를 받은 것은 아니나, 광개토왕 비문에 나타나는 「任那加羅(임나가라)」를 남한에 있었던 것이라고 하였다. 즉 서울대학의 李丙燾(이병도) 교수는 임나가 大伽倻(대가야), 지금의 高靈(고령)에 있었다 하고[40], 부산대학의 金廷鶴(김정학) 교수는 임나가 가야 지방에 있었다고 하였다. 김 교수는 필자의 임나대마도설을 비판하여, 필자와 조선일보, 부산일보 등 신문 지상을 통하여 여러 번 논쟁하였다.[41] 김 교수는 『任那と日本』(임나와 일본)의 저서가 있다. 우리 사학계에서 임나의 위치를 남한 땅에 있었다고 한 것은 『日本書紀(일본서기)』 崇神(숭신) 65년기의 임나 위치에 대한 기록, 즉 「任那者去筑紫國二千餘里北阻海以在雞林西南」를 잘못 해석한 것에서 비롯하였다. 그리하여 『일본서기』에 「任那十國(임나십국)」의 이름이

---

40) 李丙燾, 『國史大觀』(1957) p.66 참조.

41) 拙著, 『나의 스크랩북 -왜곡된 古代韓日關係史 바로잡기 60년-』(2016) pp.36~38 참조.

나타나니, 이를 六伽倻(육가야) 등 남한의 지명으로 알고, 일본 史家(사가)들의 임나의 위치 比定(비정)을 그대로 받아들인 것이다.

그리고 또 유의할 것은, 「日本(일본)」이란 국호가 생긴 것이 7세기 후반의 일이니〔註 34의 拙著 p.368 참조〕, 임나가 있었던 4~6세기에는 「日本(일본)」이란 이름이 없었다. 「임나일본부」란 이름은, 대마도에 있었던 오늘날의 영사관과 같은 倭(왜)의 「任那官家(임나관가)」를 『일본서기』를 지은 사람이 이름을 바꾸어 기록한 것이다.

다음에는 필자의 임나 대마도설에 대하여 국내 학자로서 충남대학교의 權五曄(권오엽) 교수의 書信(서신)을 소개하기로 한다. 권 교수는 아직 面識(면식)이 없으나, 필자의 임나 관계 論著(논저)를 기증받고 다음과 같은 回信(회신)을 보내왔다. 沈滯(침체)된 우리 학계에 깨우침이 될 것으로 생각하고, 이를 공개한다. 권 교수의 양해를 바란다.

李炳銑 교수님
안녕하십니까.
교수님의 훌륭하신 학문에 존경하여 마지 않습니다.
저는 교수님의 글을 읽으며, 제가 광개토왕비문을 읽으며
느끼던 감정을 다시 느낍니다.
일본에 대한 분노만이 아니라
일본인들의 행위에 분노하지 못하는 우리 학자들
일본인들의 학설을 능가하지 못하는 우리 학자들
입으로만 민족정신을 되뇌는 선동꾼들
돈과 명예를 좇아다니며 그것도 이루지 못하는 아세꾼들
그런 삼류만을 원하는 삼류의 나라에
한없는 연민을 느낍니다.

옛날에는 교육의 기회를 상실했고
독자적인 학문이 불가능했기에 모두 남의 탓으로
돌려댈 수 있었습니다만,
지금은 우리의 일은 우리가 해결해야 되는 때라고
생각합니다. 바로 이러할 때
교수님이 연세도 돌보시지 않고
왕성하신 활동으로
후학을 일깨워 주셨습니다.
일제 36년, 이제는 입에 올리는 것 자체가
부끄럽습니다.
이제는 우리가 책임을 져야할 때가 되었기 때문입니다.
교수님을 한 번 뵙고 가르침을 받고
각성도 하고 싶습니다.
언제 부산에 들려서 찾아뵈어도 될런지요.

교수님의 건승하심을 기원합니다.

2017년 2월 7일
세종시 권오엽 드림

위에서 임나 연구에 대한 뒷이야기를 하였거니와, 이 자리에서 필자의 임나 연구에 대한 動機(동기)와 그 과정에 대하여 한 말 덧붙이고자 한다. 필자가 국민학교에 다닐 때(일제 시대)의 일인데, 교실 앞에 걸린 歷史地圖(역사지도)에 일본 본토는 진붉은 색으로 그리고 남한도 진붉은 색으로, 북한은 붉으스럼한 색으로, 중국은 노란색으로 色別(색별)하여 그렸다. 일본인 선생에게 남한을 진붉은색으로 그린 이유를 물으니, “남한에 任那(임나)라는 나라가 있었는데, 이는 일본 땅이었기 때문이다.”라고 하였다. 그리고 진주 晉州師範學校(진주사범학교)에 다닐 때에 역사 시간에 일본인 선생은 다음과 같이 말하였다. 즉 “朝鮮(조선)은 북에는 漢四郡(한사군)이 있어 중국에 지배되고, 남한에는 任那(임나)가 있어 일본에 지배된 역사 없는 민족이다. 따라서 조선은 중국에 지배되거나 일본에 지배될 수 밖에 없는데, 중국에 지배되는 것보다 일본에 지배되는 것이 조선을 위해 잘된 일이니, 독립할 생각은 말아야 한다.”고 하였다. 이러한 것을 보아서 任那(임나) 문제는 그들의 植民地(식민지) 교육의 제1條(조)임을 알 수 있다.

필자는 感受性(감수성)이 예리하던 청소년 시절에 이러한 말을 듣고 半信半疑(반신반의)하면서도 참을 수가 없었다. 그러다가 해방이 되어 古書店(고서점)에서 일본 史家(사가) 아유가이〔鮎貝房之進〕가 任那南韓說(임나남한설)을 쓴 『雜攷(잡고)』라는 책을 사서 읽고, 일본 사가들이 임나남한설을 주장하는 근가가 무엇인가함을 알게 되었다. 즉 그들은 앞에서 말한 바 『일본서기』 崇神紀(숭신기)에 나타나는 임나 위치에 대한 기사를 잘못 해석함과 함께, 『일본서기』의 「任那十國(임나십국)」을 비롯하여, 임나와 관련되는 100여 개의 지명을 남한 땅의 여기저기에 比定(비정)하여 남한에 任那(임나)가 있었다고 한 것이었다.

필자는 地名(지명)이 무엇이냐 함을 알기 위하여 먼저 한국 고대지명부터 연구하였다. 그리하여 『韓國古代國名地名硏究』(1982)로 경북대학교에서 박사 학위를 취득하였다. 이 책은 고대 지명 硏究書(연구서)로서 國內(국내)에서 처음 나온 것이다. 필자는 이 연구에서 같은 지명이 여러 곳에 分布(분포)함을 알게 되었다. 이는 고대인의 移住(이주)에 의한 것으로, 새 이주지에 가서 先住地(선주지)에서와 지명을 지어서 불렀기 때문이다. 즉 지명의 분포는 고대 住民(주민)의 이주에 의하여, 方言(방언)의 분포와 같이 널리 분포함을 알게 되었다.

그리고 오늘날 지명이라 하면 固有名詞(고유명사)로 알고 있는데, 그 지명이 命名(명명)될 때는 수리산('首山'의 뜻), 加羅山(가라산, '大山(대산)'의 뜻), 한들('큰 들' 즉 大野의 뜻)과 같이, 대개 보통명사로서 불려졌다〔전술 2.1.6. p.109〕. 그리하여 한일 고대지명을 비교 연구하여, 일본의 지명의 뿌리가 한국이라 한 拙著(졸저) 『日本古代地名硏究』(1996)는 이 이론에 근거하여 지은 것이다.

그리고 『日本書紀(일본서기)』 임나 기사에 나타나는 지명을 일본 史家(사가)들은 남한 땅에서 찾으려 하였으나, 필자는 이를 대마도에서 찾았다. 대마도를 4회 답사하였다(30여일간 체재함). 이에 대하여서는 졸저 『任那國과 對馬島』(1987)를 참조하기 바란다. 그리고 『일본서기』 임나 기사에서 임나와 함께 倭(왜)에 朝貢(조공)하는 新羅(신라), 百濟(백제), 高麗(고려)도 한반도에 있었던 신라·백제·고구려가 아니고, 이는 임나와 함께 대마도에 있었다고 하였다. 이는 한반도의 신라인, 백제인, 고구려인들이 이 섬에 건너가서 살았던 邑落(읍락) 즉 마을이라 하고, 이러한 邑落名(읍락명)은 일본 본토에도 있었다고 하였다.

그리고 임나 지명을 대마도에서 찾았을 뿐만 아니라, 중국 史書(사서)에 나타난 기록과, 가야 지역에서 나온 出土品을 통하여, 왜와 弁韓(변한) 지역 즉 가야 지역 등의 군사력을 비교하여, 4세기 중엽에서 6세기 중엽 무렵에 왜의 빈약한 무기로 남한을 지배할 수 없었을 것이라 하였다. 그러한 몇 예를 보기로 한다. 즉 3세기 말에 편찬된 『三國

志(삼국지)』「魏志東夷傳(위지동이전)」(撰者(찬자) 陳壽(진수))의 죽은 해 A.D. 297)에 마한 · 변한 · 진한 · 倭傳(왜전)이 올려 있는데, 왜전에 倭(왜)에 소와 말이 없었으며, 병기로는 창과 방패와 나무로 만든 활〔木弓〕이 있었다고 하며, 대나무로 만든 화살〔竹箭〕 촉〔鏃〕에는 쇠〔鐵〕와 동물의 뼈〔骨〕가 쓰인다고 하였다. 그리고 발은 벗고 다닌다고 하였다. 그리고 『晋書(진서)』(A.D. 317~418)에서도 왜에 소와 말이 없다 하고, 병기에는 칼〔刀〕과 방패와 활과 화살이 있다고 하였다.

다음에는 弁韓(변한, 辨辰(변진)), 즉 가야 지역과 진한의 군사력을 보면, 위 「위지 동이전」의 辨辰(변진) 조에, 이곳 사람들은 말과 소를 타고 다닌다고 하고, 이 나라에 쇠가 나니, 마한과 濊(예)와 倭(왜)가 가져간다고 하였다. 또 步戰(보전) 즉 보병들이 싸움을 잘 한다고 하였다.

그리고 현재 부산시에 속해 있는 福泉洞(복천동) 古墳群(고분군)에서 발굴된 가야 지역의 騎馬戰團(기마전단)의 유적은 놀랄만 하다. 즉 이곳에서 출토된 유물은 총 1,830여 점인데, 그 중에는 철기류가 600여 점에 이르며, 이 중에는 鐵製冑(철제주, 5세기 중엽의 것, 높이 33.3cm), 鐵製脛甲(철제경갑, 5세기 중엽의 것, 길이 全長(전장) 37.5cm), 馬冑(마주, 5세기 중엽의 것, 길이 50.5cm)도 들어있다. 위에서 철제주는 사람의 얼굴에 쓰는 쇠의 투구이고, 철제경갑은 쇠로 만든 말의 정강이 부분에 붙이는 갑옷(적의 화살을 막기 위한 것)이고, 마주는 말의 얼굴에 쓰이는 투구이다. 5세기 중엽에 가야 지역에서 이러한 騎馬戰團(기마전단)의 유물이 나왔음을 보아서, 왜의 빈약한 무기로 이 지역을 지배했다는 것은 말이 안 된다. 위에서 왜와 변한(가야) 지역의 군사력을 비교한 「위지 동이전」 등의 기록과, 복천동 고분의 유물에 대한 자세한 설명은 졸저 『任那國과 對馬島』(1987)를 참조하기 바란다.

이상에서 임나의 대마도 위치 比定(비정)에 대한 필자의 연구와 그의 뒷이야기, 그리고 임나 연구의 동기 등에 대하여 말하였거니와, 一言(일언)으로 하여 학문을 하는데 있어서 漢字(한자)·漢文(한문)의 지식은 필수적이다. 거듭 말하면, 오늘날의 한글 전용 즉 한문 폐지의 정책으로는 학문의 발전을 기대하기 어렵다.

6) 일본인의 노벨상 수상과 한자·한문 교육 및 그들의 底力(저력)

일본은 노벨상 大國(대국)으로 알려져 있다. 일본의 작년도(2019년도)까지의 노벨상 受賞者(수상자)는 일본 국내 25명, 일본 출신으로서 외국 국적을 가진 자 3명을 합하여 28명이다. 이를 분야별로 보면, 물리학상 9명, 화학상 8명, 생리·의학상 5명, 문학상 2명, 평화상 1명으로 25명이며, 외국 국적을 가진 자로서는 물리학상 2명, 문학상 1명이다. 이는 중국의 5명(물리학상 2, 생리·의학상 1, 문학상 1, 평화상 1)과 印度(인도)의 6명(문리학상 1, 경제학상 2, 문학상 1, 평화상 2)보다 압도적으로 많으며, 미국의 다음 자리를 두고 영국과 경쟁하고 있다. 우리는 평화상 1명이 있을 뿐, 연구에 의한 수상자는 하나도 없다.

다음에는 일본에서 이와 같은 많은 수상자를 배출할 수 있는 힘이 어디서 나왔을까 하는 것이 문제된다. 이를 우선 그들의 徒弟式(도제식) 교육에서 볼 수 있다. 徒弟(도제)에서 '徒'는 '무리 도', '生徒(생도)'라는 도 자이고, '弟'는 '아우 제'자로서, 이 말은 제자 또는 門人(문인)

의 뜻이다. 이는 직업에 필요한 지식이나 기술을 습득하기 위하여 남의 밑에서 종사하는 것을 말한다. 지식이나 기능을 가진 사람을 찾아가서 스승으로 섬기는 일을 師事(사사)한다고 하는데, '師'는 '스승 사' 자이고, '事'는 '일 사' 자이나, 여기서는 '섬길 사' 자이다. 이는 우리의 전통 교육에서 보는 書堂式(서당식) 교육과 비교된다. 훌륭한 선생이 講筵(강연)을 펴면, 각지에서 그 선생을 찾아 가서 師事(사사)하고 門人(문인)이 되는 것이다. 우리에게 각지에 서당이 있었던 것과 한가지로, 일본에서도 전통을 이어온 학파가 많다고 한다.

그리고 수상자 중에는 물리학상을 받은 사람이 많은데, 이에는 三大(삼대) 祕訣(비결)이 있다고 한다. 그 첫째는 한 우물을 계속해서 파는 것이다. 즉 한 문제를 잡고 30년이고 40년이고 간에 물고 늘어진다는 것이고, 둘째는 후배가 그 뒤를 잇는다는 것, 즉 본인이 못다한 것을 후배가 따르면서 그 결실을 맺는다는 것이고, 셋째는 현장과 학교가 손을 잡는다는 것, 즉 대학과 기업체를 넘나들며 기술을 개발한다는 것이다(조선일보 2014.10.9.).

또 일본인들이 노벨상을 많이 수상하게 된 이유를 한자 · 한문의 교육에서 볼 수 있다. 이를 1949년 일본에서 처음으로 노벨물리학상을 받은 유가와 히데키〔湯川秀樹〕 교토〔京都〕대학 교수에서 볼 수 있다. 당시에 일본은 2차대전에서 패하고 失意(실의)에 빠져 있던 중에, 유가와 교수의 수상은 일본의 온 국민에게 큰 힘을 실어 주었다. 당시에 일본은 2차대전에 패한 원인을, 어려운 한자를 배우다가 과학의 발전이 미국에 뒤진 까닭이라 하여 한자를 폐지하고 假名(가나)자 전용을 시도하기도 하고, 심지어는 로마자를 쓰자는 妄說(망설)까지 나왔다.

그러다가 유가와 교수가 노벨물리학상을 받음으로써 일본의 과학의 수준이 세계적인 수준에 있음을 알게 되어 자신감을 갖는 한편, 유가와 교수의 수상의 이유가 한자・한문 교육에 있었음을 알게 되어, 漢字(한자) 廢止論(폐지론)이 사라지고, 한자 교육론이 부활하게 되었다. 즉 유가와 교수는 수상 소감을 "어릴 때에 배운 한자 교육이 그 기초가 되었다"고 하였다. 그는 다섯 살 때에 儒學者(유학자)인 외조부로부터 漢籍(한적)을 배우기 시작하여 평생 한적을 즐겼고, 한적에 대한 素養(소양)이 깊었다고 하며, 중국의 老子(노자)를 가까이하여 그의 철학적 사고의 樣式(양식)이 수상의 배경이 되었다고 하였다.

그는 그의 자서전에서 "나는 어릴 때의 한적의 소양이 결코 헛된 것이 아니었다고 믿는다. 어릴 때에 뜻도 모르면서 읽어간 한적의 소양은 나에게 큰 수확을 가져다 주었다. 자라서 어려운 한적을 접할 때에 문자에 대한 저항 없이 흡수할 수 있었던 것은 한자가 습관화되었기 때문일 것이다. 할아버지〔外祖父〕가 先唱(선창)하면, 復唱(복창)만 하여도 모르는 사이에 한자와 친해지고, 그 후로 독서를 쉽게 할 수 있었던 것이 사실이다."라고 하였다. 그리고 노벨상을 수상하고 가진 기자회견에서 "상을 타기 위해 평소에 어떠한 준비를 했느냐"고 하는 질문에, 그는 서슴치 않고 "그것은 어릴 때의 한자 교육에 있었다." 하고, "이는 한자의 구조부터 한자・한문을 이해하고, 그 속에 담긴 사상을 알기 위한 노력이 科學(과학)을 이해하는 것과 같이 머리를 움직이게 했다"고 하였다.42) 위에서 "한자의 구조부터 그 속에 담긴 사

42) 崔書勉, 「노벨상은 어릴 때 漢字教育이 기초 -노벨상을 수상한 湯川秀樹(유가와)의 고백-」 『한글+漢字문화』 178호(2014. 5.) pp.4~5 참조.

상을 알기 위한 노력이 머리를 움직이게 했다"는 말에 유의할 것이다.

그러한 것으로서 다음의 예를 들 수 있을 것이다. 「新」(새 신)은 立(설 립) + 木(나무 목) + 斤(도끼 근) 자로 구성되어 있다. 즉 도끼〔斤〕로 木〔나무〕를 다듬어서 세우면〔立〕 새〔新〕 집이 된다는 것이다. 또 「東」(동녘 동)은 木(나무 목) + 日(날 일) 자로 구성되어 있다. 즉 나무 사이로 해〔日〕가 떠오르는 쪽이 동쪽이란 뜻이다. 그리고 「國」(나라 국)은 口(땅 위에 있는 사람을 뜻함, 口는 '입 구'자로서 人口라는 말에서 보는 바 사람의 뜻)와, 戈(창 과, 이는 무기 즉 國防(국방)의 뜻)와 囗(領土(영토)의 뜻)으로 되어 있는데, 이 세 가지가 있으면 '國(나라)'가 된다는 뜻이다. 이는 국가란 영토와 主權(주권) 또는 國防力(국방력)과 人民(인민)의 三大(삼대) 요소를 갖추어야 한다는 현대인의 생각과 별로 다를 바 없다.

한자의 起源(기원)은 정확하게 알 수 없으나, 기원전 10수세기의 殷(은)나라 때에 사용되었다고 하니, 오늘에 전하는 한자 속에 적어도 3천년 이전의 고대인의 경험과 사상이 담겨져 있음을 생각할 수 있다. 유가와 교수는 이러한 한자의 구조에 담겨진 사상을 알기 위한 노력이 과학을 이해하는 힘이 되었다고 한다. 즉 학문에 대한 탐구심도 흥미로부터 시작된다. 일본인들이 책을 많이 읽는 것도 흥미에서 온 것이니, 그들에게 책을 기증하면 그 회답에는 꼭 「興味(흥미) 깊게 읽겠다.」 또는 「興味(흥미) 깊게 잘 읽었다.」라고 한다. 그리고 그는 한적의 素養(소양)이 큰 수확을 가져다 주었다고 하면서, 중국 老子(노자)의 철학적 사고의 생활 양식이 수상의 배경이 되었다고 한다.

우리는 孔子(공자)와 孟子(맹자)의 道(도)가 아니면 異端(이단)이라 하여 이를 배척하였는데, 인간의 사상의 자유가 얼마나 큰 업적을 가져오는가를 보여주고 있다. 그리고 그는 “자라서 어려운 한적을 접할 때에 문자에 대한 저항 없이 이를 吸收(흡수)할 수 있었던 것은, 어릴 때부터 한자가 습관화되었기 때문일 것이다.” 하였는데, 오늘날 일본에서 한자의 조기교육으로 전 과목의 교과서에 한자를 섞어서 가르치고 있음은, 어릴때부터 한자에 익도록 하기 위한 것이다.

다음은 많은 노벨상 수상자를 배출한 일본인들의 학문에 대한 熱意(열의)와 그들을 길러낸 底力(저력)을 생각해 보기로 한다. 필자는 일본의 傳承地名(전승지명)에 대한 조사 연구와 임나 위치 比定(비정)과 관련된 대마도의 지명 조사를 위하여 8회 渡日(도일)하였는데, 滯日(체일) 중에 눈여겨 보고 들은 것들을 적는다. 일본을 따라잡기 위해서는 그들을 알아야 하기 때문이다.

먼저 일본인들의 학문에 대한 열의와 탐구심에 대하여 쓰쿠바〔筑波〕 대학의 요시노〔吉野正敏〕 교수의 이야기를 하기로 한다. 필자가 처음으로 渡日(도일)한 1981년 1월의 일이다. 그때만 하여도 일본인의 초청이 있어야 일본에 갈 수 있었다. 李承晩(이승만) 대통령(임기 1948~1960) 때에는 한일 간에 문이 굳게 닫혀 있었고, 朴正熙(박정희) 대통령 때에 학생들의 반대 시위를 무릅쓰고 韓日協商(한일협상)을 성사시켜 한일 간의 문이 열리게 되었다. 필자가 在職(재직)했던 부산대학에서 小數人(소수인)의 교수에게 일본 시찰의 이름으로 보내준 덕분에 필자는 같은 대학의 文勝義(문승의) 교수와 4명이 한 組(조)가 되어 쓰쿠바〔筑波〕 대학의 요시노 교수의 초청을 받아서 渡日(도일)하게 되었다. 도일하여 먼저 요시노〔吉野正敏〕 교수를 찾아가서 초청하여 준 데 대한 고맙다는 인사를 하고, 이어서 우리 4명은 요시노 교수로부터 교내 식당에서 점심 대접을 받았다. 그리고 숙소에 돌아와서 문승의 교수는 쓰쿠바대학 유학 시절에 지도교수였던 요시노 교수의 연구생활에 대하여 다음과 같이 말하였다. 즉 그는 동양 제1의 氣象學者(기상학자)라 하고, 그의 연구생활은 자택의 2층에 있는 書齋(서재)와 대학의 연구실을 오고 갈 뿐이며, 가끔 외국에 가서 기상에 관한 정보를 가져와서 제자들에게 논문을 쓰게 하고, 이를 공동의 이름으로 발표한다고 하였다. 한 번은 그의 딸이 다른 校服(교복)을 입고 학교에 가는 것을 보고 "오늘은 왜 그러한 옷을 입고 학교에 가느냐" 하고 물으니, 그 딸의 대답이 "아빠 저 이번에 고등학교에 들어갔어요"라고 하더라는 것이다. 딸이 고등학교에 입학하는 줄도 모르고 자기의 연구에만 몰두하더라는 것이다. 자기의 연구를 위하여 가정생활은 돌보지 않았다는 것이다. 그는 위장이 좋지 않아서 세 번을 수술하였는데, 한 번은 수술을 받은 다음날 책을 들고 앉아 있어, 간호원을 놀라게 하더라는 이야기를 하였다. 이러한 교수에게 배운 덕택인지는 몰라도, 문승의 교수는 뒤에 우리의 기상청장으로 발탁되어 갔다.

다음은 日本地名學硏究所(일본지명학연구소)(奈良所在)의 이케다〔池田末則〕 소장에 대한 이야기이다. 필자가 그를 처음으로 만난 것은 1983년 2월의 일이다. 교토〔京都〕에서 미리 전화를 하고 同(동) 연구소에 가서 만났는데, 그는 羽織(하오리, 웃옷)와 하카마(袴, 치마)를 입고 게다(下駄, 나막신)을 신고-이는 그들의 전통 의상이다.- 필자를 정중하게 맞이하였다. 필자는 졸저 『韓國古代國名地名硏究』(1982)를 증정하고 "앞으로 일본의 지명을 공부하고, 양국의 지명을 비교 연구하고 싶다"고 하였더니, 그는 "양국간에 전쟁 같은 것은 하지 말고, 이러한 연구나 함께하여 잘 지냈으면 좋겠다"고 하였다. 필자는 이 말에 매우 호감이 갔다. 그리하여 그 뒤에 渡日(도일)할 때마다 이 연구소를 찾았다.

1986~1987의 1년간은, 日本外務省(일본외무성) 傘下(산하)인 日本國際交流基金(일본국제교류기금)의 초청으로 도일하여 이 연구소에서 연구하게 되어, 이케다 소장의 연구생활을 잘 알 수 있었다. 이 연구소는 태평양 전쟁이 일어난 직후에 민간 연구소로서 발족하였는데, 초대 소장인 나카노〔中野文彦〕씨가 私財(사재)를 투입하여 설립한 것으로, 이케다 소장은 제2대 소장이다. 그의 연구생활을 보면, 그는 자고 나면 아침 식전에 자택에서 나와 지하철로 약 8분 거리에 있는 연구소에 가서 연구를 하며, 때로는 地名(지명) 踏査(답사)도 나갔다. 그리하여 밤 11시가 넘어서 자택으로 돌아오니, 토요일도 일요일도 없으며 설에는 손님이 오지 않아서 일이 더 잘 된다고 하였다.

그는 많은 業績(업적)을 내었으니, 연구소의 이름으로 『地名學研究(지명학연구)』(20권), 『日本地名學(일본지명학)』(科學編(과학편), 地圖編(지도편)), 『奈良縣の地名(나라현의 지명)』, 『全國大學地名索引(전국대학지명색인)』(12책)), 『日本歷史地名總索引(일본역사지명총색인)』 등이 있으며, 『日本地名傳承論(일본지명전승론)』, 『地名の知識(지명의 지식) 100』, 『古代地名發掘(고대지명발굴)』, 『地名傳承學(지명전승학)』 등 단독 저서와 많은 자료집을 내었다. 그리고 식량과 교통이 어려운 시기에 나라〔奈良〕 縣內(현내) 千百(천백) 여의 大字(대자) 지명을 답사하니, 이 조사로 면접한 古老(고로) 즉 나이 많은 老人(노인)은 2,000명을 헤아린다고 하였다.[43] 그는 斷言(단

---

43) 拙著, 『日本古代地名研究』(1996) p.178 참조.

언)코 일본지명연구의 제 1인자라 할 수 있다.

위에서 말한 바, 일본인들의 학문에 대한 熱意(열의)는 과거에 몰랐던 사실을 알고자 하는 探究心(탐구심)에서 나온 것인데, 이는 그들의 고대 한일관계사에 대한 관심에서도 볼 수 있다. 일본학자들 중에는 일본민족이 남방계라고 주장하는 사람도 있어, 고대 한일관계사에 많은 관심을 가질 만도 하다. 한번은 이케다 소장과 함께 그의 친구인 三愛縣(미에현) 거주의 구라다〔倉田正邦〕씨를 찾아 간 일이 있었다. 그는 그곳의 애천여대(愛泉女大)의 전 교수로서, 일본지명학연구소의 所員(소원)이었다고 하였다. 그는 필자가 지은 『韓國古代國名地名硏究』(1982)를 내어놓으며, 필자가 자기 집에 온 기념으로 '사인'을 해달라고 부탁하였다. 이 책의 뒤쪽에 보니 이 책을 산 부산의 어느 서점의 이름과 책을 산 日字(일자)와 책값까지도 쓰여 있었다. 그의 학문에 대한 愛着心(애착심)을 읽을 수 있었다.

다음은 일본의 古都(고도) 나라시〔奈良市〕의 示粹會(시수회, 일본명 시스이카이)라는 단체의 초청을 받아서 강연한 일이다. 이 단체는 親韓團體(친한단체)로서, 매월 넷째 수요일에 모이는데, 이 四(넷째) 水曜(수요)에서 온 「四水(사수)」(일본음 시스이)를 嘉好字(가호자)인 '「示粹」(순수함을 보이다.)'의 뜻으로 바꾸어 부른 것이라고 한다. 필자가 일본지명학연구소에 와서 있다 함을 알고, 강연을 초청해 왔다. 100명 가량 모였다. 한국과 일본의 고대 지명과 언어를 비교하여 한일 양국의 관계사를 이야기하였다. 일본인은 어떠한 친목 단체든, 밥만 먹고 헤어지는 것이 아니고, 어떠한 主題(주제)를 중심으로 이야기하거나, 남을 초청하여 이야기를 듣는다고 한다. 여기에서 세상을 사는 정보와 지혜를 배우는 것이다.

한번은 나라시에 있는 요미우리〔讀賣〕 신문의 기자로부터 인터뷰 신청을 받았다. 지명학연구소에서 만났다. 외국인 교수가 자기들의 지명을 조사 연구하러 왔다고 하니, 흥미가 있었는지는 몰라도 여러 가지를 물었다. 그러다가 任那(임나)의 위치가 대마도라는 말이 나오자, 남한에 있었던 그들의 식민지로 알고 있었던 그는 어떻게 파고 묻는지, 1시간 예정했던 것이 3시간 가까이 걸렸다. 그러고도 돌아가서 전화로 두 번이나 물어 왔다. 필자는 당시에 몸을 무리하여 耳鳴症(귀울이)으로 고생하고 있었는데, 이 신문 기자와의 인터뷰로 귀울이가 더 심해져서 다시 2주간 입원하였다. 이때에 인터뷰한 기사는 1987년 6월 25일자의 요미우리 신문에 5단 기사로 났다. 이외에도 필자가 일본 지명의 조사 연구로 일본지명학연구소에 와서 있다는 기사가 1986년 9월 4일자 마이니치〔每日〕 신문에도 났다.

다음에는 도쿄도〔東京都〕에 있는 사쿠라이시〔櫻井市〕에서 개최된 일본 全國地名發表大會(전국지명발표대회)에서 있었던 일이다. 일본에서 지명 연구를 위한 큰 단체가 두 개 있으니, 그 하나는 나라〔奈良〕에 있는 일본지명학연구소이고, 그 다른 하나는 도쿄〔東京〕에 있는 일본지명연구소이다. 전자는 이름 그대로 지명에 대한 학문을 주로 하고 있으며, 후자는 매년에 전국발표대회를 하는 등 학술행사를 주로 하고 있다. 이날의 발표대회에는 전국 각지에서 수백 명의 회원들이 모였다. 필자는 當日(당일)의 발표회가 열리기에 앞서, 주최하는 지명연구소장을 찾아가서 인사를 하고, 현재 나라〔奈良〕 소재의 지명학연구소에 와서 있다고 하였다.

그런데 개회식에서 뜻밖에도 필자에게 祝辭(축사)를 부탁하여왔다. 그리하여 그 축사에서 이날의 발표행사에 대해 祝意(축의)를 표하고, 필자의 渡日(도일)한 목적과 한일 양국의 지명에 親近性(친근성)이 있음을 말하였다. 개회식이 끝나고, 발표에 들어가기에 앞서 간단한 茶果會(다과회)가 있었는데, 그 자리에서의 일이다. 맞은편에 앉았던 사쿠라이〔櫻井〕 시장은 아랫사람에게 술잔을 들리고 와서 필자에게 술을 권했다. 과분한 대접이었다. 옆에 앉았던 한 일본인이 "현재 일본인으로서는 한일 지명을 비교 연구할 사람이 없으니, 선생님의 연구에 성과가 있기를 바란다는 뜻"이라고 설명하여 주었다. 지명을 비교 연구한다는 것은 양국의 지명을 다 알아야 하는데, 필자의 생각으로도 현재 일본인으로서 양국의 지명을 비교 연구할 사람이 없어 보인다.

일본인들의 任那(임나)의 위치 문제 등 고대 한일관계사에 대한 관심은 다음에서도 볼 수 있다. 필자는 滯日(체일) 중에 이 문제들에 대하여 몇 곳에 寄稿(기고)한 일이 있으니, 도쿄〔東京〕의 統一日報(통일일보)(1987년 6월 29일부터 6회 연재)에 「지명의 檢證(검증)에 의한 任那國(임나국)의 比定(비정)」을, 『歴史の旅』(1991년 11월호)에 「임나의 所在地(소재지)는 한반도가 아닌 대마도였다」를, 『歴史讀本(역사독본)』(1992년 5월호)에 「韓日古代地名(한일고대지명)의 考察(고찰)」을 실었다. 그리고 前述(전술)〔2.2. p.141〕한 바와 같이, 필자의 『任那國과 對馬島』(1987)를 日譯(일역)한 『任那は對馬にあった』(임나는 대마에 있었다)(1989) 약 1,300부와 『日本古代地名研究(일본고대지명연구)』(1996)를 일역한 『日本古代地名の研究』(2000) 약 1,500부를 일본의 저명한 학자들과 교과서 집필자, 전국 공공도서관 등에 기증하였다. 그리고 이케다 소장에게는 『日本古代地名硏究(일본고대지명연구)』의 한국어판과 일역판을 같이 보냈는데, 그는 그곳의 월간지에 이 두 책의 사진과 함께 「地名(지명)은 大地(대지)에 새겨진 歷史(역사), 한국에서 출판된 『日本古代地名の硏究』」의 제목으로 大書特筆(대서특필)하였다.

그리고 일본인의 교수 등 4명이 부산의 필자 자택으로 찾아왔다. 그 중에는 고등학교 교사도 1명 있었다. 필자는 전에 韓日關係史(한일관계사)를 연구하는 국내 某(모) 學會(학회) 회원 120여명에게 필자의 『나의 스크랩북 - 왜곡된 고대한일관계사 바로잡기 60년-』(2015)을, "연구에 참고하기를 바란다."는 서신과 함께 기증하였는데, 이에 대해 한 사람의 편지나 한 통의 전화도 없었다〔전술 1.3.2. p.49〕. 이는 위에서 말한 일본인들의 反響(반향)과 너무나 對照的(대조적)이다.

일본인들의 새로운 지식을 探究(탐구)하는 기질은 고대 한일관계사에서만 볼 수 있는 것이 아니다. 우리는 大院君(대원군)의 鎖國政策(쇄국정책)으로 서구의 문물을 막았으나, 그들은 脫亞入歐(탈아입구) 즉 亞細亞(아세아)를 벗어나서〔脫〕 歐羅巴(구라파)에 들어가야〔入〕 한다는 구호를 내어 걸고 서양의 문물을 받아들인 것에서도 볼 수 있다. 일본인은 새로운 것을 배우는 일에 적극적임에 비하여, 우리는 매우 소극적이다.

다음에는 일본인들에게 끈질긴 忍耐心(인내심)이 있음을 말하고자 한다. 어떠한 일이든 성공하기 위해서는 고통이 따르는 법인데, 이를 참고 견디어 내는 마음이 인내심이다. 앞에서 말한 노벨상 수상자들이 한 가지 문제를 두고 30년이고 40년이고, 끈질기게 물고 늘어지는 데서 이를 볼 수 있고, 쓰쿠바 대학의 요시노〔吉野正敏〕 교수와 일본지명학연구소의 이케다〔池田末則〕 소장의 연구생활에서도 볼 수 있다. 그들은 가정일은 돌보지 않고 오직 학문의 길로만 나아갔다.

일본인들의 이러한 인내심은 다음에서도 볼 수 있다. 즉 조선일보(2013.1.21.)에 「98세에 등단 - 실버세대 창작붐 일으켜」의 제목으로 소개된 일본 시바다〔柴田〕 할머니의 이야기에서도 볼 수 있다. 그는 아들의 권유로 詩(시)를 쓰기 시작하여 98세에 시인으로서 登壇(등단)하였으며 여러 곳에 실었던 시를 모아서 시집을 내었는데, 그 제목이 『弱るな』 즉 「약해지지마」이다. 그는 101세에 他界(타계)하였는데, 그의 시집은 150만부나 팔려 베스트셀러가 되었다고 한다.

그리고 또 한 예로서, 일본은 1931년의 滿洲事變(만주사변) 이후 1945년 태평양전쟁에서 敗戰(패전)할 때까지 14년간 전란을 겪었고, 태평양전쟁에서는 4년간 연합군과 싸웠다. 그런데 일본이 항복한 후에 연합군이 일본에 상륙하여, 연합군은 연합군대로 놀라고, 일본인은 일본인대로 놀랐다는 것이다. 왜냐하면 연합군 측에서는 일본군의 빈약한 장비를 보고 저러한 군대와 어찌 4년간이나 싸웠을까 하고 놀랐다는 것이고, 일본 측에서는 연합군의 풍부한 물자와 장비를 보고 저러한 군대와 어찌 4년간이나 싸웠을까 하고 놀랐다는 것이다.

다음은 일본인들의 '이키가이 精神(정신)'과 '오모테나시 정신'에 대하여 한 말 하고자 한다. 즉 「이키가이」의 「이키」는 '生(삶)'을 뜻하고, 「가이」는 '보람 있는 일을 함'을 말한다. 이는 인생을 보람되게 즉 가치있는 삶을 산다는 것이다. 그리고 「오모테나시」에서 「오모테」는 '겉〔表〕'의 뜻이고 「나시」는 '없다'의 뜻이다. 즉 오모테(겉)가 따로 없다는 것은 「우라」(속, 裏)도 따로 없다는 것으로, 「오모테나시」는 表裏(표리)가 따로 없다는 것이다. 이는 正直(정직)하다의 뜻이다.

일본인들의 「이키가이」 정신은 앞에 말한 노벨상 수상자들의 삶에서 볼 수 있고, 많은 책을 저술한 일본인들의 삶에서도 볼 수 있다. 수년 전에 조선일보에 난 기사에 의하면, 일본에서는 1년에 7만 종의 책이 나온다고 하였다. 그들은 많은 책을 읽고, 거기에 자신의 지식과 경험을 더하여 보다 높은 次元(차원)의 著作物(저작물)을 만들어낸다. 그들은 세계에서 가장 많이 읽고 많이 쓴다고 自負(자부)하고 있다.

일본인들의 「오모테나시 정신」 즉 정직한 정신에 대한 한 예로서 조선일보(2019.3.23.)의 다음 기사를 들 수 있다. 즉 「'오·공·주'가 키운 규슈 오레길 - 한국인 6년간 30만 명 걸었다」의 기사 제목에서 볼 수 있다. 여기에서 보는 「오」는 오모테나시 정신이고, 「공」은 공무원이고, 「주」는 주민을 말한다. 즉 규슈〔九州〕에 있는 이 등산로는 일본인들의 정직한 정신과 공무원과 주민의 合心(합심)으로 만들어진 것이라는 것이다.

일본인들의 오모테나시 정신과 관련하여, 필자가 국민학교에 다닐 때(日帝 때)에 일본인들의 생활에서 본 것을 덧붙인다. 그들은 正月(정월) 초하룻날(양력) 문간에 국기와 함께 솔〔松〕과 대〔竹〕와 側柏(측백) 나무 가지를 꽂는 풍속을 보았다. 솔과 대는 사계절 변함이 없는 나무로, 우리의 先人(선인)들도 梅花(매화)와 함께 좋아하였다. 그런데 일본인들이 측백나무를 좋아한 이유는, 이 나무의 잎사귀가 안〔內〕과 밖〔外〕이 따로 없는데 있다. 이는 일본인들의 오모테나시 정신을 말하는 것이다. 이러한 정신이 '正直(정직)한 사회'를 만든다.

위에서 많은 노벨상 수상자를 낸 일본인들의 學究的(학구적) 熱意(열의)와 그의 저력을 생각해 보았다. 이는 많은 독서를 통한 높은 정신 생활에서 온 것으로 보인다. 여기에 또 그들의 강한 국가 관념을 들지 않을 수 없다. 노벨상 수상자들도 일본의 명예를 걸고 노력하였을 것이기 때문이다. 그러나 강한 국가 관념이란 이웃나라에 피해를 끼칠 수 있으니, 지난 36년간 우리를 침략한 것도 그들의 강한 국가 관념에 의한 것이다.

그리고 그들은 매우 계획적이고 치밀한 데가 있다. 그러한 예로 필자가 1950년대 초, 즉 6·25 動亂(동란) 당시(戰時聯合大學(전시연합대학) 당시) 서울대학교 文理大(문리대) 국문과의 李崇寧(이숭녕) 교수로부터 들은 이야기를 하기로 한다. 즉 현재 서울대학교의 전신인 京城帝國大學(경성제국대학)을 만들 때의 일인데, 그들은 이 대학의 개교 5년 전에 이 대학에서 가르칠 교수의 人選(인선)을 끝내고 구라파에 유학시켜, 개교와 함께 교단에 서게 했다고 하였다. 구라파에 보내어 새로운 학문과 함께 학문의 방법도 배워오게 한 것이다.

여기에서 우리가 더욱 유의할 일은, 당시 朝鮮語(조선어)를 일본인 교수가 조선인 학생들에게 강의한 것이다. 일본인 교수로는 오구라〔小倉進平〕 교수를 그 대표로 들 수 있으며, 여기서 배운 학생으로서는 李崇寧(이숭녕), 李熙昇(이희승), 金亨奎(김형규), 方鍾鉉(방종현) 등 서울대학의 교수들이다. 오구라 교수는 학문의 업적도 쌓았으니, 그의 『鄕歌及び吏讀の硏究(향가 및 이두의 연구)』(1929)는 높이 평가할 만하다.

그리고 또 하나 놀라게 한 것은 서울시 동숭동에 있었던 京城帝國大學(경성제국대학)의 건물(지금은 이 건물을 허물고 아파트촌이 됨)의 구조가 일본 동경에 있는 東京帝國大學(현재 동경대학)의 건물의 구조와 같은 점이다. 필자는 滯日(체일) 중에 동경대학의 도서관을 이용한 일이 있었는데, 그 대학의 건물 구조가 서울시 동숭동에 있었던 京城帝國大學(경성제국대학)과 같은 구조임을 알게 되었다. 이를 보아서 당시 식민지였던 臺灣(대만)의 제국대학의 건물 구조도 이와 같았을 것이다. 그들은 한국과 대만을 식민지로 만들어 영구히 통치할 것을 생각하고 있었던 것이다.

미국 국무부 출신으로 地政學(지정학) 전문가인 피터 자이한은 그의 저서 『각자도생의 세계와 지정학』(홍지수 옮김)에서, 미국이 아시아에서 발을 빼면 아시아의 盟主(맹주)는 일본이 될 것이라고 전망하였다. (조선일보 2021.2.6.) 그 이유 중의 하나로, 일본은 섬나라로서 外勢(외세) 침입의 위협이 가장 낮다고 하였다. 이로써 보면 한국은 半島(반도)이기 때문에, 일본과 중국의 위협이 가장 높은 나라이다.[44] 우리는 앞으로도 일본인들의 강한 국가 관념을 경계하지 않아서는 안 될 것이니, 한글 전용 즉 한자 폐지로서는 일본을 감당하기 어려울 것이다.

7) 先苦後樂(선고후락)하는 일본인들의 문자생활

이 글은 筆者(필자)가 1981년에 渡日(도일)하여 쓴 기행문의 한 부분이다. 즉 이 글은 拙著 『知日은 克日의 길, 日本을 바로 알자』(2003)

---

44) 최근에 政街(정가) 일부에서 부산시장의 선거와 관련하여 부산과 일본 九州(구주)와의 海底(해저) 터널의 굴착에 대한 말이 나왔다. 만일에 이 터널이 뚫린다면 이는 양국 간의 육지를 잇는 것과 같으니, 일본의 위협이 더욱 높아질 것이다. 그러므로 이는 매우 위험한 발상으로 생각된다. 이는 양국 간의 교통상의 문제가 아니고, 국가 안보상의 문제로 보아야 한다.

에 실었던 것 중에서 뽑은 것이다.

우리 일행은 간다〔神田〕, 진보초〔神保町〕의 古書店(고서점)을 찾았다. 그곳에 웬 고서점이 그렇게도 많으며, 그곳을 찾는 사람이 그렇게도 많은지, 우리 모두를 놀라게 하였다. 고서점이 많고, 이곳을 찾는 사람이 많다는 것은, 일본인들의 溫故而知新(온고이지신)함을 의미한다. 이 말은 '옛것을 익히고 새것을 안다'의 뜻이다. 古典(고전) 또는 古書(고서)를 많이 읽는다는 것은, 그만큼 思想(사상)의 폭이 넓어지고 깊어짐을 의미한다. 漢字 혼용의 글을 읽지 못하여, 圖書館(도서관) 이용을 제대로 하지 못하는 요즈음의 우리의 대학생들을 생각하면, 또 國學徒(국학도)조차 고전을 읽을 수 없어, 고전들이 廢紙化(폐지화)되어 가고 있는 우리의 실정를 생각하면, 너무나 안타깝다.

다카오〔高雄武雄〕씨는 나를 만날 때마다 韓國語(한국어)를 하나라도 더 배우려 하였으며, 對馬島(대마도) 方言(방언)에서 한국어의 자취로 생각되는 말을 알려 주기도 하였다. 그는 대마도에서 생장하였다. 한번은 "한국에서는 한글 전용으로 대학생들이 3·1운동의 獨立宣言文(독립선언문)을 읽지 못한다고 한다는데, 참말입니까?" 하고 물었다. 나는 할 말을 잃었다. "그렇다" 할 수도 없고, "그렇지 않다"고 할 수도 없어 얼굴이 붉어졌다.

오전에 高麗書林(고려서림)의 朴光洙(박광수) 사장을 찾았다. 아직 面識(면식)이 없는 사이이기는 하나, 서울의 高麗書林(고려서림)의 朴龍勳(박용훈) 사장의 소개로 찾아간 것이다. 박사장은 일본 출판계의 상황을 친절하게 설명하여 주었다. 일본에서는 매일 백 수십 종의 책(1년에 4~5만종의 책)이 쏟아져 나오기 때문에, 이를 꽂아 두고 팔 書架(서가)가 부족하여, 어떤 책은 꾸려 놓은 채로 있어, 풀어보지도 못하고 되돌려 주는 것이, 일본의 실정이라고 하였다. 그리고 유통구조 속에 끼워 넣어서 都賣商(도매상)을 통해야 전국 서점에서 팔 수 있는데, 유통구조 속에 넣기가 힘들다고 하였다. 일본에서는 어떠한 것이든, 구조 속에 끼이지 않고서는 淘汰(도태)된다고 하였다.

그러면, 일본인들이 그 많은 책들을 어떻게 하여 다 읽는가 하는 것이 문제 된다. 도매상・소매상・PR(광고) 등 판매 과정도 문제되거니와, 1년에 4~5만종이나 쏟아져 나오는 많은 책들을, 일본 독자들은 어떻게 소화해 내느냐 하는 것이 문제 된다. 이는 한자와 가나字 즉 가다가나(片假名)와 히라가나(平假名字)의 혼용에 의한 視覺性(시각성)과 한자의 表意性(표의성)에 있다고 할 수 있다. 소설에도 한자를 섞어 쓴다. 그들은 재미난 책이면, 이틀 밤 내지 사흘 밤이면, 3백 페이지 되는 책 한권쯤은 예사로 떼어낸다고 한다. 그들의 놀라운 讀書熱(독서열)과 高度(고도)의 지식과 기술도 한자와 가나자의 혼용에 의한 효율적인 문자생활에 그 기반을 두고 있다. 우리도 출판물의 洪水(홍수)에 대비하여, 이를 他山之石(타산지석)으로 삼아야 할 것이다.

문자의 시각성과 표의성의 이야기가 나온 김에, 거리의 건물 옥상에 세워진 (또 걸린) 大形(대형)의 광고물 두 개를 소개한다. 「心躍る一瞬を讀め」(마음이 뛰는 한 순간을 읽어라). 이는 集英社版(집영사판) 『日本の歷史』(全21권)에 대한 광고이다. 이 광고는 읽는 사람의 마음을 뛰게 한다. 또 한 예를 들면, 「人材に强い, アジアに强い」(인재에 강하다. 아시아에서 강하다). 이 글 또한 活氣(활기)에 넘쳐 있다. 그들은 아시아(ア

ジア)를 많이 들먹인다. 아시아 대륙에의 진출, 아시아에서의 强國(강국) 또는 覇者(패자)가 되려 한다. 또 쓰기 쉽도록 「讀」과 「强」은 略字(약자)를 썼다. 문자는 자극과 感動(감동)을 주어야 하는데, 表音文字(표음문자, 한글)는 表意文字(표의문자, 한자)만큼 감동을 주지 못한다. 우리가 한글 전용을 강조하여, 표의문자의 장점을 살려 쓰지 않아서는, 일본에 그만큼 더 落後(낙후)할 것이다.

나라〔奈良〕시(市)에 있는 日本地名學研究所(일본지명학연구소)는 나카노〔中野文彦〕씨가 私財(사재)를 投入(투입)하여 만든 것인데, 그는 이케다〔池田末則〕 현 소장의 스승이기도 하다. 이케다 현 소장은 연말에 인사차 교토〔京都〕에 살고 있는 나카노〔中野文彦〕씨를 찾아 가는 길이다. 가는 도중, '연구소의 여직원에게 들린 것은, 그가 들거나 내가 들어도 될 것인데…' 하고 생각하였다. 그러나 그 집에 도착하자, 이케다 소장은 여직원이 가지고 온 들것에 든 책과 인쇄물을 받아서 나카노〔中野文彦〕씨 앞에 놓으며, "올해는 이러한 일을 했습니다" 하고 보고하고, 이어서 나를 소개하였다. 나는 그때에야 아랫사람에게 들것을 들려 가는 것이 그들의 예절임을 알았다.

교토〔京都〕대학을 졸업한 나카노씨는 나라〔奈良〕縣(현)에서 税金(세금)을 세 번째로 많이 내는 財産家(재산가)라고 하였다. 그러나 80세가 넘어 보이는 노부부의 생활은 매우 검소해 보였다. 그는 明治維新(명치유신) 100년을 기념하는 叢書(총서) 백권 중 몇 권을 내어 놓으며, "금년 1월초에 읽기 시작하여 연말까지 다 읽으려 하였는데, 아직 몇 권 남아 있어, 연내에 다 읽을 수 있을지 모르겠다"고 하였다. 각 권마다 신국판 400쪽은 되어 보였는데, 3~4일 만에 1권씩을 읽은 셈이니, 놀라움을 금할 수 없었다.

우리는 한 개인의 독서량과 그의 정신생활, 국민의 독서량과 그 국가의 발전이 正比例(정비례)함을 알아야 할 것이다. 그런데 일본인들이 많은 책을 읽을 수 있는 것은 앞에서 말한 바와 같이 한자와 가나자의 混用(혼용)에 의한 시각성과 표의성의 효율성에 있다.

다음에는 일본인들의 先苦後樂(선고후락)하는 생활방식에 대하여 말하고자 한다. 이는 처음에(또는 우선)〔先〕는 고생〔苦〕을 하더라도, 나중〔後〕에 편안하고 즐겁게〔樂〕 살겠다는 사고방식이다. 그러한 예로서는, 그들과의 대화(혹은 편지)에서 「○○를 낙(樂)으로 하여 기다리겠다.」는 말을 예사로 들을 수 있다. 또 어느 가정에서나 현관에 들어갈 때에는 나중에 신기 좋도록 신을 벗어 돌려 놓고 들어간다. 또 화장실이나 목욕탕에서 나올 때에도 슬리퍼를 돌려 놓고 나온다. 이와 같은 생활 습관을 익히는데 100년이 걸렸다는 사람도 있었고, 200년이 걸렸다는 사람도 있었다. 그들이 초등학교에서부터 한자를 가르치고 있는 文字(문자) 생활도 先苦後樂(선고후락)의 사고방식에 의한 것이다. 배울 때에는 힘들더라도, 배워만 놓으면 한 평생 편리하고 능률적인 문자생활을 할 수 있기 때문이다.

한자는 배우는 과정에서부터 사고를 도우고, 창의성을 기르고, 머리를 明晳(명석)하게 한다. 어린이가 한자의 뜻과 음을 알고 한자어가 든 문장을 배우는 것은, 한자를 모르고 이를 배우는 것보다, 글의 理解(이해)에 있어서, 100m 경주에서 20~30m 앞서 출발하여 달리는 것과 같다. 우리는 이러한 점에서 일본에 뒤져 있다. 우리는 우선 쉬운 것을 좋아한다. 한글 전용 역시 그러하다.

自動式(자동식) 카메라는 우선 사용하기에 편리하나, 高質(고질)의 사진은 찍을 수 없다. 일본인들은 도쿄〔東京〕 올림픽 때에 이 카메라를 우리의 관광객들에게 많이 팔아먹었다. 그러면서도, 이 카메라를 「바카존 카메라」라고 하였다. 바카(바보의 뜻)와 朝鮮人(조센진, 이를 줄이면 「존」이 됨)이 좋아하는 카메라라는 뜻이다. 일본인들의 先苦後樂(선고후락)의 사고방식! 이는 우리도 배워야 할 값진 것으로 생각된다.

이케다 일본지명학연구소 소장은 교토〔京都〕시의 어느 高校(고교) 교사로 있는 마키〔牧 英夫〕씨를 소개하였다. 그는 이 연구소에 기증한 나의 『韓國古代國名地名硏究(한국고대국명지명연구)』(1982)를 복사해 갔다고 하였다(작년에 나의 자택으로, 그로부터 이 책 내용에 대한 문의의 편지가 왔다). 이케다 소장은 교토에 있는 그에게 전화를 내어, 나와 연결하여 주었다. 그는 내가 나라〔奈良〕에 온다는 말을 듣고 기다렸는데, 오늘은 급한 일이 생겨서 가지 못하니, 다음 기회에 만나겠다고 하였다(그는 뒤에 부산의 내 집으로 찾아와서 만났다). 나는 "복사해간 내 책을 다 읽었느냐?" 하고 물었더니, "한국어로 쓰여 있어 모르는 것은 물어가며 다 읽었다"고 하였다. 그리고 "한국에서는 한글 전용으로 古書(고서)들을 읽지 못하여, 귀중한 책들이 버려진다고 들었는데, 다음에 한국에 갈 때에는 돈을 될 수 있는 대로 많이 가져 가서, 그러한 고서들을 사서 오겠다"고 하였다.

나는 이 말을 듣는 순간 중국 共産黨(공산당)의 文化革命(문화혁명) 때에, 고서적과 書畵(서화) 등 귀중한 문화재들이 일본인들에게 값싸게 팔려갔다는 말을 想起(상기)하였다. 그들은 무엇이든 모아서 그들의 문화를 살찌워 가려고 하고 있다. 우리에게는 없는 稀貴本(희귀본)

이 일본에 남아 전하는 이유도 여기에 있다.

忠武公(충무공)의 碑(비)도 그들이 가져갔다가 되돌려왔다는 신문 기사를 읽은 적이 있다. 2차대전 말경, 조선어학회에서 지은 『한글 큰사전』의 원고 뭉치도 가져가려 하였고(해방 직후에 서울역 창고에서 이를 발견), 중국 輯安縣(집안현) 通溝(통구)에 있는 廣開土王碑(광개토왕비)도 가져가려 하였다. 이와 같이 그들은 세계의 것을 다 가져다 모으려 하였다. 그리하여 세계 제일의 强大國(강대국)이 되려 하고 있다. 그들은 「너의 칼도 내 칼집에 들면 내 칼이다」라는 사고방식이다. 한자도 우리들처럼 중국 글자라 하고 배척하지 않는다. 그들은 나라를 사랑하는 마음으로 漢字(한자)를 收容(수용)하여 國力(국력)을 키워가고 있다.

그리고 그들의 가정에는 武士(무사, 사무라이)들이 입던 갑옷이 놓여 있고, 日本刀(일본도)를 찬 武士(무사)의 사진이 걸려 있는 것을 볼 수 있다. 그들의 武士(무사)란, 新羅武士(신라무사), 百濟武士(백제무사), 高句麗武士(고구려무사)에서 건너간 것인데, 우리는 儒教(유교) 문화에 의해 오래 전에 武士道(무사도)가 없어졌으나, 일본은 佛教(불교) 문화국으로, 明治王(1867~1912) 전 에도〔江戶〕시대(1603~1867)까지만 하여도 武士道(무사도)가 있었다. 그리하여 그들에게는 아직도 武士(무사)의 기질이 남아 있어, 나라를 위하여서는 어떠한 일이라도 할 수 있다고 생각한다. 우리는 일본인들의 先苦後樂(선고후락)의 文字(문자) 생활을 눈여겨 보는 한편, 그들의 이러한 氣質(기질)을 경계해야 할 것이다.

著者 소개

학력

1927년 慶南(경남) 固城(고성) 출생
진주사범학교 졸업
서울대학교 사범대학 국어과 졸업
부산대학교 대학원 석사과정 수료
경북대학교 대학원 박사과정 수료(문학박사)

경력

부산대학교 교수, 명예교수(現)
韓國地名學會(한국지명학회) 고문
全國漢字教育推進總聯合會(전국한자교육추진총연합회) 고문
語文政策正常化推進會(어문정책정상화추진회) 고문
부산시 문화상(1985), 국민훈장 모란장(1992), 5·16 민족상(1998) 등 수상.
일본국제교류기금(외무성 산하)의 초청 등, 일본 지명 조사차 8회 渡日(도일)

저서

『韓國古代國名地名研究』(1쇄, 大邱, 螢雪出版社, 1982, 2쇄, 서울, 亞細亞文化社, 1988)
『任那國과 對馬島』(서울, 亞細亞文化社, 1987)
『任那は對馬にあった』(任那는 對馬에 있었다)(大阪, ソウル書林, 1989)
『任那國と對馬』(任那國과 對馬)(東京, 東洋書院, 1992)
『日本對馬 壹岐島綜合學術調査報告書(言語分野)』(서울新聞社, 1985)
『國語學論考』(서울, 亞細亞文化社, 1993)
『日本古代地名研究』(서울, 亞細亞文化社, 1996)
『日本古代地名の研究』(東京, 東洋書院, 2000) 『同』(增補版)(2003)
『知日은 克日의 길, 日本을 바로 알자』(서울, 亞細亞文化社, 2003)
『對馬島는 韓國의 屬島였다』(서울, 以會文化社, 2006)
『任那日本府는 對馬島에 있었다』(日本讀者들의 書翰集)(서울, 亞細亞文化社, 2006)
『于海書室散稿』(서울, 亞細亞文化社, 2009)
『韓國古代國名地名의 語源研究』(서울, 以會文化社, 2012)
『나의 스크랩 북(왜곡된 古代韓日關係史 바로잡기 60년)』(釜山, 재일출판, 2016)

語文政策 資料集 14

國漢文 혼용과 國力 신장 15,000원

2022년 3월 20일 초판 인쇄
2022년 3월 30일 초판 발행

著 者 李炳銑
編 輯 語文政策正常化推進會 出版部
發行人 鄭愚相
發行處 語文政策正常化推進會
전화 : 070-4432-4581 전송 : (02)747-0083
전자우편 : lang@juntong.or.kr
홈페이지 : www.kolanguage.org

보급처 : 전통문화연구회(02-762-8401)
온라인서점(book.cyberseodang.or.kr)
총 판 : 한국출판협동조합(070-7119-1750)

ISBN 979-11-5794-499-6 04700
979-11-85856-15-5 (세트)